監視大国アメリカ

THE RISE OF
BIG DATA POLICING

ANDREW GUTHRIE FERGUSON

アンドリュー・ガスリー・ファーガソン
大槻敦子 訳

原書房

監視大国アメリカ

目次

警察、市民、警察改革支援者へ、こうした発想を持たせてくれたことに感謝する。

ディストリクト・オヴ・コロンビア大学デヴィッド・A・クラーク法科大学院の同僚へ、研究を励ましてくれたことに感謝する。

アリサ、コール、アレクサ、父さん、母さん、何もかもありがとう。

序章……………………ビッグデータ警察活動

壁一面を埋め尽くすコンピュータのモニターが緊急事態の発生と同時に明滅する。ロサンゼルスのデジタルマップが緊急通報を表示する。テレビ画面はニュース速報を追っている。監視カメラが街頭に目を光らせる。ネットワーク化したコンピュータが、分析官と警察官を大量の法執行機関の情報につないでいる。リアルタイムの犯罪データが入力される。リアルタイムで警察官の配置が出力される。ロサンゼルス市中心部にある先端技術を駆使した警察司令部はアメリカ警察の未来を予想させる[1]。

ロサンゼルス警察の即時分析緊急対応部門へようこそ。テロリストを追跡するソーシャルネットワークソフトウェアの開発を進めている民間テクノロジー企業パランティア社と協力しているこの部門は、警察のビッグデータ時代へまっしぐらに突き進んでいる[2]。

国際的なテロのネットワークを追跡するのと同じように、パランティアのソフトウェアシステムは通常の法執行機関にある多数の情報源を集約、分析して、普通なら見えない手がかりを導き出す。強盗事件の容疑者を取り調べている刑事がファーストネームと身体的特徴をコンピュータに入力する[3]。このふたつの断片的な手がかりは、ひと昔前なら使えない情報を記した紙くずのままだっただろう。データベースは容疑者候補を検索する。年齢、特徴、住所、入れ墨、所属犯罪組織、所有車両が並べ替え可能な項目として瞬時に現れる。わかっている情報を照合して、コンピュータは検索結果をいくつかの選択肢に絞り込む。容疑者かもしれない人物の車の写真が、すべての車の位置情報データを求めて市内を走り回る車載ナンバープレート自動認識装置から発見される。刑事は目撃者に強盗に使用された車両の確認を求める。検索結果が逮捕につながり、事件が解決する[4]。

九一一番緊急通報。犯罪組織同士と思われる暴力事件が発生。即時分析緊急対応司令部は終始リアルタイムで進捗状況を監視しながら、パトロール隊を現場に派遣する。事件の情報が警官の携帯電話に送信される[5]。過去の銃撃事件と犯罪組織の緊張度に関する警告が、目に見えない危険を警官に知らせる[6]。状況判断に備えて地区の過去情報が表示される。警官は現場に到着する前に写真をスクロールして実際の地形を頭に入れておく。すべての情報は瞬時に警官に送られ、警官は行動すべき事態に突入する前にリスクを把握できる[7]。

点呼。月曜の朝。パトロール警官はその日の「犯罪予報」が記されたデジタルマップを受け取る[8]。小さな赤い四角が犯罪の予測される地域を示している。その四角はアルゴリズムの犯罪活動増加予想を表すものだ。対象となる正確な市街区を割り出すために、長年にわたって蓄積された犯罪データが高性能コンピュータで高速処理される。データから情報を得て、「予測型警察活動」パトロール隊は勤務中にその「多発」地域に特別な注意を向ける[9]。警察は日々、予想される犯罪を見つけるために予測地域で待ち受ける。その理論は、最適な時間に警察官を配置して犯罪を止めること。目標は、犯罪者にその地域での犯罪を思いとどまらせることだ。

まもなく、リアルタイム顔認識ソフトウェアが既存のビデオ監視カメラと膨大な生体データベースをリンクして、令状の出されている人物を自動的に認識するようになる。[10] まもなく、ソーシャルメディアの投稿から、対抗する犯罪組織同士の暴力事件が差し迫っていると警察に警告が出されるようになる。[11] まもなく、データ照合技術によって、通常であれば匿名の何億という消費者取引や個人通信から怪しい活動を見つけ出せるようになる。[12] 顔、通信、パターンをデジタル化することで、警察は即座にまた正確に何億ものきわめて人間的な手がかりを調査することができるようになる。

これが未来だ。これが現在だ。これがビッグデータ警察活動の始まりだ。[13]

ビッグデータ技術と予測分析は警察の活動に大変革を起こすだろう。[14] 予測型警察活動、情報主導型起訴、対象の「ヒートリスト」(重点対象者リスト)、ソーシャルメディアからの情報収集、データマイニング、データ駆動型監視態勢は、法執行機関の未来がどのように進展していくかを知る最初の手がかりとなる。

未来の警察活動の中心はデータだ。犯罪情報、個人情報、犯罪組織情報、交友情報、位置情報、環境情報、そして増大しつつあるセンサーや監視網。こうしたビッグデータは、犯罪に関するデジタルな手がかりを集め、蓄え、並べ替える能力の拡大によって生まれた。[15] パターンを見つけるために犯罪統計が解析され、暴力犯罪被害者は社会ネットワークの地図で示される。ビデオカメラが人々の行動を監視する一方で、民間の消費者データブローカー企業は人々の関心事を図に示してその情報を法執行機関に売りつける。[16] 電話番号、電子メール、家計の状況はすべて疑わしい関連性がないかどうか調査される。政府機関は健康、教育、犯罪の記録を集めている。[17] 刑事は公開されているフェイスブック、ユーチューブ、ツイッターの投稿を監視している。[18] データが集約されるデータセンターでは、地方や連邦の情報共有センターに蓄積された情報が分類調査される。[19] これこそが法執行機関のビッグデータの世界だ。大部分はまだなお初期の状態ではあるけれども、以前と比べればはるかに有罪判決につなげやすい情報が利用、調査目的で提供されている。

データの背後には技術がある。アルゴリズム、ネットワーク分析、データマイニング、機械学習など、たくさんのコンピュータ技術が日々改良され、進歩している。警察は次の自動車盗が起きる可能性の高い場所、[20] あるいは次に撃たれる可能性の高い人間を特定することができる。[21] 検察は地域を不安定にする可能性の高い犯罪ネットワークを絞り込むことができ、[22] 分析官は疑わしい行動をのちの捜査に結びつけることができる。[23] 今や、犯罪者、ネットワーク、パターンを特定するという判断に関わる仕事は、ほぼ瞬時に巨大なデータセットを高速処理する高性能コンピュータがなければ始まらない。数学的処理が犯罪の防止と起訴に力を与えているのだ。

データと技術の下には人間がいる。自分の人生を生きている個々の人々だ。犯罪に手を染める人もいれば染めない人もいて、貧困な生活を送っている人もいればそうでない人もいるが、今ではすべての人がビッグデータのなかに取り込まれている。背後にある数学的処理は犯罪を対象にしているが、多くの都市の犯罪抑制は有色人種社会が標的である。そのような社会では、データ駆動型警察活動は攻撃的な警察の存在、監視、ハラスメントと受け取れる行為を意味する。データ点のひとつひとつが人々の実体験に置き換わり、多くの場合、そうした体験は依然としてあまりにも人間的な偏見、恐怖、不信感、人種間の緊張に満ち溢《あふ》れている。そのような社会、なかでも貧しい有色人種コミュニティにとって、こうしたデータ収集活動は未来に暗い影を投げかける。

本書ではビッグデータ警察活動から生じる「ブラックデータ」に光を当てる[24]。データの大部分が複雑なアルゴリズムのなかに隠されていることから、不透明という意味での「ブラック」。データが有色人種社会に直接影響を与えることから、人種的に符号化されているという意味での「ブラック」。データ重視であれば何もかもが格好よく、テクノロジーに前向きで未来志向とみなされて正当性と重要性が与えられることから、次の新しいものごとという意味での「ブラック」。そして最後に、これまで法律によって明確に理解されていた部分に法的な闇と憲法上の空白を作り、歪めているという意味での「ブラック」だ。ブラックデータは実際に実社会に広く影響を及ぼすため重要である。ブラックデータは一生消えないデジタルな疑いに基づいて人々に「脅威」の印をつけ、貧しい有色人種社会をターゲットにする。ブラックデータは殺傷能力のある武器の利用を含む警察の攻撃的な物理的強制力行使につながり、新たな形の過度な監視を招く。ビッグデータ警察活動などの新しい形の監視や社会統制は、このブラックデータの問題と正面から取り組む必要がある。

本書では、ビッグデータ警察活動が「いつ」「どこで」「だれを」「どのように」捜査するのかに与える影響についても検討する。新技術は警察活動のあらゆる側面に影響を与える恐れがあるが、結果として生じる歪みを調べれば今後のすべての監視技術を評価するための枠組みを作ることができる。警察活動の改革競争はすでに始まっている。消費者データ収集の新たな発展が、予算減少に直面して効率の向上に努める法執行機関の「スマート警察活動」方針を採用したいという意欲とひとつになった。データ駆動型技術は少ない資源で大きな成果をあげ、しかも見たところ客観的かつ中立な方法でそれを達成するという点で二重の利益をもたらす。

本書は警察活動におけるふたつの文化的変化が交差するところから生まれた。第一に、予測分析学、社会ネットワーク理論、そしてデータマイニング技術がみなきわめて高い水準に発達して、ビッグデータを活用する警察活動がもはや未来構想ではなくなったことである。警察は昔から容疑者に関する情報を収集してきたが、現在はそのデータが利用可能かつ共有可能なデータベースに保管できるようになって、監視能力が向上した。ひと昔前なら警察官が街頭で怪しい人物を見かけても、その人物の危険性について過去や未来の状況まではわからなかった。だが、まもなくデジタル化された顔認識技術がその人物の身元を特定し、犯罪データが犯罪歴の詳細を洗い出し、アルゴリズムが危険度を判定して、市内全域に設置された大量の監視カメラ映像が数時間前からのその人物の行動状況をビデオ監視という形で提供するようになる。ビッグデータは容疑の見えなかった部分に光を当てる。ただしそれはまた、監視対象を捉えるレンズを拡大することにもなる。

警察活動における第二の文化的変化は、ミズーリ州ファーガソン、ニューヨーク州スタテン島、メリーランド州ボルティモア、オハイオ州クリーヴランド、サウスカロライナ州チャールストン、ルイジアナ州バトンルージュ、ミネソタ州ファルコンハイツなどの都市で起きた、警察の非武装アフリカ系アメリカ人殺害から火がついた激しい怒りに対応する必要性と関わっている。全米規模で続けられている警察に対するこの抗議活動、そして黒人の軽視に反発する運動の誕生は、法執行機関の人種差別慣行に対する長年の不満やいらだちを表面化させた[25]。各地の都市が説明のできない警察の行動に対する怒りで爆発した。それを受けて、人種差別的な警察活動に対するひとつの対応策として、見たところ人種的に中立であり、警察が貧しい社会をターゲットにすることに「客観的」な正当性を与えるかのようなデータ駆動型警察活動が売り込まれるようになった[26]。警察のデータが体系的な偏見に汚染されたままであるにもかかわらず、警察幹部はデータ駆動型測定基準を用いることで攻撃的な警察慣行の継続を正当化できる[27]。予測型警察活動システムは、見たところ、既存の慣行を正当化しつつ過去の権力の乱用から出直す方法をもたらしてくれる。

その理由から、本書の目的は歴史のこの瞬間に現れたブラックデータの危険性に着目することである。現在のビッグデータ警察活動システムがなぜ作られたのか、そして従来の警察慣行をそのシステムにどのように適合させるのかを理解しなければ、データ駆動型法執行機関へと向かうこの新しい手法の将来的な可能性を社会が評価することはできない。乱用の可能性を見きわめるためにはブラックデータを解明しなければならない。「よりスマートな」法執行機関への期待はまぎれもない現実だが、監視の積み重ねに対する恐怖もまた本物だ。「法と秩序」を訴える声が高まれば、過度な監視につながりかねない。警察幹部、支援者、地域社会、そして行政は、この技術の実行後ではなく実行前にそうした懸念と向き合う必要がある。そして社会は、いかに人種問題が多くの人々に対して刑事司法制度を破壊し、非合法化してきたかを理解したうえで、そうした問題と正面から向き合わねばならない。人種差別的な警察活動の歴史は特定の地域に深く根づいているとはいえ、ブラックデータはむろんアフリカ系アメリカ人だけの問題ではない。しかし、ブラックデータからは、社会の主流から取り残されているすべてのコミュニティにおいて、いかにビッグデータ警察活動システムの脅威が増すかがわかる。有色人種、移民、宗教的な少数派、貧困者、抗議活動に参加する人々、政府の批判者ほか、警察の積極的な監視に直面する多くの人々でリスクが高まる。だが実は、だれもがそうなのだ。なぜならわたしたちのだれもが個人情報をあらわにするような詳しいデータの痕跡を残しているからである。吸い上げられ、売られ、監視されるそのデータは間違っている可能性がある。アルゴリズムの相関関係が正しくない場合もある。そして、もし警察が不正確な情報に基づいて行動を起こせば、命と自由が奪われかねない。

ビッグデータは暗い側面ばかりではない。ビッグデータ警察活動を考えるにあたって、対象を犯罪行為だけに絞る必要はない。その予測分析能力は警察の職権乱用や、犯罪につながる社会経済的ニーズを特定するために用いることもできる。警察の説明責任に対する関心が高い現代において、新たな監視技術は警察の違法行為を監視、さらには予測さえする道を開く。警察を取り締まるための「ブルーデータ」システムを作ることができるのである。同様に、ビッグデータ技術は社会、経済、環境リスク要因の特定と対策に振り向けることもできる。これは、犯罪リスクを見張るための監視設計を環境リスクや社会的ニーズへの対策として用いる「ブライトデータ」として期待できるだろう。何といっても、ビッグデータ警察活動によってリスクが判明したからといって、その改善策の実行者が法執行機関でなければならない理由はない。

ビッグデータ警察活動革命は始まった。この新手法の並はずれた先見性は、データ駆動型予測技術によって未来のリスクを判定して予報を出すことができるという点にある。ビッグデータ警察活動が法執行機関の形を作り変えるなかで、どのような問題が起こりうるのかを予測するために、リスクを見定めることもまた本書の目的である。人種、秘密主義、プライバシー、権力、そして自由を取り巻く、古くから続く緊張は、ビッグデータ分析の登場によってデジタルな形へと姿を変えた。新たな技術は調査と監視の新しい機会を生むだろう。技術環境は可能性に満ち溢れているが、危険でもある。本書ではまずそうした新技術の発展について語ることから始めたい。そしてデータ駆動型警察活動がもたらす歪んだ影響を暴き、説明することで、社会が自分たちのビッグデータの未来について計画を立てられるようになることを願う。

第一章……………ビッグデータの監視の目　データ監視の発展

世の中は見ればすぐわかることだらけなのに、だれひとりとしてきちんと見ていない。――シャーロック・ホームズ(1)

データの痕跡

あなたは見られている。監視されている。追跡されている。ターゲットになっている。インターネットの検索はすべて記録されている(2)。店舗での買い物はみな記録に残されている(3)。移動した場所は全部地図上に示されている(4)。どれくらいのスピードで運転するのか、好きな朝食用シリアルはどれか、洋服のサイズはどれくらいなのかがすべて把握されている。家計の状況、職歴、融資限度額も知られている(5)。健康上の関心、好みの本、投票の傾向がつかまれている。秘密もだ。あなたはもう何年にもわたって見張られてきた(6)。実際、あなたは監視国家に住んでいるのだ。見ている側はあなたが残すデータのおかげであなたのことがわかる。

しかしながら、知られているのはあなた自身のことだけではない。見ている側にはあなたの家族、友人、隣人、同僚、趣味の会、仲間もわかる。あなたとつき合いがある人々の輪、あなたが無視している友人、あなたが抱える政治的な問題も見られている。あなたはある集団の一員として捉えられているが、その集団に属するほかの人全員も見張られている。[7] つながりの輪は外向きに広がり、あなたと接触するすべての人が、相互に関係し、相互に連結するグループとして視覚化される。

データの痕跡からこれまでの体験の断片が明らかにされ、データの痕跡が新たな経済の通貨となる、ビッグデータの世界へようこそ。[8] あなたを見ているのは企業である。利便性、情報、サービスを提供し、デジタル世界を可能にしている企業がその見返りとして得るものはただひとつ。データだ。商取引、消費者選択、「いいね」、リンク、好きなものごとなど、あなたの個人データや関心が吸い上げられ、加工され、あなたのことを知りたい人々に売られている。今のところはまだ、この広範囲な監視は営利企業の管理下にあり、消費者に利便性と選択の機会を与えているだけだ。だが、法執行機関も興味を示している。[9] そして、こうした情報のほとんどは召喚状（あるいは令状）ひとつで刑事事件の一部になる。捜査におけるビッグデータ技術の魅力はあまりにも大きく、無視できない。

ビッグデータとは何か

ビッグデータ警察活動の潜在的可能性を理解するためには、ビッグデータの視野を詳しく知る必要がある。では、ビッグデータとは何なのか？　一般にビッグデータとは、隠れたパターンや見通しを明らかにすることを目的とする巨大データセットの収集と分析を簡単に表す言葉である[10]。大統領府の報告書では次のように要約されている。「『ビッグデータ』の定義は多岐にわたっており、この用語を用いる人がコンピュータ科学者、ファイナンシャルアナリスト、ベンチャーキャピタリストにアイデアを売り込む起業家かどうかによって意味が異なる場合がある。ほとんどの定義では、かつてないほど大量化、高速化、多様化するデータを集積、統合、加工するための、目下成長しつつある技術力を意味する」[11]。簡単な言葉でいえば、思いがけない結びつきや相関関係を目に見えるようにするために、データの大きな集合体を高性能コンピュータで処理することだ[12]。そして機械学習ツールや予測分析によって、その相関関係が何を意味するのかについて目星をつけるのである[13]。

ビッグデータの仕組みを示す簡単な例はアマゾン・ドット・コムに見ることができる。各商品の下に「この商品を買った人はこんな商品も買っています」や「よく一緒に購入されている商品」の情報を表示するおすすめ欄がある。アマゾン社は、三億人の顧客のなかで関連商品を購入した人の購入パターンからこうした提案を生成している。何十億件もの取引の過去データを関連づけると、顧客が通常同時購入する商品が見えてくる。当然のことながら、アマゾンは顧客が自社から購入したものもすべて把握している。だが、特定商品の購入データを解析すれば、アマゾンは過去の全顧客の消費パターンを明らかにできる。その巨大データセットを用いれば、アマゾンは実際に顧客が今後欲しくなるかもしれない商品を予測できるのだ[14]。何といっても、今日コーヒーメーカーを購入した顧客は、明日はコーヒー豆が必要になるかもしれない。

一風変わった例としては、ポップタルト（薄い生地に甘いフィリングを挟み込んだ朝食や間食用焼き菓子）とハリケーンの相関関係がある。一時間に二・五ペタバイト以上のデータ（テキストの詰まった四段書類棚五〇〇〇万台相当）を顧客から集めているウォルマート社は[15]、ハリケーンの直前になると尋常ではない量のストロベリー・ポップタルトが売れることを発見した[16]。なぜか？　だれもよくわからない。もしかすると需要増大の理由はポップタルトが傷みにくい食べ慣れた食品で、ときに大嵐のあとにはほっとするような甘い食べ物が必要だからかもしれない。あるいはそうではないのかもしれない。ビッグデータは相関関係を示しても原因は示さない。説明のない見通しを差し出すだけだ。実際それは便利ではあるけれども不安も抱かせる。

アマゾンやウォルマートといった大企業が個人データを集めていることは一目瞭然だが、ビッグデータ収集はどれほど日々の生活に浸透しているのだろうか？　理解できる範囲を超えているほどである。ジュリア・アングウィンはそれを「わたしたちはドラグネット監視網社会で暮らしている。それは組織がかつてない速度で個人に関する情報を溜め込んでいる見境のない追跡の世界だ」と表現している[17]。個人のプライバシーを監視するグループ、世界プライバシーフォーラムは、四〇〇〇の異なるデータベースが情報を収集していると推定する[18]。コンピュータ、センサー、スマートフォン、クレジットカード、電子機器ほかたくさんのものと触れ合うたびに、わたしたちは自分自身をあらわにするような、そして他者にとっては貴重な、デジタルの痕跡を残している[19]。ビッグデータの迷路にパン屑《くず》を落として歩いているようなものだ。それをたどればまた自分のところに戻ってくる。

ビッグデータはどこからくるのか

ビッグデータの出所はあなただ。あなたが小さなデジタルのかけらで少しずつビッグデータのパワーとなる構成要素を差し出している。

通常の生活パターンを思い起こしてみよう。おそらく一戸建てか集合住宅に住んでいるはずだ。牛乳が切れると注文する「スマート冷蔵庫」や外出すると暖房を消す「スマートサーモスタット」のネストが備えつけられているインターネット接続の「スマートホーム」に住んでいなくても、家からある程度のライフスタイルがわかる。[20]まず住所がある。住所からは収入（住宅の価格）と家族構成（寝室の数）についての大まかな情報がわかる。郵便番号は人口統計、貧富、政治的な傾向についての手がかりとなる。

おそらくその住所宛てには郵便物がくるだろう。まずいっておくが、アメリカ合衆国郵便公社は郵便物の仕分け、管理、追跡プログラムを利用しており、アメリカ国内で処理されるすべての郵便物ひとつひとつの外観写真を撮っている。[21]ゆえに、あなたの住所のデータは年間に郵送される一五〇〇億通の手紙とともに追跡されている。[22]もちろん郵便物自体もまたあなたについて教えてくれる。雑誌の定期購読からは政治や文化の関心がわかるし、カタログからは趣味や買い物の好みがわかる。小包みから暮らしぶりや関心事、ライフスタイルの選択がわかるのと同じように、手紙からは交友関係がわかる。ダイレクトメールでさえ、マーケティング担当者があなたが欲しそうだと考えたものについての手がかりになる。

あなたはおそらくインターネットも利用しているだろう。小包みの一部はオンラインショッピングのものである。オンラインの小売企業は購入品、さらには見たけれども買わなかったものまで追跡している[23]。購入品からの推定にもまた価値がある。乳児向けのオムツを初めて買ったなら、次のクリスマス（とその後一八年間）には年齢に適した子ども向け玩具も必要になるかもしれない。「どうすれば禁煙できるか」という本を購入したのであれば、新しい葉巻雑誌の購読者候補にはならないかもしれない。しかしながら、実は自分のデータを進呈するにあたっては買い物をする必要さえない。グーグル社はすべてのインターネット検索、まさにマウスのクリックをことごとく記録している[24]。つまり健康上の疑問、旅行の質問、子育ての秘訣、ニュース記事、娯楽サイト全部だ。グーグルなどの検索エンジンは、あなたの魂とまではいわないまでもあなたの思考のなかに小さな窓口を作る。インターネットプロトコル（ＩＰ）アドレスはあなたの正確な位置を教える[25]。自宅のコンピュータからアイフォンへ、職場のコンピュータへと切り替えればＩＰアドレスは変わるかもしれないが、メールサービスのホットメールはあなたの居場所を常時把握している。アマゾンは電子書籍リーダーのキンドルであなたが最後に読んでいたページを覚えている[26]。ケーブルテレビ会社は（携帯電話と無線インターネット接続事業者も兼ねているかもしれないが）、あなたが夜遅くにどんな番組を見ていたかを知っている。ネットフリックスなどのストリーミング配信娯楽サービスは、過去の視聴データに基づく個別予測方式に頼っている。

ソーシャルメディアはデータ網をあなた自身から友人、仲間へと広げる[27]。フェイスブック上で

「いいね」を押すことで、あなたはまさに特定のものごとへの関心をあからさまに示している。リンクトインなどのビジネス向けサイトは、あなたのやること、知っている人、あなたが受けた賞賛についてさらに多くの情報をつけ加える。個人的また社会的な更新は生活の変化を世に広め、慈善事業や地域への奉仕活動は宣伝される。写真からはあなたがだれとどこにいたかという情報がわかる。写真などのサービスでジオタギング、すなわち位置情報が付加されていれば、その写真が撮影された時間、場所、日付が判明する[28]。顔認識は人々をつなげる。写真（すなわちあなたがだれかということ）はさまざまなソーシャルメディアプラットフォームをまたいで追跡できる。それに、ときとして、あなたはただツイッターで今何をしているかを呟いたり、あるいはインスタグラムやスナップチャットに夕飯の写真を投稿したりしているかもしれない。

家を出るときは車に乗っただろうか。車は名前、性別、生年月日、身分証明書番号とともにその住所に登録されている。その車は監視カメラ、有料道路のＥＴＣ（電子式料金収受システム）、あるいはナンバープレート自動認識装置によって市内各地で検知されている[29]。ハイブリッドかＳＵＶかといった車種はライフスタイルの好みや環境に対する考え方を反映しているかもしれない。車両そのものにはＧＰＳ（全地球測位システム）が取りつけられ、ゼネラルモーターズ社のオンスターサービスのように、常時車両を追跡して事故や緊急事態のときに即座に救援がかけつけるようになっているかもしれない[30]。だが、その役立つサービスのためには休みなく位置を追い続ける必要がある。あるいは、もしかするとあなたの保険会社は、保険料を下げるかわりにリアルタイムで日常の運転データをチェックしていないだろうか[31]。慎重に運転すれば費用の節約になる。

しかしながら、いずれにしても位置情報をオンにしたスマートフォンを携帯していれば、速度、位置、車の方向はリアルタイムで監視されている[32]。あなたのアイフォンは、あなたがどこへ行くのか、どの診療所を訪れたのか、そしてついさっき立ち寄ったアルコール中毒者更生会についても、豊富な位置情報を持っている。グーグルマップの位置データは教会への参列、政治的抗議活動への参加、そして友人を追跡している。モバイルアプリによっては、ターゲット広告や旅のヒントなどと引き換えにデータを企業のために吸い取っているものもある[33]。ゲーム、サービス、位置を追跡する広告、緊急通報はみな位置情報に頼っている。その小さなポケットコンピュータが実行することすべてが微に入り細にわたって追跡、記録されている。すなわちそれは、ユーチューブの動画、写真、天気予報を見るたびに情報が集められ、日々のあなたの行動はもちろん、どこでいつそれが行われたのかも明らかになっているということである[34]。

ひょっとするとあなたは車に乗って職場に向かっただろうか。あなたの職歴は信用調査機関の手に渡っている[35]。仕事、経済状況、専門的な経歴、そして学歴さえもだ[36]。あなたが買い物に行ったとしよう。店舗で割引を提供する会員カードもまたすべての購入を追跡している[37]。店はあなたが買ったものを何年もさかのぼって記録しているだけではなく、商品を購入した場所も知っている。あるいはあなたは銀行に行ったかもしれない。あなたの財政情報、口座の残高、延滞料、投資、信用履歴、それらすべてが銀行の記録に残されている[38]。クレジットカードの請求書はあなたが先月どこで何をしたかを思い出させるちょっとした通知だ。もしかするとあなたは車に乗って遊びにいったかもしれない。近所のレストランの評価をグーグルで検索したのちに地図上でそのレストランの場所を調べ、オープンテーブルのサイトでオンライン予約を取ったなら、あなたの土曜の夜の計画についてかなり的確に予測できるだろう[39]。

活動量計のフィットビット、スマート絆創膏、スマートカップといったモノのインターネット（IoT）を通してつながる「スマートデバイス」、あるいは交通インフラ、衣類、体に組み込まれたセンサーを含めれば、行動についてさまざまなことをさらけ出すデータ網が存在することになる[40]。研究者によれば、二〇二〇年までには「すべてのインターネット」によって五〇〇億を超えるスマートなモノがつながると予測される[41]。そうした「スマートデバイス」は恐ろしいほどあなたのことをよく知っている。テレビがあなたの声に反応し、電子的なパーソナルアシスタントがあなたの質問に答えるなら、それはつまりスマートデバイスがいつも聞いている、常時オンだということを意味する。

最後に、国勢調査のデータ、不動産の記録、免許証、陸運局の情報、破産、前科、民事判決が記されている公的な記録が、わたしたちを知ろうとする企業の手で買い上げられる場合がある[42]。現状では行政のデータシステムとつながっているこの役所の官僚的な人生の記録は、多くの信用情報や個人に関する身上調書の拠《よ》りどころとなっている[43]。

これが、ビッグデータが大きくなった経緯だ。これが、ビッグデータがプライバシー、結社の自由、自主性を脅かす存在となりうる理由だ。自己監視が商業利益の通貨となるだけでなく、干渉的な警察国家を作る土台にもなる。警察や検察は、適切な法の手続きを経れば、デジタルな手がかりひとつひとつを要請できる。ひと昔前なら、あなたが何をして、何を食べて、何を着て、何を考えているかを知っているのは家族だけだったかもしれない。ところが今ではオンライン生活のデジタルな手がかりを集め、組み立て直し、地図に示すことで、その同じ知識をそっくりそのまま映し出すことができる。実際、デジタルな手がかりは配偶者、家族、親友にさえ打ち明けていない秘密を暴き出すかもしれない。

データの所有者はだれか

民間のデータブローカーは個人データを集め、買い取り、そして商品を販売したり、信用リスクを判断したり、雇用の素性調査を行ったりする企業に売りつける。[44] データブローカーは法執行機関を含むそれ以外の人々にも調査目的のデータを販売する。[45]

データブローカーの存在は個人のプライバシーに関する従来の前提に疑問を投げかける。集めてひとつにされた個人の取引は、目的を変えて再利用され、個人を一消費者として目的別の複合プロフィールにまとめ直される。[46] アメリカ上院商業委員会は、世界中の七億人を超える消費者の情報、うちアメリカの消費者についてはほぼひとりあたりで三〇〇〇を超えるデータ群を保有しているといわれているアクシオム社のようなビッグデータ企業について詳しく述べている。[47] 別の企業、データロジックス社はアメリカのほぼ全家庭に関するデータを持っているといわれている。[48] その情報の多くは人口統計学的なもので、たとえば名前、住所、電話番号、電子メール、性別、年齢、配偶者の有無、子ども、学歴、所属政党などである。情報の一部は消費者取引から取得できるもので、どこで何を購入したかを詳細に示しており、また別の一部は健康上の問題や医学的なデータに焦点を当てている。上院の報告書は「ある企業は数あるなかでも注意欠如多動性障害、不安障害、うつ、糖尿病、高血圧、不眠症、骨粗しょう症を含む特定の病気にかかっているかどうかのデータを集めており、別の企業は一家庭内の人々の体重に関するデータを保有している」ようすについて詳しく述べている。[49] そして「また別の企業は、数あるなかでも肥満、パーキンソン病、多発性硬化症、アルツハイマー病、がんを含む、四四の異なる健康状態別に分類した消費者リストを売り出している」。[50]

その詳細の度合いは気味が悪くなるほどだ。[51] アメリカ合衆国上院商業委員会報告書からの抜粋をふたつ挙げておく。

●エクイファックス社はマーケティング製品を作るために利用するおよそ七万五〇〇〇人のデータ要素を保有しており、そこには消費者が過去六か月間に特定のソフトドリンクやシャンプー製品を購入したかどうか、下剤あるいはカンジダ症用製品を利用したかどうか、過去一二か月に産婦人科を訪れたかどうか、過去四週間の移動距離、過去三〇日に消費したウィスキー入りの飲み物の数といった具体的な情報が含まれている。[52]

●いくつかの企業は潜在的可能性を秘めた一〇〇〇点以上のデータ要素を含む『データ事典』を提供している。そこには、個人あるいは家庭がペットを飼っているか、喫煙者か、処方薬を通信販売で購入する傾向があるか、慈善のために寄付をするか、現役あるいは退役軍人か、埋葬費保険や子ども生命保険を含む特定の保険商品に入っているか、ロマンス小説を好んで読むか、狩猟をするかなどが含まれている[53]。

企業はあなたにアレルギーがあるかどうか、喫煙者かどうか、コンタクトレンズをつけているかどうか、老親と同居しているかどうか、スペイン語を話せるかどうか、家の屋根はどのタイプなのか、ツイッターのフォロワーが二五〇人より多いかどうかを知っている[54]。人々の大きな集団が共通する統計データや収入に基づいてまとめられていると思うと、気味の悪さを通り越してほとんど滑稽ですらある。データブローカーは特定の集団を抜き出す。「学歴が低く資産の少ない」六七歳以上の独身の男女は「田舎の長寿」として絞り込まれる[55]。同年齢で独身だがそれよりも可処分所得が多い人々は「倹約老人」として知られている。アフリカ系アメリカ人やラテン系アメリカ人で構成される低所得マイノリティ集団は「都市部のごちゃ混ぜ」あるいは「移動型寄せ集め」の名で呼ばれる[56]。民間データ会社は消費行動に関するこうした情報を定期的にまとめ直してデータブローカーに売りつけ、データの共有網を広げている。

消費者空間でビッグデータ企業が行っていることを考えれば、法執行機関にとってそれがいかに魅力的であるかが見えてくる。データブローカーは個人の関心や傾向を監視するために個人情報を収集する。彼らは同じような考えを持つ集団の結びつきを調べて、それまで見えていなかった関係が明らかになるようなパターンを発見する。それはちょうど法執行機関の捜査員が犯罪の容疑者や犯罪組織に対して実行することと同じだ。警察は監視し、捜査し、発見して、標的にする。警察は怪しいパターンを見つけ出そうとする。警察は見張る。ビッグデータの手法は監視の手法であり、法執行機関は犯罪の解決や防止にあたって監視に頼っている。驚くまでもないが、警察はビッグデータ警察活動の可能性に大きな関心を抱いている。

永久不変のデジタル記録

犯罪を解決する最初の一歩は手がかりを分析することである。容疑者とおぼしき人物について情報を収集することは、一七〇〇年代半ばに裁判所が詐欺あるいは重罪にからんで初めてそうした考えを示して以来、警察活動の一端を担っている。[57] 驚くまでもなく、警察の活動が高度に発達するにつれて、データの収集と利用方法も発達した。現代の「警察日誌」は管轄区あるいは全米の警察官がアクセスできるクラウドサーバー上にある。[58]

全米犯罪情報センターのような連邦のデータベースには一三〇〇万件の捜査中の事件記録が含まれており、警察官は路上にいてもパトカーにいてもすべて検索できる。通常の交通違反の取り締まりで警察官がシステムに「名前を照会」すれば、全米犯罪情報センターから犯罪歴、令状、所属犯罪組織、テロとの関係、監督付釈放あるいは逃亡中かどうかはもちろん、銃の所有、車や船舶の免許を含む所有物の情報、そしてなりすましの被害者であるかどうかにいたるまでの個人的な詳細情報がわかる。[59] 州、地方、連邦の情報が詰まったこの巨大なデータベースには、当局から一日に一二〇〇万件ものアクセスがあるといわれている。[60] 連邦政府にはまたテロに重点を置いた監視リストもあり、テロリスト選別データベースに七〇万人、テロリスト特定データマート環境に一〇〇万人、「搭乗拒否リスト」に五万人の名前が載っている[61]。

州もまた市民を監視するデータセットを集めて作成している。一一州が、犯罪組織の構成員であることが疑われる人物の大規模電子犯罪集団データベースを保有している[62]。八〇万人を超える男女が、有罪判決を受けた性犯罪者を登録する連邦と州の性犯罪者記録に載せられている[63]。いくつかの州では銃犯罪で有罪になった人物の登録が義務づけられている[64]。犯罪者がどこに住んでいるのか、どこで働いているのか、どの学校に通っているのか、運転している車は何か、さらには入れ墨、ひげ、傷跡などの外見についてまで、詳細がデジタル記録保管場所で常時更新されている[65]。

二〇〇一年九月一一日のテロ事件後、連邦と州の官僚が協力して、刑事司法データの収集と情報共有を強化するための全米情報戦略を練り上げた[66]。現在は数々の法執行組織が容疑者、犯罪、犯罪パターンについての個人データを共有している。そうした組織には州、地方、部族、準州の機関、司法省、国土安全保障省、連邦捜査局（ＦＢＩ）、麻薬取締局、アルコール・タバコ・火器および爆発物取締局が含まれている。情報共有センターのネットワークは連邦と州の境界を越えて脅威に関する情報を共有しようと努力している[67]。地域情報共有システムセンターは入ってくるデータを整理し、犯罪分析センターは集められたデータを分析している。こうした新しいデータ共有機関はまた、国家安全保障局や中央情報局といった国外に目を向けるデータ収集機関を含む、アメリカ情報機関を構成する一七の異なる組織とも連携している。

全米データ交換プログラムのようなデータプロジェクトは「巨大なデータ倉庫として」それがなければ結びつかないような警察のデータベースをまとめるために立ち上げられた[68]。同プログラムにおけるプライバシーの影響評価では次のように説明されている。

全米データ交換プログラムは安全なインターネットサイトを介する国全体の調査情報共有システムであり、刑事司法機関が犯罪事件と捜査の記録、すなわち逮捕、調書記入、投獄記録、執行猶予、仮釈放の記録を含む刑事司法サイクル全体に関わるデータを検索ならびに分析することを可能にする。市町村、州、地方、部族、連邦の刑事司法機関の情報保管場所として、全米データ交換プログラムはそうした機関に対して、犯罪事件、犯罪捜査、ならびに犯罪を解決、抑止、防止するために役立つ関連活動を結びつける機能を提供する。(中略)全米データ交換プログラムには容疑者、犯罪者、目撃者、被害者、ならびに犯罪事件あるいは犯罪捜査にからんで法執行機関の報告書で身元が明らかにされる可能性のある者について、個人を特定できる情報が含まれている[69]。

二〇一四年の時点で、全米データ交換プログラムは一〇万七〇〇〇人の利用者と一億七〇〇〇万件の検索可能な記録を有していた[70]。増え続ける保管データを整理する法執行機関を支援する目的で、複数のベンチャー企業が似たような民間のデータ管理システムを構築している。

現在、法執行機関は捜査記録以外に生物学的なデータも収集している。生体データ収集には通常DNA（デオキシリボ核酸）、指紋、写真、虹彩《こうさい》ならびに網膜スキャンが含まれており、すべて犯罪捜査目的で検索可能なデータベースに安全に保管されている。(71) FBIの統合DNAインデックスシステムには一二〇〇万件もの検索可能なDNAプロファイルがある。(72) FBIの次世代認証システムでは、指紋、掌紋、顔認証、虹彩スキャンがひとつの検索可能な巨大データベースに統合される。FBIは二三〇〇万枚を超える検索可能な写真、そして世界最多の指紋データを保有している。(73) こうしたデータすべてが警察の調査を未来へと押し進め、すべてがデータの整理、検索、そして犯罪と犯罪者のあいだの知られざる結びつきを発見するというビッグデータ手法の新たな可能性を切り開く。

データはまた特定の警察における日々の活動方法を激変させた。多くの大規模警察署は戦略を立てるうえで犯罪件数に目を向ける。(74) ニューヨーク警察のようなとりわけ規模の大きい警察署は、数字の高速処理を助けるために分析担当部長を雇うことさえ行っている。(75) 別の警察署は収集したデータの整理と調査のために民間データ分析会社やコンサルタントと提携している。大規模警察署ではプロの犯罪分析官が日常的に戦略会議に参加している。(76) 署によってデータを頼る方法は異なっても、ほとんどは民間部門のために作られたビッグデータ技術が公共の安全性を高めようと努力する警察幹部の助けになることを認識している。実際、ロサンゼルス警察本部長チャーリー・ベックは二〇〇九年に、警察の活動を改善するためにデータを重視するビジネス原則を取り入れることを明白に支持する「予測型警察活動　景気後退期に犯罪と戦うことについてウォルマートとアマゾンから学べること」と題する重要な論説を書いている。[77]「分析」「リスクに基づく配備」「予測」「データマイニング」「費用対効果」はみな現代警察の新しい価値かつ目標として持ち上がっている。

現在、消費者ビッグデータ技術と法執行機関のデータシステムは別々の路線で動いている。グーグルが知っていることはFBIが知っていることと同じではない。全米犯罪情報センターのシステムは民間のデータブローカーには開放されていない。理論的には、つぎはぎの連邦プライバシー法が個人を特定できる情報の政府による直接収集を防いでいる。そうした法律には一九七四年のプライバシー法、[78]一九八六年の電子通信プライバシー法、[79]保管された通信に関する法律、[80]外国情報監視法、[81]二〇〇二年の電子政府法、[82]金融プライバシー法、[83]通信法、グラム・リーチ・ブライリー法、[84]銀行秘密取引の報告等に関する法律、[85]金融プライバシー権利法、[86]公正信用報告法、[87]一九九六年の医療保険の携行と責任に関する法律、[88]遺伝情報差別禁止法、[89]児童オンラインプライバシー保護法、[90]家族の教育権とプライバシーに関する法律、[91]二〇〇六年の電話記録とプライバシー保護に関する法律、[92]そして映像プライバシー保護法がある。[93]いくつかはビッグデータ時代の何十年も前に草案されたものであるため、これらの法律は時代遅れであることに加えて、法執行機関によるアクセスを妨げるものではない。エリン・マーフィーは次のように記している。「合衆国法典では現在二〇を超える異なる成文法が保護された情報の獲得や公表を禁じている。（中略）これほどまで多方面にわたっているにもかかわらず、それらの法律に共通している特徴がひとつある。それは各法律の一般的な条件から法執行機関を免除する条項が含まれていることである」[94]。警察は裁判所命令あるいは召喚状があれば特定の情報を手に入れることができる[95]。正当な令状があれば、警察はビッグデータ企業が消費者目的で収集したほぼどんな情報でも手に入れることができる。このつぎはぎのプライバシー法はまた、法執行機関がほかのすべての顧客と等しく、同じビッグデータ情報を購入することを妨げるものではない[96]。まさに民間のデータブローカーと同じように、警察は人々の携帯電話やインターネットの情報を企業から直接買い入れることができる[97]。

民間が収集した消費者データと法執行機関が収集したデータとの完全なビッグデータの統合はまだ行われていない。けれども、その境界線はぼやけ、薄れつつある。ひとたびデータが一か所に集められれば、情報の統合はなおのこと阻止しにくくなる。民間のデータが公記録になり、さらにその公記録が民間と行政のデータベースの構成要素となる。データは売られ、まとめ直されて、もともとの収集点がわからなくなる[98]。もし警察が容疑者について情報を得たいと考え、さらにそのデータが民間の第三者が収集したものだった場合、そうした民間企業が合法な政府機関の要請を断って情報を守ることは難しい。力のあるごく一部のテクノロジー企業はときどき政府からの顧客情報取得要請をはねつけたり、警察の捜査官に情報を提供する立場になることを避けるために暗号化システムを設計したりしている[99]。けれども、それ以外の企業は善良な企業市民として要請どおりに情報を提供している。

ビッグデータツール

る技術はさらに重要だ。

ビッグデータに含まれている情報は重要だが、そのデータを操作して整理するために用いられる技術はさらに重要だ。

ビッグデータの真の可能性は、巨大なデータセットのなかで並べ替え、調査して、対象を絞れることにある[100]。ビッグデータを解析できるようになったのは、現在のようなアルゴリズムと大規模なコンピュータ処理が利用できるようになったからだ。アルゴリズムは特定のタスクを解決するために設けられる数学的プロセスにすぎない。アルゴリズムを用いれば、パターン照合ツールで異常な金融パターンにフラグを立てる（印をつける）ことができ、社会ネットワーク技術で電子メール、住所など共通の変数を通して集団を結びつけることができ、予測分析でデータに基づく見通しや未来のできごとの予想ができる。人工知能モデルで強化された機械学習アルゴリズムは、ひと昔前には想像もできなかったような方法で膨大なデータの流れを仕分けることができる。総じて、これらの数学的ツールによってデータ分析者は圧倒的な情報量から思いもよらなかったようなひらめきを導き出せるのである[101]。

そのようなひらめきの一例として、小売大手のターゲット社は女性の妊娠を予測する方法を発見した[102]。店舗内の赤ちゃん登録に申し込んだ女性を調査したターゲットは、みずから妊娠していることを明かしている女性に同じ商品を繰り返し購入するパターンが共通していることに気づいた。妊婦は妊娠初期に（産前の健康状態を向上させるために）葉酸とビタミンのサプリを買い、妊娠中期に（嗅覚の感受性が高まるために）無香のローションを買い、出産予定日が近づくと（新生児を雑菌から守るために）手の消毒剤を買う。したがって、女性の購入品がこのパターンにあてはまれば、たとえその女性が赤ちゃん登録をしていなくても、ターゲットはその女性のデータに妊婦というフラグを立てる[103]。無関係の三つの消費者購入品の相関関係がきわめて個人的な未来予測につながるのだ。

ビッグデータ警察活動もそれと何ら変わりはない。法執行機関は必需品（小さな密封袋、輪ゴム、デジタルはかりの購入）、怪しい取引（現金の預け入れ、現金での高額品購入）、そして移動（薬物の元売りがいる都市への往復）のパターンから薬物の売人を見つけ出すことができる。郵送でときどき間違ったカタログが届くのと同じで情報は一〇〇パーセント正確である必要はないが、理論的には、信頼できる情報であればあるほど警察は地域社会にとってより大きな危険から優先的に取り組むことができる。キャシー・オニールが著書『数学的破壊兵器 Weapons of Math Destruction』で述べているように、まさにアマゾンが買い物の「常習犯」をターゲットにするためにデータを用いているのと同じく、警察は未来の犯罪者を見つけるためにデータを利用することができる[104]。

ビッグデータツールはビッグデータ警察活動の可能性を開く。新たなデータ源、より高度なアルゴリズム、共有ネットワークシステムの拡大、そして犯罪に関する隠された知識や手がかりを事前に見つけられるチャンスが、監視可能性の新時代を切り開いてきた。ビッグデータ警察活動の目的は消費者の監視ではなく犯罪の監視だ。

第二章では警察幹部がビッグデータの採用に前向きな理由に焦点を当てる。イノベーションの推進力は技術だけではない。全米を巻き込んだ金融不況後の予算削減によって、警察は変化を余儀なくされた[105]。さらに、人種の偏見や、憲法に違反する警察活動に対する不満の声が大きくなるにつれて、警察と地域社会との長年の亀裂が深まった[106]。いっこうになくならない警察の暴力に対して抗議活動が起こった。強引な職務質問や所持品検査など、警察による組織的な社会統制に対して、地域社会が改革を求めた。そうしたやり場のない状況のなかで、データ駆動型警察活動という見たところ客観的な測定方法はきわめて魅力的だった。人間的な偏見や人種差別と決別して新たに出発する必要性が、ビッグデータ警察活動を採用する重要な推進力となったのである。次章では、古くから存在する警察活動の問題解決にあたって、この新しいテクノロジーがいかに魅力的であるかについて詳しく検討する。

第二章……………

データは新たなブラックだ

データ駆動型警察活動の魅力

予測型警察活動はかつて未来のできごとだった。今では現実だ。
――元ニューヨーク警察本部長ウィリアム・ブラットン(1)

闇のなかの警察活動

夜間パトロール。夜、パトカーのなかにいる。夜、無線連絡が入るのを待つ。夜、善良な人間も悪人に見える。暗闇のなかでじっと待つ。

警察署長にとっては毎日が夜間パトロールのようなものだ。長年のあいだ、警察トップにできることは何かが起きてから反応すること、犯罪現場に対応すること、マスコミに答えることだけだった。犯罪行為が見えない状況では、警察幹部は待つことしかできなかった。だが、警察に暗闇が見えるとしたら？　犯罪パターンを地図化できるとしたら？　悪人の正体がわかるとしたら？　それこそが新たなビッグデータ技術の魅力である。デジタルの犯罪マップは押しピンで印をつけていた地図をリアルタイムの警報に変えられる。(2)　犯罪多発地域警察活動なら問題の起きそうな特定の街区に的を絞れる。データベースを用いれば、摘み取る必要のある犯罪の芽をリストにして監視できる。

もうひとつの暗闇。予算削減。人員整理。アメリカの二〇〇七年の金融不況は警察を骨抜きにし、警察幹部の悩みを増やした。[3] 州の税収は干上がった。郡や市町村の予算は縮小した。[4] 雇用は凍りついた。特殊技能の訓練は中止された。残業はなくなり業務が削られた。二〇〇七年から二〇一三年、全米各地の警察機関は少ない労力で――ときに劇的に少なくなった労力で――大きな成果を上げなければならなくなった。[5] さらに連邦政府が削減を始めた。[6] 歳出強制削減は多々ある活動のなかでも犯罪組織特別部隊、麻薬特別部隊、地域社会警備プロジェクト、犯罪現場捜査、初犯などの理由で通常の少年裁判を受けずにすませる少年代替措置のための連邦交付金の削減を意味した。[7] さらにそれと同時に、失業者の増加によって犯罪率が上昇するのではないかという懸念が強まった。

だが、解決策があるのだとしたら？　警察官にもっと有意義な情報を持たせられるとしたら？　スマート警察活動技術を用いて少ない労力で大きな成果を上げられるのだとしたら？　犯罪の不安を和らげる対策を求める市長や地域社会に、データが答えをもたらしてくれるのだとしたら？　多くの警察署長の考えはひとつの質問にまとめ上げることができるだろう。「中身はわからないけれども犯罪を予測できるブラックボックスコンピュータがあるというのか？」　そして答えはひとつだ。「ぜひ頼む」。

ほとばしる怒り

「手を上げろ、撃つな」。シュプレヒコール。群集。両手を開いて空に向ける。ひとりの男がミズーリ州ファーガソン郊外をゆっくり進む警察特殊部隊の車両を見下ろしていた[(8)]。武装警官が抗議集団にアサルトライフルを向けた映像はファーガソンに火をつけ、しまいにはボルティモア市街地を燃やし、警察の改革を求める全国的な抗議活動の引き金となった。

二〇一四年、大陪審が黒人少年マイケル・ブラウンを射殺したダレン・ウィルソン巡査を不起訴処分にすると、警察暴力の問題に対する注目と抗議の波が起きた[(9)]。ファーガソンに続いて、警官が武器を持たないアフリカ系アメリカ人を殺した事件が次々に報じられた。ニューヨーク州スタテン島のエリック・ガードナー、オハイオ州クリーヴランドのタミル・ライス、サウスカロライナ州チャールストンのウォルター・スコット、メリーランド州ボルティモアのフレディ・グレイ、ルイジアナ州バトンルージュのアルトン・スターリング、そしてミネソタ州ファルコンハイツのフィランド・カスティール[(10)]。こうした事件とさらに何十件もの警察による民間人殺害がアメリカの警察活動に関する会話を変えた。

人種が議論の中心になった。黒人の人権を擁護するブラック・ライヴズ・マター運動が起こり、ソーシャルメディアや有色人種社会で人種差別と残虐行為の傾向に抗議するよう呼びかけが行われた[(11)]。街はデモの参加者で埋まり、警察との衝突は暴力に発展した。ケーブルテレビのニュースは集会を生中継し、ふつふつと湧き上がった怒りが日常的に煮えたぎっているように思われた[(12)]。

実際には、むろん、怒りはとうの昔から煮えたぎっていたのである。奴隷の時代より前に端を発する差別的な警察の慣行が人種間の緊張に油を注いだ。[13] 攻撃的な警察の体制は反感、不信感、そして恐怖を多くのマイノリティ社会に生み出した。当時の連邦捜査局（ＦＢＩ）長官ジェイムズ・コミーはファーガソンの抗議活動後の発言で以下のように認めている。「法執行機関に属するすべての人間は、われわれの歴史のほとんどがきれいなものではないことを素直に認めなくてはならない。アメリカ史のいたるところで法執行機関は現状維持、それも冷遇されている集団に対してしばしば残酷なほど不公平な現状維持を強要した。（中略）それはあまりにも多くの人々にとって不当だった」[14]。この「人種と厳しい現実」についての発言で、このアメリカ法執行機関のトップのひとりは、特定の差別的かつ憲法にそぐわないような警察の慣行が警察に対する信頼を揺るがしたとして、警察は不公正な過去を越えて進んでいかなければならないという認識を示した。[15] 同様の意見は当時国際警察署長協会会長を務めていたテレンス・カニンガムも口にしている。カニンガムは警察と市民のあいだの不信感を助長している警察任務について謝罪した。

連邦、州、地域政府が制定した法律が原因で、法執行機関があまりにも多くの国民を正面から弾圧した時代があった。昔、社会が採択した法律によって、警察官は合法な差別を徹底させる、あるいは同じアメリカ国民の多くに対して国民の基本的権利さえ否定するような、不快な仕事の達成を強いられた。もはやそのような時代ではないが、われわれが共有する歴史のその暗い部分は、多くの有色人種社会とその地域の法執行機関とのあいだに、複数の世代にまたがって受け継がれてきたといってもいいような不信感を作り上げてしまった。[16]

ミズーリ州ファーガソンは過去と現在の組織的な人種差別問題の実例である。ファーガソンでは、司法省市民権局が、おもに地元市町村政府の収入のために人種差別的な警察活動が行われる組織的パターンについて文書に記している[17]。こうした慣行は比喩的にも実際にも抗議活動の火に油を注いだ。ファーガソンの警察は日頃から白人よりもアフリカ系アメリカ人に職務質問を行うことが多かったが、その理由がまったく正しくなかった。司法省ファーガソン報告書は次のようにまとめている。

二〇一二年から二〇一四年までにファーガソン警察署が集めたデータによれば、アフリカ系アメリカ人はファーガソンの人口の六七パーセントしか構成していないにもかかわらず、車両停止の八五パーセント、召喚状の九〇パーセント、ファーガソン警察署員が行った逮捕の九三パーセントを占めた。車両停止のさいには、車両停止にいたった原因など人種に無関係な変数を調整したあとでさえ、アフリカ系アメリカ人は白人の二倍以上も所持品を検査される確率が高かったが、不法な所持品が発見された割合は白人運転者よりも二六パーセント低かった。したがって、所持品検査を行うかどうかを判断するうえで、警察官は許容できないほどまでに人種を要因のひとつとみなしていると考えられる[18]。

物理的強制力が用いられた事例のほぼ九〇パーセントはアフリカ系アメリカ人が対象になって

いた。[19] 一般的に社会統制の手段と考えられている軽犯罪のうち、「指示違反」のほぼ九五パーセントと「車道歩行」の九四パーセントでアフリカ系アメリカ人が罪に問われていた。[20] 人種的偏見を裏づける統計、人種的な敵意を物語る個々の体験談、決定的な証拠である人種差別主義的な電子メールはみな、その地域の警察慣行が人種によって歪められていたという暗い全体像を描き出していた。[21]

さらに悪いことに、こうした不快かつ憲法に反する警察との接触の多くが、防犯のためではなく市の資金稼ぎの手段となっていた。[22] 司法省の報告書におけるもっとも厳しい指摘は、ファーガソンの警察体制の中心に金銭的な悪用があったと明らかにしたことだった。

市が歳入の創出を重要視していることが、ファーガソン警察による法の執行方法に多大な影響を与えている。パトロールの割り当てとスケジュールはファーガソン市の条例の強引な執行に合わせたもので、執行の方針が公共の安全を促進するためのものなのか、地域社会の信用と協力を不必要に損なうものなのかが十分に考えられていない。警察官の評価と昇進は過度な「生産性」の度合い、すなわち発行された召喚状の数に左右されている。市と警察の優先づけが一因となって、多くの警察官は一部の居住者、特にファーガソンのアフリカ系アメリカ人が優勢な地域の住民を、守るべき有権者ではなく犯罪者候補ならびに収入源と捉えているように思われる。[23]

攻撃的かつ収入重視の警察慣行とその結果として生じる貧しい市民の金銭的な問題が相まって、警察に対する地域社会の信頼は崩壊した。[24] 報告書は一見たいしたことがないように見える警察との接触がその人物にとって悲惨な結果を招いた事例を取り上げている。

二〇一二年夏、三二歳のアフリカ系アメリカ人男性がファーガソンの公園でバスケットボールをしたあと、自分の車のなかで涼んでいた。警察官は男性の車の後ろにパトカーを停めて車を動かせないようにしたうえで、男性の社会保障番号と身分証明書を要求した。何の理由もなく、警官は公園で子どもが遊んでいることに触れて男性を小児性愛者と非難し、男性が武器を携行していると疑う理由がいっさいないにもかかわらず、ボディチェックのために車から降りるよう命じた。警官はまた車内の捜索も求めた。男性は憲法上の権利を引き合いに出してそれに抗議した。それに対して警官は、報告によれば銃を突きつけて、八件のファーガソン市条例違反で男性を逮捕した。そのうちのひとつである虚偽の申し立ては、最初に名前を略称で述べたこと（たとえば「マイケル」の代わりに「マイク」）、そして住所そのものは正しかったが、運転免許証に表示されているものと異なっていたためである。別の罪状は、男性が停車中の車内に座っていたにもかかわらずシートベルト着用義務違反だった。警官はまた運転免許証の失効と免許不携帯の両方の容疑も課した。これらの容疑が原因で、男性はそれまで何年も続けてきた連邦政府の請負の仕事を失ったと［司法省の調査官に］述べた。[25]

司法省のファーガソン報告書には似たような話が何十件も記録されている。何万件もの内部文書、警察官の電子メール、何百件もの取り調べ記録の文書を調査したのち、司法省の報告書は、罰金獲得のために人種的に偏った卑劣な嫌がらせを行う体制が公共の安全に視点を置く警察体制に取って代わっていると結論づけた。改善が推奨され、地域の抗議者は新しい形の警察活動へ向けて早急に行動を起こすよう求めた。

ニューヨーク市ではそれとは別の組織的な警察慣行が地域の信頼を傷つけた。アメリカ最大の警察であるニューヨーク警察は定期的に精査されている。しかし、「職務質問と所持品検査」の実施に関わる連邦裁判で、人種差別と組織的なハラスメントの存在が明らかになった[26]。二〇一三年のフロイドら対ニューヨーク市裁判の判決で、ニューヨーク州南部地区連邦地方裁判所のシーラ・シャインドリン判事は、ニューヨーク警察の職務質問と所持品検査は憲法に違反すると判決を下した[27]。シャインドリン判事は、ニューヨーク警察の「適切な人、適切な時、適切な場所」に的を絞るという非公式な目標が実際には有色人種の貧しい人々に対する差別になったと述べた[28]。

シャインドリン判事の所見からは、職務質問と所持品検査の実施が人種的に明らかに偏っていることがわかる。二〇一〇年の住民人口はアフリカ系アメリカ人がわずか二三パーセント、ラテン系アメリカ人が二九パーセント、白人が三三パーセントだったにもかかわらず、二〇〇四年一月から二〇一二年六月までのあいだに行われた四四〇万回の警察による職務質問と所持品検査では、アフリカ系アメリカ人が職務質問を受けたのが五二パーセント、ラテン系アメリカ人が三一パーセント、白人が一〇パーセントだった[29]。その職務質問と所持品検査のうち、違法な所持品が押収された割合はアフリカ系アメリカ人がわずか一・八パーセント、ラテン系アメリカ人が一・七パーセントだったが、白人は二・三パーセントだった[30]。武器が押収されたのは職務質問されたアフリカ系アメリカ人のうちの一・〇パーセント、ラテン系アメリカ人の一・一パーセントだったが、白人では一・四パーセントだった。すべての職務質問と所持品検査のうち逮捕につながったのはわずか六パーセント、出頭を命じられたのが六パーセントであり、警察が接触した八八パーセントはその後いかなる法執行活動にも結びつかなかった[31]。職務質問中に警察が物理的強制力を用いたのはアフリカ系アメリカ人に対してが二三パーセント、ラテン系アメリカ人が二四パーセント、白人は一七パーセントだった。もっとも多かった時期で、ニューヨーク市で行われた職務質問と所持品検査は年間六八万六〇〇〇件にのぼり、その矛先となったのは若い有色人種の男性だった[32]。同様の活動はシカゴなど別の大都市でも行われており、シカゴ市警察は二〇一一年に七〇万人以上に職務質問を実施した[33]。

この警察の慣行は、連邦訴訟に加えて、職務質問と所持品検査戦略の影響を受けた地域社会の大規模な抗議活動にもつながった。また、有色人種社会に対するそうした攻撃的な警察活動の身体的そして心理的な恐怖にも注目が集まった。フロイド訴訟の支援を行った非営利組織、憲法上の権利センターは、市民と警察の信頼関係に対する影響を文書にまとめている[34]。地域社会の人々への取材で得られた以下のふたつのコメントからは、攻撃的な職務質問と所持品検査が与える個人的また社会的な影響がわかる。

「大勢の警官がいつもいて、存在感を示していて、自分のような人間を呼び止めていると、ただそこにいる、歩く、日常生活を送るだけでも不安にかられる。若い黒人男性は呼び止められることが多いといわれる。つまり、近所でただ座っているだけでも、何の意味もなく『この警官に呼び止められるかもしれない』という恐怖がつねにある」――ジョーイ・M、二五歳、黒人、セントラルハーレム在住[35]

「職務質問の数の多さは実際、犯罪に悩まされているそうした地域社会で暮らす多数の人々を迫害している。たくさんの人間の時間、たくさんのエネルギーと資源を費やして、それほどまで多くの無実の人々に職務質問を行ったあげく、ほとんど何の結果も得られないでいるなど、まったく無意味だ。所持品検査で見つかる銃の数は極端に少ない。まるで効果がないように思われる」――マニー・W（仮名）、ニューヨーク州ニューヨーク市在住[36]

何百ものこうした声は、職務質問と所持品検査の体験談を積極的な防犯活動の話から職権を乱用した社会統制の話に変えた。改革への要求は二〇一三年の市長選に変化をもたらし、最終的に攻撃的な職務質問と所持品検査の削減へとつながった（なお、犯罪は増加しなかった）。

似たような組織的人種差別と個人の不当な扱いの物語は、別の管轄区でも語ることができる。ファーガソン報告書以前にも、司法省は十数都市で憲法に違反する警察慣行の調査を実施し、是正措置を講じてきた。司法省は過去二〇年で、地域警察の慣行について六八件の重要な調査に乗り出している[37]。過度な暴力、差別的慣行、違法な職務質問、違法な逮捕が行われたという主張は連邦レベルで注目と関心を集めた[38]。シアトル、クリーヴランド、ニューオーリンズ、アルバカーキ、ニューアークの主要警察署で、憲法に違反する警察活動パターンと慣行が明るみに出された[39]。またニューヨークやフィラデルフィアなどの警察署では、警察署に対する人権訴訟の結果、裁判所監視下の同意判決にいたった[40]。フレディ・グレイの死亡に対する抗議活動後、ボルティモア警察を調査した司法省は、職務質問、所持品検査、逮捕、物理的強制力の行使に、憲法に違反する組織的慣行を発見した[41]。司法省のボルティモア報告書には、政府機関による人種を動機とした虐待のパターンと慣行が記録されている[42]。

長年の差別の訴え、組織的問題、怒りの再燃に直面した警察トップは、警察活動の方向性を変える新たな戦略を探し始めた。現状は人種的に偏っており不当だとわかった。それに代わる新しい枠組みが必要だ。人間的な偏見が実証されたことを受けて反射的に、客観的に見えるデータ駆動型警察活動が明るく輝いて見えたとしても何ら不思議はない。さらに警察幹部には、警察の構造を変え、現場の警官に職務を全うするためのツールを与えるよう内部からも圧力がかかっていた。警官は、訓練、支援、そして日々達成しなければならない困難な仕事の把握さえできない事態に怒りをあらわにしていた。地域社会が変化を求めたのと時を同じくして、警察官も地域の激しい怒りと官僚主義的なネグレクトの板挟みになったと感じていたのである。

ブルー・ライヴズの苦悩

ブラック・ライヴズ・マターという黒人の人権運動への反動から、警察の活動と犯罪多発地域パトロールの危険性にも改めて目が向けられた。警察官は人員が少ない、訓練が足りない、それでいて日々貧困や怒りや精神疾患と直面しなければならないという現実に見合わない期待に対する不満を表明した。警察官は自分たちの命と自分たちが冒している危険が正当に評価されていないと感じていた[43]。テキサス州ダラスで穏やかな二〇一六年ブラック・ライヴズ・マター抗議活動を警備していた警官五名が痛ましくも殺害され、一週間後にルイジアナ州バトンルージュでさらに三名の警官が殺されると、警官の命と彼らに課されている難しい仕事を重んじるよう、同じように大きな声が上がった[44]。

イリノイ州シカゴ警察に課された非常に困難な職務を例に取ろう。同市にはおよそ一〇万人の犯罪組織構成員がいて、互いに敵対関係にある七〇〇の犯罪組織があり、二〇一五年の殺人の割合は一〇万人あたり一七人（全米平均は一〇万人あたり五人）で、特定地域の殺人率は市平均の三倍に上る[45]。二〇一六年八月、同市は四〇〇件を超える銃撃事件で九〇件の殺人を記録した[46]。それにもかかわらず、二〇一三年三月から警察の予算は一億九〇〇〇万ドル以上削られている[47]。この削減はすなわち、訓練プログラムを中止し、監督する役職を廃止し、新人警察官が最小限の訓練と支援だけでもっとも暴力的な地域で活動するよう求められることを意味した[48]。不慣れな地区に放り込まれてパトロールを命じられ、大部分が警察に不信感を抱いている住民に囲まれて、新人は自分たちの権威を認めさせるために腕力と物理的な支配力を見せつける。どちらの側も、地域密着型警察活動を行うために十分な資源を用意できないという組織的な欠陥に互いに振り回されているだけだということが見えていない。そうした効果のない警察の戦略はまた、警察本部に対する内部不満にもつながった。訓練や資源の欠如が原因で、警官は自分たちが失敗に追い込まれていると考えるようになった。

同様に、フレディ・グレイの死後、ボルティモアでは殺人が劇的に増加した[49]。警察官はそれまで容認されていた攻撃的な戦術が抗議対象となったことの影響について公に不満を述べた。犯罪の増加と戦うよう命じられる一方で、懲戒されるどころか法執行機関の同胞に刑事訴追される心配があるなかで、警察官は見捨てられたように感じた[50]。ボルティモア警察のケネス・バトラー警部補は語った。「二〇一九年のあいだにはよくない時期もあったが、ここまでひどいのは初めてだ。[警察官は]州検事に干されたかのように感じている。（中略）そういう声は、現場へ出向いて銃や薬物を押収し、悪人を捕まえてくるやり手の警官から聞こえてくる。今じゃ彼らはお手上げだ。（中略）こんなにたくさんの意気消沈した顔は見たことがない」[51]。全米各地で警察幹部はこの増大するいらだちを感じた。ブラック・ライヴズ・マターと警察すなわちブルー・ライヴズ・マターとの対立はそれまで築き上げられた関係を崩し、新しい何かが求められる状況を作り出した。

そうした要望があったにもかかわらず、日々の警察活動の現実は変わらなかった。男も女も制服に身を包み、地域社会に足を踏み入れ、人間が作り出すことのできるすべての惨事を目のあたりにする。ほぼ毎日のように、都市部の警察は死、暴力、ネグレクトを目撃する。子どもが食い物にされる、夫が妻を傷つける、そして子どもが子どもを襲う。血。銃弾。傷。レイプ。怒り。

恐れ。いらだち。心の病。中毒。貧困。絶望。勤務時間に入るたびにそれらに遭遇する。知的職業階級である警察官は、十分な精神的あるいは社会的支援を受けることなく、この日々のトラウマにさらされている。[52]警察は自分自身が身の危険にさらされるような恐ろしい体験にも直面する。一部の研究によれば、退官した警官と現役警官の八分の一から三分の一が、仕事が原因の心的外傷後ストレス障害（ＰＴＳＤ）に苦しんでいるという。[53]何も対策が講じられていないこのトラウマ、恐怖、日々のストレスは、勤務時間のたびに新たな緊急事態に対応することが求められる警察官の重荷になっている。

そして、警察幹部は勤務スケジュールを埋めなければならない。警察幹部は少ない警官で多くのことを成し遂げなければならない。新しいツールを求める声が高まると同時により「スマートな警察活動」の必要性も高まっている。社会の他分野と同じように、テクノロジーが、高まる警察官の不満と財政的な制約への答えになった。テクノロジーなら困難な仕事の負担を軽減してくれるはずだ。そこで幹部や現場の警官はみな、最善の結果を期待してそれを採用した。ビッグデータと予測ツールは現場の実態を変える機会を与えたが、さらに重要なことに、それは変化は可能だという希望も与えたのである。

イノベーションで危機に対応する

アフリカ系アメリカ人の警官に対する不満、警官の警察本部に対する不満がはち切れんばかりになったことで、警察活動に客観性を与え、なおかつ少数で多くのことを達成できる技術の魅力は大きくなり始めた。「スマート警察活動」「情報主導型警察活動」「データ駆動型警察活動」がキャッチフレーズとなり、未来のための解決策となった。[54]

警察方針のこの変化の中心にいたのがウィリアム・ブラットンである。法執行機関でビッグデータ警察活動の誕生を予見した人物をひとり挙げよといわれたなら、ブラットンがリストのトップにくるだろう。ブラットンはまず一九九〇年代にニューヨーク警察本部長として、副官のジャック・メイプルとともに、警察のマネジメントにおいてまさしくデータ中心の手法を開拓した。[55] コンプスタット（CompStat, computer statistics）というシステムを利用して、各警察管区長から週ごとに犯罪の統計値が報告され、警察署長によってすべての地区における犯罪減少と検挙率の基準点が評価された。犯罪統計に基づく犯罪減少の説明が警察マネジメントの主要な焦点となった。次にブラットンは、ロサンゼルス警察本部長としてコンプスタットを西海岸に持ち込み、初の予測型警察活動実験に同警察でゴーサインを出した。[56] 最後に、二〇一四年に再びニューヨーク警察本部長となった彼は、ニューヨーク警察にさらに堅固なデータ駆動型システムを取り入れた。[57] 全米で名を知られ、最初のコンプスタットシステムと初代予測型警察活動を推進した人物、データ駆動型の重要人物として、ブラットンの右に出る者はいない。

しかしながら、ブラットン神話のなかで特に重要であり、また広く見過ごされているのは、データ駆動型への移行がいつも危機から、そして警察戦術の組織的な問題が明らかになるようなスキャンダルを乗り越えて新たに出発する必要性から生まれているという現実だ。一九九〇年代、ニューヨーク市は犯罪の多さと、ニューヨーク警察の汚職に関するモレン委員会の手厳しい報告書につながったさまざまな警察スキャンダルに直面していた。[58] 一九九三年、モレン委員会はニューヨーク警察に「警察署内の汚職を明るみに出すことに消極的な態度が組織的に根づいている」ことを突き止め、同警察が「誠実さを徹底させる責任を放棄している」と結論づけた。[59] ブラットンは一九九四年にニューヨーク警察を引き継ぎ、その年のうちにコンプスタットを導入した。

ロサンゼルスでは、二〇〇二年にブラットンがやってきたとき、警察署は彼がいうところの「汚職管理」で混乱状態にあった。[60] 二〇〇一年、連邦裁判の同意判決下に置かれたロサンゼルス警察は、対犯罪組織チームに蔓延《まんえん》していた詐欺、汚職、犯罪行為の容疑を含むランパート事件で揺さぶられていた。[61] 警察署全体が「ごろつき警察」の汚名を着せられ、法的にもマスコミからも厳しい目を向けられていた。警察の汚職に対する懸念が、保身色の強い非生産的な警察文化を作ってしまっていた。ブラットン本部長はみずから当時の課題を振り返っている。

犯罪は増加し、士気は低下した。地域社会との関係は嘆かわしいほど悪く、現場の警官は、自分たちの任務は命じられた無線の呼び出しに応えるだけで、無用なトラブルを避けることであるかのように感じていた。それはまるで、だれもが何かおかしいとわかっていながら、状況を変える力のない機能障害の家族のようだった。わたしが本部長に任命されるまでの三年間で犯罪は増加し続けた。警官は疲れ、多くの人がいうところの絶え間なく続く報復的で不公平な懲罰体制によって、燃え尽きているように思われた。警察署はまたレベルの低い不明瞭な目標や期待に悩まされてもいた[62]。

この無気力に対する解決策のひとつが、ロサンゼルス警察を管理するデータ駆動型システムの創設であり、それがのちのコンプスタット・ウェスト、さらに予測型警察活動の土台となった[63]。犯罪、パトロール、パターンのデータが警察のマネジメントに影響を及ぼし始めた。データは説明責任意識とプロ意識を高め、犯罪を減少させた。

ニューヨーク市では、シャインドリン判事が市警察の職務質問と所持品検査の慣行を違憲とする判決を下したあとに、似たような転換が起きた。シャインドリン判事の判断は二〇一三年八月に示され、ブラットンはその四か月後にニューヨーク警察のトップを引き継いだ。職務質問と所持品検査における人種差別疑惑で打撃を受けた警察署を監督するよう任命されたブラットンは、再びデータ駆動型警察活動で賭けに出た。職務質問と所持品検査は終わった。予測型警察活動が始まった。ブラットンは部下の警官に持たせるため、犯罪マップ用に何万台ものタブレット型コンピュータを注文した[64]。彼はまたマンハッタンに作られた最先端のリアルタイム犯罪司令部の立ち上げを監督した。ブラットンいわく、データに基づく警察活動は勘や疑いに頼らない。評論家からはそうした主張の正確性を疑問視する声が出る一方で、「情報主導型警察活動」はあまりに人間的すぎる職務質問と所持品検査の手法に対するまずまずの代替策として売り込まれた。

警察スキャンダルと技術的対応策というパターンがここでもまた繰り返されている。警察の暴力と地域社会の緊張の高まりをめぐる事件が引き金となって、ビッグデータ警察活動への扉が開いた。地域社会が変化を求めた。警察官が変化を求めた。時代が変化を求めた。そして、技術が変化を与えた。まさに過去と決別して新たに出発する必要性が生じたときに、ビッグデータによる監視が答えをもたらした。データ、そしてデータ駆動型解決策の魅力がよりよい、より平和的な警察の未来のための希望となった。

変化する意識

ビッグデータ技術が流行とイノベーションの波であるなら、警察と市民のあいだの緊張はその波を大きくする底流である。しかしながら、いつの時代にも新たな技術を前進させる強い流れは存在してきた。

一九九〇年代に用いられたニューヨーク市のコンプスタットプログラムにおける初期のデータ収集から現代的な予測型警察活動プログラムにいたるまで、三つの力がこの初代ビッグデータ警察活動に対する関心に拍車をかける要因となった。その社会的要因は全米各地の警察管区で、期待される新技術の受け入れを容易にした。そうした変化のいずれも、(緊張より前に起きたことから) ファーガソン事件後の騒動とは直接関係なく、従来の意味での商業的ビッグデータの増加とも関係ない。けれども、ひとつにはそうした意識の変化が、データ駆動型技術は法執行機関を改善し警察と地域社会の緊張を和らげるという考え方を受け入れやすくする下地を作った。

第一に、警察幹部が犯罪パターンを調査するために犯罪学者、社会学者、法学者などの専門的な研究者と連携した。[65] 警察署長が犯罪パターンを研究する学者から学ぶためにみずから手を差し出したのだ(66)。その結果、環境犯罪学のような理論、集中抑止、パターン照合が、研究環境から実践へと発展を遂げた(67)。

シカゴ、ロサンゼルス、ニューヨークでは、暴力と犯罪組織ネットワークを調査する正式な連携が現場の警察の行動を著しく変化させた(68)。こうした連携には、予防警察活動理論に関する豊富な文献に基づいて有効な方法を評価するデータ駆動型測定基準の開発が含まれている(69)。二〇〇〇年代初頭、データを活用すれば法執行機関はさらにスマートかつ経済的に実績をあげられるという発想が、研究者によって促進された(70)。情報主導型警察活動へと向かうこの動きは次に、犯罪マッピング技術と「多発地域」警察活動への関心を生んだ。地理的に対象を絞った介入が警察の戦略を形作るようになり、データから生まれる見通しへの関心が高まった。実際にビッグデータと予測型警察活動への全国的な関心が加速したのは、二〇〇九年に行われた予測型警察活動に関する初の国立司法研究所シンポジウムからで、それ以降、他分野のデータ駆動型技術の発展を反映するかのように、予測分析学の採用が全米で一気に増加した(71)。

第二に、連邦政府がデータ駆動型技術の研究と実施に資金を提供する何百万ドルもの補助金を用意した(72)。予測型警察活動調査の小規模な補助金から、データ収集を近代化するための大規模な補助金、体に装着するカメラの実験、暴力削減の取り組み、性的人身売買を調査する補助金にいたるまで、政府は司法省の司法補助局や国立司法研究所を通して助成金を与えることでイノベーションを促進した(73)。連邦の資金は、地域警察署が多大な制度上のコストをぎりぎりの線まで負担することなくあれこれ試みることを可能にした。予算削減の時代において、連邦の補助金が費用のかからない技術的進歩をもたらしたのである。この政府の大盤振る舞いはまた民間企業による法執行機関支援技術の開発も促進したため、現在は多数の巨大テクノロジー企業といくつかの小さなベンチャー企業が警察空間に技術とサービスを提供しようとしのぎを削っている。

第三に、技術が飛躍的に進歩した。第一章で述べたように、ビッグデータの可能性はほぼ毎日のように拡大している。テロリストの地図化から応用された技術が今では地域の犯罪組織地図を描き出している。DNA、虹彩スキャン、写真、その他の生体データの大規模なデータベースは、今や指数関数的な増加率で多くの個人データを収集できる。[74] こうした発展しつつあるテクニックすべてがビッグデータ警察活動への関心を促した。ひとつひとつの変化がさらなる正確性、よりよい情報、いちだんと役立つ手段を約束した。犯罪者に関するデータの収集、分類、利用の根底にある目的は警察活動の発足と同じくらい昔から変わっていないが、新しい技術手段がその仕事を容易にかつ効率的に変えると誘いをかけた。結果として、現場の警察官も警察幹部もその潜在的可能性にますます関心を寄せ、その信念が興奮、イノベーション、そしてデータ駆動型の未来信仰に拍車をかけた。

これらの各要因が、データ駆動型警察活動は法執行機関の危機的状況からの再起に役立つという主張にプラスされる。警察幹部にとってビッグデータ警察活動は逃げ場、つまり会話の焦点を過去から未来へと移す転換点となる。地域社会にとってビッグデータは、偏見のある警察活動のまさに人間的な問題を解決する客観的な方法となる。マスコミは、SF映画『マイノリティ・リポート』さながらの未来的な警察活動という目を引く見出しを次々に繰り出せる。[75] そして科学技術者には、チャンスとイノベーションという新たな世界が与えられる。ビッグデータ警察活動の時代はすでに到来した。唯一の問題はそれが現実の世界でどう見えるのかということだ。

第三章

だれを捜査するのか

人物予測対象化

われわれは犯罪者上位三〇〇人の身元を特定できるだろう。(中略)それから個人、すなわちだれであろうと、どこに住んでいようと、犯罪行為の責任を負うべき人間に的を絞る。(中略)犯罪を見つけようとしているだけではない。人間を探し出そうとしているのだ。

——ノースカロライナ州シャーロット・メックレンバーグ警察署長ロドニー・モンロー[1]

暴力ウイルス

集合住宅の一室で玄関扉がノックされる。ひとりの男が心配する母親に予想を告げる。息子さんは死ぬかもしれません。非常に危険な状態です。お子さんの知人はすでに倒れました。アルゴリズムが襲われる確率の高い人物をはじき出しました。息子さんは今後死ぬかもしれない数百人の若者のうちのひとりなのです[2]。イリノイ州シカゴでは、こうした場面が何百回も何百軒もの家の玄関先で繰り返されている。しかしながら、その危険は血液由来の病原体からくるのではない。これはがんを告知する医師ではなく、命の診断を告げる警察の刑事である。暴力には伝染性があり、それにさらされているのだ。シカゴの若い男性で、友人や仲間、あるいは自分自身が以前暴力に関わったことがあれば、銃撃事件の被害者あるいは加害者になる可能性があると予測される。対象者の名は「戦略的対象者リスト」、別名「ヒートリスト」に載っている。そして刑事が社会福祉士と地域社会の代表を伴って、未来は暗いばかりか命さえ奪われると玄関先に告げにくる。(3) ワクチンはあるが、それはつまり今すぐ人生の方向転換をしなければならないということである。

シカゴでは、ビッグデータ技術を通じて一四〇〇人の若者がヒートリストの対象者として割り出されている。(4) ソフトウェアが被害者になる可能性の高い人物と暴力に関わる危険の高い人物に順位をつけてリストを生成する。(5) ニューオーリンズでは、市内の暴力犯罪扇動者の一パーセントを特定する目的で、パランティア社が市長執務室と連携している。(6) ニューヨーク州ロチェスターとロサンゼルスでは、繰り返し非行に走る恐れのある青少年を特定するために似たような手法が用いられている。(7)

これこそがビッグデータ警察活動の将来性だ。ビッグデータ技術でだれが暴力に走るのかを予測することができるのだとしたら？　銃撃事件が起きる前に地域内の高リスク人物に的を絞れるよう警察のシステムを再設計できるなら？　それこそが「人物対象化警察活動」の背後にある理論である。

本章では、ビッグデータ警察活動がいかに捜査対象者を変化させたかを検討する。人物予測型警察活動では、容疑者あるいは被害者になりそうな人間を特定、捜査するためにデータが利用される。暴力に対しては部分的に公衆衛生の手法、リスク判定には部分的に社会ネットワークの手法を用いて、ビッグデータは暴力がまるでウイルスのように地域社会に広がっていくようすを視覚化することができる。同じデータはまた暴力の被害者になる可能性がもっとも高い人間も予測することができる。警察のデータが対象者を具体化し、銃撃事件被害者を予測するのだ。

こうした予測テクノロジーは心躍るほど新しいものではあるが、その根底にある懸念はいらだたしいほど昔と同じである。人種的偏見の恐れ、透明性の欠如、データの誤り、そして憲法による保護の歪曲は、実行可能な人物予測戦略の開発に深刻な問題を突きつけている。それにもかかわらず、人物に基づく警察活動システムはすでに動き出しており、人々が標的にされている。

集中抑止

暴力犯罪を犯すのはほんのひと握りの割合にすぎない[8]。警察は往々にしてそうした犯罪に関わる人間を把握しているが、いつの時代にも難しいのは「犯罪者」に、警察はおまえが犯罪を犯していることを知っているぞと伝えることである。そこで「集中抑止」が登場する。これは暴力犯罪を煽《あお》っている犯罪行為者のネットワークを把握して解体しようとする理論だ[9]。集中抑止は、警察、検察、そして地域社会はだれが暴力に関わっているかを知っている、殺人はやめなければならないという明確なメッセージを一部の人々に的を絞って発信することに関係している。

二〇一二年、ミズーリ州カンザスシティが大胆なデータ駆動型集中抑止実験を実施した[10]。全米平均の二倍から四倍もの殺人発生率に苦しんでいたカンザスシティは、市内で暴力の原因となっている特定の人々に的を絞ることにした。司法省司法補助局から資金提供を受けて、カンザスシティ警察は暴力を起こすリスクのある人物を視覚化するために、高度な社会ネットワーク分析を用いた[11]。カンザスシティでは集中抑止過程が三段階に分かれていた。(一) 犯罪行為者を割り出し、(二) 警察が活動を把握している旨を行為者に通告して社会福祉制度を紹介し、(三) 警告されたにもかかわらずそれにしたがわなかった場合は逮捕、起訴して、刑罰を与えるのである[12]。

第一段階では、殺人や銃撃など深刻な暴行に関わったと考えられる容疑者を、警察が対象グループにまとめた。その後、警察は記録と照合してそれらのグループと一緒に逮捕された人物を特定した[13]。この「同時逮捕者」は、たとえもとになった犯罪に関わっていなくても、対象者と近い関係にあることが多い。それから警察は同時逮捕分析を繰り返して次のレベル、すなわちこれまでにその同時逮捕者とともに逮捕されたことのある人物をチェックした。こうして、関係者の社会ネットワークが対象者、同時逮捕者、さらに同時逮捕者の同時逮捕者を含む三つのレベルにまで拡大した。犯罪組織関連情報、前科、その他個人に関するデータが、市内全域を網羅するこの社会ネットワークデータセットの空白を埋めた[14]。ひとたびこの警察データで特定されれば、その人物は法執行機関の集中監視対象となる。

二〇一四年、カンザスシティ警察は集中抑止介入の対象と判定された八八四人を選び出した[15]。検察、警察、地域社会のリーダーが主催した地域社会の「招集型」集会で、対象となる容疑者を迎え入れ、暴力を続けるとどうなるかという警告に耳を傾けるよう促した。[16]脅しでもあり、介入でもあり、恐怖を実感させる教育でもある招集型集会は、これ以上暴力を振るえば関係者全員が厳しい罰を受けることになるという明白な通告である。対象者の一六パーセントを超える人数が集会に出向いた。[17]ほぼ三分の二が社会福祉支援提供者と面会した。[18]対象者は自分たちが問題であると告げられ、暴力が続けば社会から追放されると警告された。

タイロン・C・ブラウンは対象者のひとりだった。[19]ニューヨーク・タイムズ紙の報道によれば、ブラウンは保護観察官から招集型集会に出席するよう促されて承諾した。[20]ほかの対象人物もいる大きな講堂で、警察は拡大したブラウン自身の顔写真《マグショット》を本人に突きつけた。その写真は地元で起きた殺人事件と彼を結びつけ、警察は彼が暴行したと疑っており、それ以上の暴力は許さないというまったく遠回しではないメッセージを伝えていた。介入は翌週も続けられ、警察は社会福祉士が手はずを整えた会合でブラウンと対面した。メッセージは以前より明確に示された。警察は警告した。警察はブラウンがグループのリーダーであることを知っているだけではない。ブラウンなら仲間を暴力の世界から抜け出させることもできるとわかっている。[21]好きなほうを選んでよい。しかし今すぐ決断しなければならない。間違ったほうを選べば、警察はあらゆる手を使って彼を罰する。

マリオ・グレンは罰の意味を身をもって知ることになった。[22]集会に参加して警告を受けたあと、グレンは警察のおとり捜査で捕まった。秘密情報提供者から銃を強奪して逮捕されたのである。グレンが集中抑止プロジェクト対象者のひとりだったため、検察は法律で許される限り最長の実刑を求刑した[23]。それこそがこの抑止プログラムの大きな代償である。理論上の速やかな抑止とは、実際には厳しい処罰を意味するのである。

ブラウンはもうひとつの道を選択して犯罪から遠ざかった。仲間もそれに追随した。それまでの三年間と比較して、カンザスシティの殺人発生率は二六・五パーセントも減少した。二〇一四年末までには、殺人発生率が一九七二年の水準にまで下がった[24]。しかし残念なことに、殺人件数は二〇一五年にまた急上昇して、銃撃事件も増加傾向にある[25]。

ヒートリスト

シカゴの「ヒートリスト」は異なるアルゴリズムで若者を選び出している[26]。イリノイ工科大学のマイルズ・ワーニックが設計したヒートリストは、一一の変数を用いて一から五〇〇のリスク点数を算出する[27]。点数が高ければ高いほど、銃による暴力の被害者あるいは加害者になる危険度が高い。撃たれるのはだれか？　アルゴリズムが知っている。そして、ヒートリストのアルゴリズムは悲しいことに正確だ。暴力事件があった二〇一六年の母の日の週末、二日間で撃たれた五一人の八〇パーセントはシカゴのヒートリストに正しく特定されていた[28]。二〇一六年の戦没将兵追悼記念日には、銃で撃たれた六四人の七八パーセントがヒートリストに載っていた[29]。警察はヒートリストを活用して、もっともリスクの高い人物の生活に介入するため、若者の暴力に優先順位をつけている。

集中抑止にアルゴリズムの手法を用いていることから、シカゴのヒートリストはビッグデータ警察活動の模範例となっている。カンザスシティのように同時逮捕者に注目することからスタートしているが、ヒートリストは複雑かつ大規模に成長してきた。アルゴリズムは警察の機密事項だが、要素として前科、逮捕、仮釈放の状況、対象者が犯罪組織の一員として確認されているかどうかが含まれているといわれている。[30] 初期のリストに載っていた全員が何らかの犯罪と関わっていた。シカゴ警察の説明によれば、「ソフトウェアは、犯罪集団内での暴力の記録、犯罪行為の増加の度合い、過去の犯罪の凶悪性を含む、犯罪記録の特質をリスト化した実地データに基づいて作成されている」[31]。アルゴリズムはこうした変数に順位づけをして、ある人物が暴力のリスクという意味でどれほど「熱い」かを予測して点数をつける。

ヒートリストに選ばれると「個別通知訪問」が伴われる場合もある。[32] 章の冒頭で述べたように、それにはたいてい上位職の警察官、社会福祉士、そしてたとえばフットボールのコーチや牧師などの地域住民による家庭訪問が含まれている。訪問時、警察は「個別通知書」を手渡す。それには、その人物の過去の犯罪について警察が把握していることだけでなく、未来についての警告も詳しく書かれている。[33] 別の警察署の文書に記されているように、「個別通知書は、個人に対して、あえて公然と暴力行為に関わることを選ぶ、あるいはそうした行動を続けた場合に、結果として直面する可能性のある逮捕、起訴、処罰について通知するために用いられる。通知は対象となる人物ごとに個別に用意され、逮捕歴、判明している仲間の影響、将来の犯罪行為に対して下される可能性のある判決を含む、その個人についてすでに把握されている要素が盛り込まれている」[34]。こうした個別通知書は明文化された正式な抑止通達の象徴である。間違えば、法が許す限り最大の罪で起訴されるぞというメッセージだ。このメッセージはまたきわめて個人的でもある。通知書に名前を記された人物は警察に知られ、監視されているのだ。

予測型警察活動の全国的議論でヒートリストがひときわ目立っていることから、実施上のいくつかの問題点も浮かび上がってきた。たとえば、シカゴ・トリビューン紙は、自宅に警察署長の訪問を受けた二二歳の男性、ロバート・マクダニエルの話を報じている[35]。ヒートリストのほかの対象者同様、彼は犯罪の道を避けるよう警告された。唯一の問題は、マクダニエルが犯罪の常連ではなかったことだった。軽犯罪で有罪になったことが一度あっただけだったにもかかわらず、ヒートリストに載せられていたのである。マクダニエルが個別訪問を受けるほど高い順位になった理由を尋ねると、一年前に親友が撃たれて死亡したことがリスト入りの原因だったと知らされた[36]。アルゴリズムにしたがった結果、個人的な悲しいできごとが彼の暴力リスクを高めたのである。

もっとわかりやすい理由でリストに名前が載った人もいる。ニューヨーク・タイムズ紙は大物になることを夢見ていたラッパー、ヤング・パピー、本名シャクオン・トマスの死について記している。この一九歳の男性は過去に何度も逮捕され、銃で撃たれたことがあり、死亡当時は犯罪組織同士の抗争に関わっていた[37]。ヤング・パピーのヒートリスト点数は最高点の五〇〇+で、悲しいことだが予測が正確だったことが証明された[38]。彼が撃たれたのは予定されていた個別通知訪問のわずか数週間前だった。

シカゴはこの人物予測モデルの実験台となってきた。シカゴ警察本部長ジョナサン・ルイスは公に述べている。ヒートリストのアルゴリズムは「全米一の方法になるだろう。全米そして世界中の警察署に、問題解決に予測型警察活動を利用する最良の方法を伝えることになる。これは命を救うことなのだ」[39]。

けれども、厳しい現実に目を向けるなら、シカゴの暴力は増加しただけだった。実際、二〇一六年は悲しいことに激しい銃撃事件が増加して、一般市民からモデルに対する批判が出るようになった[40]。プログラムの効果、とりわけ特定された社会経済的なリスクへの対処が十分だったかどうかという疑問は残ったままである。たとえば、アルゴリズムが「リスクの高い」（撃たれるかもしれない）対象人物と「脅威の高い」（撃つかもしれない）対象人物を十分に区別できているかどうかという疑問は未解決のままだ。被害者候補への集中的な監視と警察の介入は、暴力行為に及ぶ対象人物ほど重要ではないかもしれない。けれども、ヒートリストの計算式がリスクと脅威を同じように勘定に入れているなら、警察の資源が誤った方向に投じられている可能性がある。

二〇一六年、非営利団体のランド研究所が、社会ネットワーク同時逮捕者のみを含むヒートリストシステムの最初の反復適用手順をチェックした[41]。ランド研究所は、該当するそのヒートリスト一・〇の予測にまったく正確性がないことを発見した[42]。システムは四二六人の重要人物をはじき出したが、予想は正確ではなかった。さらに悪いことに、警察はその次の段階である個別通知書による通達を行っていなかったり、彼らを支援する社会福祉制度と連携していなかったりした。それどころか、リストが容疑者を逮捕するための間に合わせの「最重要指名手配リスト」になってしまっていたのである。ランドの報告書はこう結論づけている。「本調査のおもな結果は、リスクの高い人物が戦略的対象者リストに示される順位に応じて、殺人や銃撃の被害者になりやすかったりなりにくかったりすることはなかったということである。これは市内の殺人傾向に影響はなかったとする市レベルの分析によっても裏づけられている。しかしながら、戦略的対象者リストの対象者は銃撃で逮捕される確率が高かったことがわかった」[43]。事実、二〇一六年に銃撃事件が増加するにつれて、シカゴ警察はヒートリストに基づいて一斉検挙を始めた[44]。二〇一六年五月、週末になるたびに二桁の銃撃事件が続くと、シカゴ警察はヒートリストの二〇〇人近くを逮捕した[45]。

一歩下がって見ると、ヒートリストの実験からはふたつの重要な考え方が見えてくる。第一に、暴力の社会ネットワークを地図化する公衆衛生的なアプローチには、暴力に関わる人間を正しく特定できる可能性があるということだ。ランド研究所の調査ではヒートリスト一・〇は正しく機能していなかったようだが、その後、予測モデルは進化している[46]。シカゴ警察は「[二〇一六年]現在、シカゴで撃たれた人物の七〇パーセント、銃撃関連で逮捕された人物の八〇パーセントがリストに載っていた」と報告している[47]。それが正しければ、暴力に巻き込まれそうな人間を驚くほど正確に予測できていることになる。

第二に、暴力に関わる人物を予想するデータを調べたところで必ずしも暴力を止められるとは限らないのではないかということだ。個別通知はよかれと思って行われたことだが、根底に流れる社会的ニーズへの対応と組み合わせて実行しない限り、意図したような効果は得られないかもしれない。介入、資源の投入、方向転換という第二段階もリスク判定に伴わなければならない。

的を絞った（そして資金を投じた）社会福祉介入がなされない限り、アルゴリズムはたんなる警察のためのターゲットの手法にすぎない。平たくいえば、暴力を終わらせることは暴力社会ネットワークのマッピングほど容易ではないのかもしれない。データは病気を特定しても治療方法は示さない。

数学と殺人

それより成功している包括的暴力削減アプローチの例は、かつてアメリカの「殺人首都」だったルイジアナ州ニューオーリンズに見ることができる。[48] 二〇一三年、ビッグイージーの愛称を持つ同市では一日に平均一・四六件の銃撃事件があった。そのためミッチ・ランドリュー市長は、市内で暴力の原動力となっている社会的な問題に対処しようとデータに目を向けた。[49] 暴力に対する同市の大胆な公衆衛生アプローチは、市がすでに保有しているデータベース内に普通には見えない関連性を発見する、パランティア社の技術から導き出される見通しに頼っていた。[50]

ランドリュー市長のプロジェクト、命のためのNOLAはデータから始まった。[51] データ源に継続的に記録を生成する大規模な都市システムが含まれていたため、パランティアの技術者は慎重に既存の警察と公共安全データをシステムに統合しなければならなかった。このデータには、警察の出動要請、警察の電子報告書、執行猶予と仮釈放の記録、郡保安官事務所の逮捕と調書の記録、犯罪組織データベース、現場尋問カード、弾道特性情報、捜査中の事件の管理システムが含まれていた。[52] さらに分析官が、学校、病院、図書館、公園、警察管区、酒屋、街灯までもの位置情報を含む、地域社会とインフラストラクチャーの詳細をつけ加えた。

　犯罪マッピングソフトウェアを用いて、いくつかの暴力多発地域が特定された[53]。社会ネットワーク分析を用いて、暴力犯罪の被害者として巻き込まれる可能性が高い特定の人物が突き止められた。カンザスシティやシカゴと同じように、ニューオーリンズでも分析官が暴力に巻き込まれるリスクの高い人物を特定した。分析官は三九〇〇人の高リスク人物群から銃撃の被害者になりそうな三五〜五〇パーセントを特定できると予測した[54]。さらに、抗争、報復、血縁関係の観点から見たそうした人物間の結びつきによって、なぜその人物が危険であるかを説明できた。パランティアのシステムを利用した分析官は、ニューオーリンズの三七万八七五〇人の一般市民（二〇一三年同市推定）のなかから殺人被害者になる可能性がもっとも高い二九一六人を特定した[55]。

　しかしながら、データによる見通しは人物の特定だけでは終わらなかった。パランティアの分析に基づいて、消防署は特定の学校周辺で巡回頻度を上げ、公共事業部門は消えている街灯を修理した。保健所は暴力を未然に防ぐためにリスクの高い学校を指導し、警察は緊張を和らげるために犯罪組織のなわばりを地図にした[56]。アルコール飲料に関する法律の執行機関が酒屋の法律違反を見張り、居住区域の道路が清掃された。こうした局所的な介入はすべて、犯罪、行政サービス、公共インフラを地図化した同じデータセットから生まれたものである[57]。

　データを土台に、ニューオーリンズはもっとも危険が高いと判定された人々に焦点を当てて、暴力削減に対処するための包括的な戦略を立てた。いくつかの集中抑止政策は招集型の「撃つのをやめる集会」という形で実施され、警察によって犯罪を疑われる人物が対象にされた。二〇一三年以降、複数の機関にまたがる対犯罪組織チームが一一〇人の対象犯罪組織構成員を起訴している[58]。しかしそれ以外に、法執行機関とは関係のない多くの社会福祉活動にも資金が割り当てられ、実施された。そうした活動には、調停をする、暴力をさえぎる、暴力発生時に地域社会で真っ先に対応するなど、さまざまな人の介入によって対立を和らげ、ひいては報復の銃撃を防ぐ、暴力削減対策が含まれていた。市の行政もまたリスクの高い人物を対象に、家庭内暴力対策、メンターによる一対一の指導、父親講座、行動療法、その他精神と身体の健康状態に関わる社会福祉制度を向上させた。制度では、トラウマ対策を施して公立学校における緊張の流れを変え、懲罰体系のなかに被害者と加害者が話し合って更生を促すなどの修復的司法の考え方を組み入れることに焦点が当てられた。全体として、ニューオーリンズは家庭、学校、職業訓練、社会復帰、地域社会と経済の発展に重点を置いた二九の異なる計画を採用した[59]。こうした変化すべての目標は、暴力犯罪を犯す危険がもっとも高い人物に的を絞って、暴力以外の手段、支援、変わるきっかけを与えることだった。

二〇一一年から二〇一四年、ニューオーリンズでは殺人が二一・九パーセント減少し、ボルティモア、セントルイス、ニューアーク、デトロイトなどの似たような大都市に見られる値よりよい結果となった[60]。さらにすばらしいことに、同市では集団や犯罪組織が関わる殺人事件が五五パーセントも減少した[61]。

腐ったリンゴに狙いを定める

マンハッタンのダウンタウンでは、検察の実験チームが暴力犯罪を減らす方法の見直しに着手している。サイラス・ヴァンス・ジュニア地区検事長が率いるマンハッタン地方検事局は、地域の悪者に的を絞り、必要であればどんな手を使ってでも彼らを取り除くために犯罪戦略部隊を創設した。[62] 犯罪に対する「アル・カポネ」的アプローチといってもよいが、ここで対象となるのは暴力が疑われる若者であって全米のマフィアのボスではない。「情報主導型起訴」と名づけられたこの戦略では、警察、検察、分析官が対象者を絞り込んで無力化する、つまり市内の問題地域から排除するのである。[63]

分析を用いて積極的に、犯罪戦略部隊の検事は地区内で起きる犯罪の中心人物を対象に立件する。まず、検察は犯罪データを用いて暴力多発地域を抜き出し、詳しく調査する。警察の犯罪データを処理して地域を地図化し、特定の暴力多発地域を割り出すのである。こうした地域は「局プロジェクト」と呼ばれる。[64] 少人数の検事チームが各プロジェクトを監視し、その地域内の情報収集を取りまとめる。検事チームは中央の犯罪戦略部隊のメンバーと協力して動くが、その暴力多発地域でニューヨーク警察が逮捕した事件を引き継ぐかどうかは場合によりけりだ。各地域に対しては、集団、犯罪組織、個人の過去の暴力パターンを表示する「暴力タイムライン」が作られる。[65] タイムラインには、時間、場所、日付とともに、それぞれの銃撃の容疑者、被害者、犯罪行為が詳細に並べられる。

次に、カンザスシティやシカゴのように、個人を特定して警察の注意を促す。各局プロジェクトでは一〇人ほどの「優先対象者」すなわち「刑事司法制度によって無力化すれば、地域社会の安全あるいは生活の質、もしくはその両方にプラスの影響を与えると考えられる人物」が選び出される[66]。現場の情報部員、刑事、パトロール警官が排除されるべき「優先対象者」の特定に協力する[67]。そうした個人には前科が少なくとも五回、そして暴力の経歴がある。過去の銃撃事件の被害者でありながら非協力的だった者もいれば、犯罪組織に関わっている者もいる。対象となったそれぞれの若者は「追跡担当者」によって、その写真、前科、その他の個人情報がデータシステムに入力される[68]。こうした人物が攻撃目標になる。過去に関わった暴力犯罪ではなく最後に脱税の容疑で起訴されたアル・カポネのように、そうした「優先対象者」に逮捕状は出ておらず、現時点の証拠に基づいて逮捕することはできない。

検察は「逮捕警報システム」に優先対象者の名前を入力する[69]。この逮捕警報システムはその後対象者が逮捕されたときにその旨を検察に知らせるものである。前科記録に入力される規定の指紋採取が警報の引き金だ。従来の体制では、対象者がブロードウェイのチケットのダフ屋行為や単純な暴行などの微罪で逮捕されても、担当検事がその人物のもたらす脅威の大きさを知る方法はまったくなかった。現在は、通常電子メールの形をとる警報が、検察全体の検事に、手配中の対象者が刑事司法制度の網にかかったことを知らせる。逮捕警報が発動すると、検察は総力をあげてその個人を無力化する手続きに入る[70]。公判前の勾留を促すために強化された保釈適用条件が用いられる場合がある。有罪を認めるよう圧力を高めるために、容疑が加算されることもある。処罰を重くするために厳しい判決が推奨される可能性もある。判決後でさえ、被告人が釈放されると検察に注意が促され、マンハッタン仮釈放制度が社会に復帰するようすを監視する。

データ共有もまた、より広範囲な情報収集活動を可能にする。新しいデータシステムは、四〇〇人を超える検事による年間八万五〇〇〇件の立件を可能にしている。[71] 事件情報、容疑者、近隣区域、目撃者、犯罪組織、通称、抗争相手、犯罪行為、密告、その他の多くのデータが、検索可能な共有データベースを通して整理されている。検事は暴力ネットワークについてさらなる情報を求めて、逮捕警報システムに入っている人物の情報を引き出す。[72] 共犯者の写真、ソーシャルメディアへの投稿、その他密告情報もデータ収集システムの一部になっている。ニューヨーク警察本部長ウィリアム・ブラットンはそれを、警察と検察のあいだで共有されるデータの「継ぎ目のない網」と呼び、その連携を「究極の協力態勢」と称した。[73] 野球と金融で用いられているコンピュータ分析方法からヒントを得て、サイラス・ヴァンス・ジュニアはそれを犯罪と戦うための「マネーボール」アプローチにたとえている。[74]

いくつかの事例では、この人物に基づく対象化が大規模な逮捕と起訴につながっている。情報主導型起訴システムを足がかりに用いて、マンハッタン地方検察局はニューヨーク市でいくつもの暴力犯罪組織を起訴した。ある事例では、検察局はニューヨーク警察と協力して暴力のパターン、犯罪組織の活動、さらにソーシャルメディアを捜査し、一〇三人の地元犯罪組織構成員を起訴した。[75] 二〇一四年に行われた、ウェストハーレム地区の殺人と銃撃事件に関わった若者ギャング団の起訴は、ニューヨーク市史上最大の犯罪組織共謀罪の起訴である。[76]

ニューヨーク市では情報主導型起訴の手法が導入される前も後も、記録的に犯罪率の低い状態が続いている。対象となった小規模区画における暴力犯罪率は低いままで、銃撃事件は劇的に減少した。マンハッタンの最初の成功を受けて、情報主導型起訴という考え方は全米に広がりつつある。ボルティモア、サンフランシスコ、フィラデルフィア、リッチモンド、そしてバトンルージュで、社会から腐ったリンゴを取り除くために、情報主導型起訴としてデータが利用されている。[77]

予測対象化の理論

先に述べたいくつかの例は人物を予測してターゲットにする方法がどのように機能するかを示している。この人物予測対象化はふたつの基本的な考え方が土台になっている。第一に、人物の社会ネットワークをデジタルマップ化することで、警察は暴力に関わるリスクがもっとも高い人々を特定できること。第二に、そのネットワーク内で、いちだんとリスクの高い部分母集団をアルゴリズムで特定できる可能性があることだ。リスクが最大の人々をターゲットにすれば――公衆衛生あるいは起訴のアプローチのいずれかを用いて――未来の犯罪行為を減らせる。

社会ネットワーク理論は長年の社会学研究によって裏づけられているといわれている。古くはマサチューセッツ州ボストンのボストン停戦プロジェクトから現代のシカゴの試みまで、少数の特定グループでそれ以外の人々より暴力リスクが高いという考え方は十分に確立している。[78]シカゴの殺人事件の調査からは次のことがわかっている。「調査対象となった銃による殺人事件の四〇パーセント超が、地域人口のおよそ四パーセントにあたる三一〇〇人のネットワーク内で発生していた。その四パーセントに属していれば、それだけで銃で殺される確率が九〇〇パーセントも高くなった」[79]。これほどまでリスクが高まった原因は、犯罪組織の勢力圏に居住している、犯罪組織に属している、そして薬物関係の犯罪行為に関わっていることだった。リスクがもっとも高い人物はほぼすべてが男性だった。シカゴでは、ほぼすべてが有色人種の男性だった。

アンドリュー・V・パパクリストスが理論化しているように、犯罪組織暴力の解決への手がかりは「街角と構成員」の相互関係を理解することにある[80]。街角は犯罪組織が守っている地域の一角で、構成員は仲間とプライドとなわばりを守ろうとする若者だ[81]。犯罪組織間の地理的な摩擦を知り、報復行動のパターンを知ることで、警察は見たところ意味のない暴力のパターンをより深く理解できる[82]。その理解を数値にして計算すれば、危害のリスクがもっとも高い下位集団の予測につながる。

人物予測対象化ではこの考え方をもう一段階細分化して、特に危険のある個人に焦点を絞るところまで掘り下げる。社会学者は、犯罪組織データに基づく暴力削減戦略によってかなり細かいレベルまで個人を絞り込むことができると考えている。

「暴力削減戦略」の観点から見て、市内の恵まれない犯罪多発地域へ出向いてストリートギャングを探す方法は焦点の定まった戦略とはいえない。暴力削減戦略はそうではなく、正確かつ戦略的な介入点を導き出すにあたって、だれが、そしてどの犯罪組織が現在進行中の銃撃事件に関わっているのかを見きわめるために、入手可能なデータを利用しようとするものである。つまり、「イングルウッドの犯罪組織」が戦っているとわかるだけでは不十分なのだ。暴力削減戦略では、六七丁目のディサイプルズと七一丁目のディサイプルズの「裏切り者」集団のあいだに起きている抗争が暴力の原因となっているかどうかを把握しようと考える。シカゴの銃暴力の背後にある街頭の動きを変化させる大前提は、まずデータを用いて暴力の行為者と抗争を見きわめ、それから関係集団に対して直接暴力削減戦略メッセージを送ることである。[83]

六七丁目のディサイプルズが七一丁目のディサイプルズからの攻撃に報復する前に介入できれば犯罪は減少する。ある若者の六七丁目ディサイプルズとの関係を示すだけでなく、その個人の前科、社会的な要因、そして危険度も明らかにする個別通知書を作るということは、データ駆動型の取り組み全体をきわめて私的なものにする。

人物予測対象化ではこうした考えを取り込んで警察向けにそれを稼働させる。ビッグデータシステムなら蓄積された豊富なデータを処理して対象となる人物に優先順位をつけられる。介入、監視、あるいは起訴に向けてリストを作成できる。市内でもっとも暴力的かつ危険な人々を監視するために個別ファイルを作成でき、それによってどこの管轄区でも、警察は犯罪を扇動する人々を可視化し、介入と阻止に向けて的を絞った戦略を立てることができる。これこそが予測型警察活動の大きな魅力だ。対象を絞った効率のよい方法で暴力を削減する戦略をデータが教えてくれるのである。

問題はそのデータを「どのように」用いるかということだ。シカゴのランド研究所の調査では、初代ヒートリストが正しい公衆衛生モデルを採用しておらず、それどころか逮捕のための重要指名手配リストに様変わりしていたことが示唆されている[84]。警察幹部は必要な資源どころかリストの人々をどうすればよいのかという指示さえ与えられておらず、社会福祉の支援もなかった。問題となっている地域と人物を正確に特定したにもかかわらず銃撃をやめさせるためにほとんど役立たなかったのは、次にやるべきことへの資源や訓練がまったく与えられなかったからだった。それとは対照的に、ニューオーリンズのより全体的なプロジェクトでは地域社会の高リスク人物を特定する以上のことが行われた。ニューオーリンズのプロジェクトは、犯罪の温床となる環境要因に対して手を講じるために、公共データを用いて、ビッグデータ技術の視野を広げようとした。根底にある社会経済問題に対処する公的資源に資金を投じたことが、より長期の問題解決につながったように見える。暴力の根底にある問題と取り組む手段を伴わないたんなるビッグデータだけでは銃撃事件は止められない。

だれが対象にされるのか？

ヒートリストに載るのはだれかという問いは人種間の公平性にからむ難しい問題を提起する。不法目的侵入や車両の窃盗は裕福な地区を含む市内のどこでも起こりうるが、銃撃は貧しい区域に集中している。貧困が有色人種社会と結びついているシカゴやニューヨーク市では、予測型警察活動と情報主導型起訴はマイノリティに集中する。

人種によって異なる結果が出る理由のひとつは、有色人種の若い男性が暴力被害者の圧倒的多数を占めていることである[85]。シカゴやニューヨークで銃殺されているのはアフリカ系アメリカ人とラテン系アメリカ人の男性、犯罪組織の構成員、都心の一般居住者で、そのすべてが貧しい有色人種社会に属している。けれども、大都会の生活に広く浸透している不均衡な警察の接触にはもうひとつ別の理由がある[86]。人種がアルゴリズムの一要素として組み込まれることはけっしてないが、警察との接触、逮捕歴、犯罪組織への所属といった変数の多くが人種差別的な法執行機関の行動と直接結びついているのである。データが黒く染まっていれば、そのデータを用いる予測型警察活動システムは偏った結果を生成することになる。

そこで、アフリカ系アメリカ人男性が不均衡に多く逮捕されたり刑事司法制度に関わったりすることになる警察の古くからの慣行を解決するためにはどうすればよいのかという問題が持ち上がる。人権弁護士のハンニ・ファコウリが述べているように、データ収集プロセスが偏見を具体化してしまうことが懸念される。

結局それは自己充足的予言になってしまう。（中略）アルゴリズムはプログラムされたとおりの結果を出す。「シカゴサウスサイドの黒人の若者は犯罪を犯しやすい」と入れれば、その考え方がアルゴリズムを通して洗浄され合法化されて出てくる。これは人種差別ではない、警察はそう主張できる。アルゴリズムは警察が入力したとおりのことを出力しているにもかかわらず、警察はアルゴリズムがはじき出した結果に基づいて意思決定する。データが最初から偏り、人間の判断に基づいていれば、アルゴリズムが吐き出す結果はおのずとその偏見を反映することになる[87]。

繰り返しになるが、もしデータが人種的偏見に汚染されているのなら、どうして結果として生じるアルゴリズムの出力情報を信じられようか？

相互に絡み合った人種に関する実情は、人種に無関係な場合に想定されるよりも多くの有色人種の人々を逮捕、起訴、投獄するという結果を刑事司法制度にもたらしている。アメリカ自由人権協会の調査では、大麻使用の比率が同じでも、アフリカ系アメリカ人は白人の三・七三倍も大麻所持で逮捕される確率が高かった[88]。州によっては、その数字は八・三四倍にまで跳ね上がった[89]。同じ調査で「メリーランド州ボルティモア市では大麻所持逮捕の九二パーセント、ジョージア州フルトン郡（アトランタ市を含む）では八七パーセント、メリーランド州プリンスジョージズ郡は八五パーセント、テネシー州シェルビー郡（メンフィス市を含む）は八三パーセント、ペンシルヴェニア州フィラデルフィア郡は八二パーセントが黒人だった」と報告されている[90]。ニューオーリンズのヴェラ司法研究所が実施した別の調査では、アフリカ系アメリカ人は人口の五八・五パーセントしか占めていないにもかかわらず、五年の期間で、重罪の大麻逮捕の九四パーセント、全体の大麻逮捕の八五パーセントがアフリカ系アメリカ人だった[91]。

公正で効果的な刑事司法制度のために活動している組織、センテンシング・プロジェクトの二〇一六年の報告書「司法の色」にある最近の統計は、人種間の不均衡が続いているようすをあからさまに示している。

●アフリカ系アメリカ人は白人の五・一倍の割合で州刑務所に収容されている。アイオワ、ミネソタ、ニュージャージー、ヴァーモント、ウィスコンシンの五州では、その差は一〇対一を超える。

●アラバマ、デラウェア、ジョージア、イリノイ、ルイジアナ、メリーランド、ミシガン、ミシシッピ、ニュージャージー、ノースカロライナ、サウスカロライナ、ヴァージニアの一二州では、黒人は刑務所人口の半数を超えている。全米一位はメリーランド州で、刑務所人口の七二パーセントがアフリカ系アメリカ人である。

●一一州では、少なくとも二〇人にひとりの黒人男性が刑務所に入っている。（中略）

●ラテン系アメリカ人は白人の一・四倍の割合で投獄されている。[92]

これほど不均衡なマイノリティの刑事司法制度との接触が、ヒートリストのような予想モデルを生成するアルゴリズムに埋め込まれている。危険度の客観的要因として前科が考慮されると、こうした統計は過去の犯罪だけでなく未来の予想にも関わってくる。

逮捕や警察との接触に依存する予測システムについても同じことがいえる。何十年にもわたって、ウェストヴァージニア、イリノイ、ミネソタ、テキサスといったさまざまな州の調査で、人種的偏見が警察の判断に影響を与えていることが証明されてきた。[93]車両停止、歩行者の停止、警察との接触はみな、白人よりも有色人種社会に重くのしかかる[94]。たとえ違法所持品が発見される頻度が白人より少なかったとしてもだ。ミネソタ州の調査では職務質問と所持品検査を受けた白人の的中率は二三・五三パーセントだったが、アフリカ系アメリカ人ではわずか一一・一七パーセントだった[95]。ウェストヴァージニア州では、アフリカ系ならびにラテン系アメリカ人は白人の一・五倍も職務質問されやすく、違法なものを所持しているようには見えないにもかかわらず二・五倍も所持品検査を受けやすかった[96]。刑事司法との接触がリスクモデルの入力項目として考慮されるなら、同じ不均衡な影響は出力されるデータにも現れるだろう。実際、未来を予測するアルゴリズムがそうした差別的なデータパターンを学習するため、根底にある偏見はますます見えなくなっていく。

人種が判断を歪める。内在的偏見に関する最近の研究によれば、偏見はあからさまな人種の憎悪ではなく、心の奥深くに根づいた無意識の隠れた結びつきから生じるもので、それが有色人種が白人よりも怪しく見える原因となっていることが確認されている[97]。内在的偏見の研究では、あらゆる人種と教育レベルのすべての人々が集団と見えない結びつきを持っており、その無意識の影響が意思決定や個人の判断を形作っていることが明らかに示されている[98]。警察官は本人の人種に関係なくこの人間の弱さを抱えており、ゆえに大部分は知らないうちに警察活動に人種による不平等を持ち込んでいる。この内在的偏見がビッグデータシステムに入る生の資料を形作り、ひいては対象となる人物を決定する。

同じタイプの誤判断は、警察がアルゴリズムを用いて対象を絞るときにやはり重要な入力項目となる所属犯罪組織の特定にもあてはまる。組織構成員と同じ学校に通っているだけなのか、構成員の親戚であるだけなのか、それとも構成員の「仲間」であるのかは区別がつきにくい。もしそうした結びつきが犯罪組織データベースの犯罪組織構成員として分類されてしまうのなら、誤判断によって本当は法を守っている市民に負の影響を与える恐れがある。ヒートリストに関するニュース記事のなかで、シカゴ警察のある警部補が、自分の息子が誤って警察に犯罪組織構成員の烙印《らくいん》を押されていたとわかったときの不快感について述べていた。[99] カリフォルニア州の監査人は、カリフォルニア犯罪組織データベースに、四二人の乳幼児の構成員指定を含む数多くの誤りがあることを発見した。[100] 州監査人は訓練、方針、説明責任、データの安全性と合わせて、犯罪集団とその構成員を特定する方法にも体系的な欠陥があることを指摘している。[101]

このように予測対象化は、アルゴリズムのリスク判定が人種差別を回避できるかどうかという根本的な問題を提起している。別の刑事司法リスク判定モデル調査もほとんど慰めにならない。非営利報道機関プロパブリカの調査記者は人種的偏見がアルゴリズムに影響を及ぼしているかどうかを検証するために、フロリダ州で逮捕された人の公判前リスク判定スコアを調査した。[102] リスク判定スコアは、未決であるかないかにかかわらず、判事がだれを勾留から釈放するか、あるいはしないかを判断するときに用いる一般的な材料のひとつとなっている。リスクスコアが高いと、判事が被告人を保釈なしで勾留する可能性が高くなる。[103] リスクスコアが低ければ、被告人が保釈される可能性が高くなる。人物予測対象化と同じように、入力情報には人種や貧困と相関関係のある社会経済的要因が含まれている。

プロパブリカの調査員はフロリダ州ブロワード郡における二〇一三年から二〇一四年の七〇〇〇件を超えるリスクスコアを調査して、二年後の実際の結果と比較した[104]。目標は、たとえば常習犯罪のリスクが高いと予測された場合、その人物が再度犯罪を犯して二年以内に再び逮捕されているかどうか、すなわち予測の結果が正しかったかどうかを検証することだった。リスク判定は大部分が当たっていなかった。非暴力犯罪では再逮捕率が六一パーセントに上昇したが、暴力犯罪では「再犯のリスクが高い」人のわずか二〇パーセントしか再び犯行に及んでいなかった[105]。

しかしながら、それより問題なのは、アルゴリズムがアフリカ系アメリカ人の被告人を白人のほぼ二倍もリスクが高いと誤って判定していたことである[106]。逆にいえば、白人の被告人もまたアフリカ系アメリカ人よりリスクが低いと思われていたことになる。こうした人種の差が存在する原因はモデルに入力される生データと関わっている。ブロワード郡では一連の「犯罪誘発理由」が評価されていた。この理由には、犯罪を起こしやすい性格、薬物などの物質乱用、社会からの孤立、安定性などの判断材料とならんで、被告人の親が拘置所または刑務所にいるかどうか、薬物を使用している友人はいるか、あるいは被告人が学校でけんかをしたことがあるかどうかも含まれている[107]。リスクのデータ点となるその質問事項は、表向きは人種に注意を向けないように設計されているが、構造的な貧困、失業、不安定性と相関する社会経済的リスク要因を含んでいる。したがって、プロパブリカの記事が詳しく述べているように、前科はないけれども不安定な家庭環境にある一八歳無職のアフリカ系アメリカ人女性は、それより年齢が上で仕事を持っているがいくつか有罪判決を受けている白人男性よりもリスクが高いと判定される恐れがある[108]。この事例の場合、またほかの事例でもそうだが、リスク判定予測は結果の読みを誤っていた。

しかしながら、このリスク判定に対する批判もまた批判を受けている[109]。ある学術調査は、プロパブリカの記事は個々の事例における不平等を明らかにしてはいるが、全体としての結論には方法論的な欠陥があると述べている[110]。この研究者らは同じデータを用いて、リスク判定の仕組みそのものには予測の人種的偏見がないことを明らかにしている。数学的な実験ではアルゴリズムそのものに偏見の証拠は発見されなかった[111]。白人でも黒人でも、同じリスク要因を持つ人は似たようなリスク判定を受けていた。けれども、難しいのはシステムに組み込まれるデータが社会に存在する不平等や偏見を反映していることである。犯罪学者で批判研究論文の著者でもあるアンソニー・フロレスは述べている。「もしかすると、偏見と見受けられるものは手法のなかにあるのではなく、体制のなかにあるのかもしれない」[112]。したがって、リスク判定手法そのものに人種的な偏見はないかもしれないが、アルゴリズムに入力されるデータが依然として社会に存在する人種の不平等を反映し、人種間で異なる結果を生んでいるのかもしれない。

ソニア・スターは、いかなる方法でも「人口、社会経済、家族、地域の変数を、被告人を投獄するかどうか、またその期間を決定するために」用いることには問題があると述べて、判決がますますリスク判定に依存するようになっている状況に強く異議を唱えている[113]。彼女は評価の高い法律評論記事で、客観的根拠に基づく判決として知られるようになったものについて以下のように指摘している。

［客観的根拠に基づく判決］という技術主義的な枠組みを用いて逃れられない真実をあいまいにすべきではない。そのような手法に基づく判決は人口統計ならびに社会経済状態に基づくあからさまな差別に等しい。（後略）

（前略）そうした変数あるいは家族や近隣地区の特性などその他の変数の利用は、政策の面からも問題である。すべての人々を平等に扱うことは刑事司法制度の中心をなす目標であり、現在行われている［客観的根拠に基づく判決］は社会に深刻な影響をもたらす可能性がある。刑事司法制度の懲罰的な影響は、有色人種を含むすでに不釣り合いに矢面に立たされている人々への集中を助長すると思われる。回りくどい科学用語を引き剝がして、判決に用いられるこのアプローチを表現するならその言葉は、有毒、である。アメリカ文化には集団に基づく危険性の一般化が知らぬまに害をもたらした歴史があり、貧しい人々に対するさらなる罰があからさまに受け入れられているということは、体制が不正に操作されている証しだ。[114]

客観的証拠に基づく、あるいはリスクに基づく、あるいはデータに基づく刑事司法制度はすべて、根底に流れる同じ偏見の問題を含んでいる。社会経済条件が人種と相関関係にある管轄区内で社会経済変数に頼ることは、たとえ差別をする意図がなくても人種差別的な結果につながる。

ビッグデータ・ブラックリスト化

人物に基づくビッグデータ分析が誤った職務質問、調査、逮捕の実施を助長しかねないという懸念は、多くの人にこのテクノロジーに対する不信感を抱かせている。正確な「ブラックボックス」による対象化は不安を招く。不正確な「ブラックボックス」による対象化は恐怖をもたらす。警察のデータは間違いだらけであり、誤ったデータに予測分析を加えれば怖ろしさが増すだけだろう。ロバート・マクダニエルやシカゴの警部補の息子のように、人々が誤って対象リストに載せられることになる。

ビッグデータ警察活動の影響について論じるなら必ずデータエラーと向き合わなければならない。[115]データ品質の問題はすべてのデータ駆動型システムを苦しめており、警察システムも例外ではない。[116]実際、入ってくる情報量、複雑性、そして誤情報の除去や訂正を行う人材や資金などの資源不足が原因で、こうしたシステムは誤りを含んだままになる可能性が高い。日常的に身元調査で用いられているFBIの逮捕歴にさえ何十万件もの間違いが含まれている。[117]ルース・ベイダー・ギンズバーグ最高裁判所判事は、拡張を続ける警察電子データベースへの依存から生じる危険について警告している。

電子データベースは現代の刑事司法制度の神経系を構成している。近年になって、その範囲と影響力が劇的に拡大した。今日の警察は最新の全米犯罪情報センターのみならず、テロリスト監視リスト、連邦政府の職員適正確認システム、その他多くの商業データベースを含むデータベースにアクセスできる。さらに、各州は積極的に管轄区間の情報共有を拡大している。その結果、法執行機関から容易に電子的に手の届く距離にある情報は増えつつある。そうしたデータベースに起因するエラーのリスクは小さくない。政府の報告書では、たとえば全米犯罪情報センターデータベース、テロリスト監視リストデータベース、連邦政府の職員適正確認システムに関連するデータベースの欠陥が指摘されている。

巨大で相互に結びついている電子情報集合体の不正確さは、個人の自由に対する重大な懸念を招く。どこかの役人がコンピュータデータベースを正確に保つのを怠ったというだけで公道で逮捕され、手錠をかけられ、身体検査されるという国民の尊厳を踏みにじるような行為は、かつて人権を保障する権利章典の発案者を憤慨させた、あらゆる場所を捜索できる一般令状の使用を思い起こさせる。[118]

警察の誤りによって対象にされた人々がその間違いに異議を唱えることは難しい。なぜなら現在は、法律が怠慢な記録管理による誤りの修正をきわめて難しくしているからである。[119] さらに悪いことに、警察データベースが秘密事項であるため、その正確さをチェックする独立監査システムが存在しない。透明性の欠如が説明責任を求める試みを真っ向から妨げている。

公正さは重要である。公正さや説明責任を欠く政府の意思決定は、適法手続きによる保護を根底からくつがえす。政府が人々から生活、自由、所有物を剝奪《はくだつ》しようとするなら、公正な手続きが必要である。[120] そしてその手続きには通常、剝奪通知と剝奪に対する異議申し立ての機会がなくてはならない。警察リストに名前が載る状況には、そうした通知と機会がない。玄関がノックされればヒートリストに名前が挙がったことはわかるだろうが、事前通告やその指定に異議を申し立てるための手段はない。多くの管轄区で、対象者リスト掲載手続きに反論することは明らかに不可能であり、またその手続きはほとんど公表されていない。

秘密主義のデータベースと監視リストは日々の生活を直撃する。膨れ上がる航空機の「搭乗拒否リスト」や「テロリスト監視リスト」などの国家安全保障を背景に、アメリカ人はそうした指定に対してやや免疫ができてしまっている。[121]不名誉や実際のいらだち、あるいは対象者リスト上の明らかな誤りの数々にもかかわらず、リストは拡大し続けている。マーガレット・フーほかの研究者はそのプロセスを「ビッグデータ・ブラックリスト化」と名づけ、現在の慣行における適法手続きの限界について記している。[122]名前が載っていたことを知らなかった秘密のリストから名前を消すにはどうすればよいのか？　基準のわからないリストにどうやって異議を申し立てればよいのか？　だれが異議申し立てを行えるのか？　だれが異議申し立ての費用を負担するのか？　中身の見えないデータ駆動型システムの透明性と説明責任をどうやって徹底させるのか？　現在、リストから抜ける仕組みは煩雑で高額なものからまったく仕組みがない状況まで多岐にわたっている。[123]それでいて、そうした懸念に直面しているにもかかわらず、データ駆動型警察活動の時代は到来し、リストは価値が下がるどころかむしろ重要になってきている。

ビッグデータに基づく容疑

偏見と誤り以外に、人物予測対象化は警察活動の拠りどころとなっている法制度にも変化をもたらす。ビッグデータ技術は、法執行機関による不当な捜索や拘束からアメリカ国民を守る従来の憲法修正第四条の原則を歪める[124]。

警察は既存の憲法制度のもとで活動する。警察が通りを歩いている人を捕らえるためには、その怪しい人物が犯罪に関わったとする「合理的な疑い」がなくてはならない[125]。合理的な疑いは「具体的かつ明確に説明することのできる事実で、その事実に基づく合理的推論とともに、犯罪行為が行われているとする判断の根拠となるもの」と定義されている[126]。別の言葉でいうと、ある人が今犯罪行為に関わっていると証明するために、警察には勘以上のものが必要だということである。容疑者を逮捕するためには、警察には「相当な理由」がなくてはならない[127]。この憲法修正第四条の条件は、個人が実際に犯罪を犯した、あるいは現在犯罪を犯していることがより確かである（かなりの確率である）といえるような高い基準の証拠を求めている。

何十年ものあいだ、大都市管轄区の警察官は犯罪行為を探して市街地をパトロールしていた。不審な人物はいないだろうか？　警官は薬物の取引を見たか？　犯罪の通報後に警察官が見たものは何か？　警察は容疑者について判断するにあたって、実地経験を積んだ警官の観察能力を用いていた。警察は見回る地区の居住者全員を知っているわけではなかったので、警察活動の大部分は犯罪者ではなく犯罪行為に焦点を当てていた。この種の警察活動は典型的な「スモールデータ」警察活動である[128]。事実は人間の感覚や知覚に基づく観察データ点に限られている。警察は目に見えていることはわかるが、そこまでだ。疑いは目に見えるものについての個々の警察官の直感と経験から生じる。

合理的な疑いの基準を作った最高裁判所の判例から、スモールデータ警察活動の実際のようすがよくわかる。「テリー対オハイオ州」裁判はクリーヴランド警察署の三九歳ベテラン巡査マーティン・マクファデンの観察に関わるものだった。[129] マクファデンはクリーヴランド繁華街で万引きなどの犯罪を犯す人物に職務質問を行うことに長《た》けていた。ある午後、マクファデンは宝飾店の外で三人の男を見かけた。マクファデンの知らない男たちで、初めから彼らを疑う理由はなかった。マクファデンは男たちが宝飾店の前を歩いて通り過ぎるのを見た。そのうちふたりが別れて別の道へ入った。そしてぐるりと回って三人目の男のもとへ戻ってきた。同じパターンが何度か繰り返された。そのとき、マクファデンはジレンマに陥った。彼は男たちがよからぬことを企《たくら》んでいると考えた。男たちが強盗の目的で宝飾店を下調べしていると信じて疑わなかったが、逮捕する「相当な理由」がなかった。店の周りで怪しい行動を取るだけでは逮捕には不十分である。[130]

合理的な疑いの問題も同じような疑問を投げかける。宝飾店に対する犯罪の通報はなく、男たちの行動にはいくらでも悪意のない説明がつけられる。しかし、マクファデン巡査は自分の観察データだけに基づいて怪しいと考えた。マクファデンは男たちに近づき、ただちに身体検査をして、ジョン・テリーという名の男から拳銃を押収した。[131] テリーは逮捕され、拳銃所持で起訴されたが、強盗未遂では起訴されなかった。最高裁判所の論点は、マクファデンが職務質問と所持品検査を行う、つまり、憲法修正第四条で守られているテリーの権利を侵害するに足る疑わしい情報を持っていたのかどうかということだった。[132] 何しろ、ジョン・テリーは身体を拘束され、捜索され、所持品を押収されたのである。もしマクファデンが十分な情報を持っていなかったのなら、裁判所は憲法修正第四条違反と判断し、押収した銃は事件の証拠から除かれることになる。銃が証拠にならなければ、検察はテリーを銃器所持で起訴できなくなる。

最高裁判所は、マクファデンが、テリーを拘束して武器を捜索するために、観察と経験に基づく憲法上十分な情報を有していたと判断を下した。[133] 最高裁判所は「状況を総合的に」見れば、マクファデンがテリーに職務質問と所持品検査を行うだけの合理的な疑いがあったと解釈した。しかし、観察データしかないスモールデータの世界では、警察にとって日々の判断がどれほど難しいかがわかるだろう。もしマクファデンが、男たちが店の前を二度通り過ぎたのを見ただけだったとしたら？ もしテリーが買い物袋を持っていたら？ もしくは観光地図を持っていたら？ ほぼすべての警察パトロールで、警察は見知らぬ容疑者について同じような判断を迫られる。警察は職務質問をするまで見ている人についてあまり多くの情報を持っていない。そして「テリー対オハイオ州」裁判後も、何万件という事件で、警察に容疑者を呼び止める合理的な疑いがあったかどうかという同じ質問が問われている。

けれども、もしジョン・テリーがヒートリストに載っていたらどうだろう？[134] もし彼が事前にビッグデータのアルゴリズムによって市内で有数の犯罪者候補として挙がっていたら？ もし犯罪戦略部隊の優先対象人物だったら？ 突如として職務質問の正当化が格段に容易になるように思われる。そうなればマクファデン巡査は暴力を振るう可能性のある人物に対する職務質問を正当化するための、特定の、個人に特化した、説明可能な事実を手に入れられる。自分の行動が正当であることを証明するよう裁判所に求められても、統計学的にみてヒートリストの対象人物は犯罪に関わる可能性が高いと容易に説明できる。だが、注意すべきは、実際の（観察されている）ジョン・テリーの行為は変わらないことである。犯罪であるかないかにかかわらず、テリーの行為はまったく同じだが、彼についての人物情報が容疑の計算方法を変えてしまうのだ。

あるいは、近い将来に飛んで、警察が顔認識ソフトウェアとデータベースを通して、ジョン・テリーがこれまでにも何度か逮捕されていて、前科が一度あり、薬物乱用の問題を抱えていることがわかると想像してみよう。もしくは、もう一歩踏み込んで、マクファデンが社会ネットワーク分析から、暴力で名高く殺人で指名手配されている市内の暴力集団のボスのひとりとテリーを直接結びつけられると考えてみる。こうした事実は（興味深いことに本物のジョン・テリーにほぼあてはまるが、マクファデン巡査は知らなかった）、警察による容疑の正当化を段違いに楽にする。パトカーのなかですばやくコンピュータ検索をかければ、現代の巡査は容疑を正当なものにするための容疑者の追加情報を得ることができる。繰り返しになるが、通りにいる人物は何も違うことはしていないが、ビッグデータの情報がその人物の憲法上の保護に変化を及ぼすのである。

つまり、警察の疑いはビッグデータによって変化する。暴力リスクが高い人物を対象にするコンピュータアルゴリズムは、職務質問と所持品検査の正当性まで提供できる。すでに論じたように、シカゴでは一四〇〇人が対象リストに載っている。ニューオーリンズではその倍だ。地域社会の対象リスト作成に検察が関われば、捜査目的での職務質問は容易になるばかりだ。たんにヒートリストに挙がっているだけで職務質問を正当化できるとする主張を裁判所がはねつける可能性は高いが、合理的な疑いを作り上げるにあたってほかにあまり必要なものはないだろう。

要するに、スモールデータの世界で発達した合理的な疑いのような規則が、ビッグデータによって歪められるようになったのである。[135] 一個人に関する情報が十分にあれば、警察はありとあらゆる怪しい結びつきを作ることができる。犯罪予測地域を取り上げ、犯罪組織構成員との交友関係をつけ足し、日頃から取り締まりの多い地域社会での警察との過去の接触をいくつか含めれば、突如として、家に帰ろうと歩いていたごく普通の若者が、犯罪多発地域にいて、犯罪組織の仲間で、過去に警察とトラブルがあったという条件一致で職務質問の対象になりかねない。その若者の行為は家に帰ろうと歩いていたことだけだが、彼を取り巻く情報が疑いを作り出す。法律的にはこれでは不十分であるべきなのに、憲法上の保護がデータの暗闇に飲まれていく。

ビッグデータを用いる対象化は合理的な疑いを歪めかねない。さらに悪いことに、人種や社会階級と相関関係にある種々の理由から疑いを抱く基準が下がる可能性がある。[136] 犯罪多発地域に居住している、あるいは警察とささいなトラブルがあった人が、警察の要注意人物になっている別の人間と関連づけられることが多くなるかもしれない。これは、相関が弱かったり、実際には地域や家族や友人グループといった環境要因の結果であったりするにもかかわらず、警察が関連人物を犯罪行為者とみなしてしまう、外的あるいは内的偏見による歪みの連鎖を助長する恐れがある。

その一方で、ビッグデータに基づく容疑は従来のスモールデータ警察活動戦略にはないいくつかの利点をもたらす。第一に、容疑の性質が個別化されれば、通常警察にはない一定レベルの正確性を得られる。[137] 警察が職務質問の前に容疑者の前科に関する情報を得られれば、危険人物とそうではない人の区別に役立つかもしれない。また、罪を犯した人と無実の人を見分けられるかもしれない。たとえば、マクファデン巡査がシステムにジョン・テリーの名前を入れ、テリーは前科がなく付近で雇用されているとわかれば疑いが弱まるかもしれない。人種、年齢、性別、服装というおおまかな代替指標を用いるのではなく、警察は職務質問の前に正確にその人物が何者であるかを知ることができる。[138] 非暴力的で被雇用者で逮捕歴のない人間も暴力的で無職で重罪の犯罪者と同じように犯罪を犯す可能性はあるが、情報は容疑や実感としての危険度を整理するために役立つだろう。実際、警察が目に留めた人物に接する前にその人物について知ることができれば、面と向かっての不快な接触の多くは避けられる可能性がある。未来のビッグデータ社会では、疑いに基づく職務質問の実施前に、警察は無罪を証明する情報の確認を必ず行わなければならないようにさえなるかもしれない。

情報の正確さは警察が行う職務質問の正当性を強化する。ビッグデータ情報は事後に裁判所が確認できるため、説明責任を果たす手段にもなる。[139] たとえばマクファデン巡査が判事に、ジョン・テリーを目撃したさいに追加情報のためにビッグデータ検索を実行したと説明した場合、その情報はすべて二重チェックが可能だ。判事は事実が容疑を裏づけているか、あるいは本質的に罪ではないかを見ることができる。弁護士は職務質問にいたった容疑を立証するためのデータに基づく記録を調べることができるだろう。

最後に、単純な効率論がある。縮小する一方の資源と拡大する責任を抱え、警察は時間をうまく使う方法を編み出す必要に迫られている。ビッグデータが危険度の高い人物とそうではない人物を分けられるのであれば、それはひとつの効率対策だ。警察捜査の陰にある自由の権利をけっして忘れてはならないが、コンピュータを用いる手法で対象人物に優先順位をつける能力は、捜査のための魅力的な技術ツールとなる。

ビッグデータが捜査対象の選択に与える影響

人物に基づいて対象を決めるという発想は新しくもあり古くもある。いつの時代にも警察は地域社会の腐ったリンゴを把握してきた。検察も日常的にそうした人物をターゲットにしてきた。しかしながら、社会の犯罪扇動者に優先順位をつけるためにデータと予測分析を用いるという警察方針は新しいアプローチである。そうしたテクノロジー、すなわち対象人物の未来を決める予測からはおもに四つの変化が生じる。

第一に、暴力に関わる社会ネットワークを積極的に対象とする事前対策は、地域警察の犯罪への対応方法に変化を与える。従来なら、地域警察は出動要請に応えるか、パトロール中の観察に頼るか、地域の苦情に対応するかしただだろう。人物予測対象化を用いれば、代わりに警察は、通報に応じる必要が生じる前に対象容疑者を監視あるいは抑止できる。地方検察にとってもこれは大きな変化となる。[140] マンハッタン犯罪戦略部隊の元トップが述べているように「以前は事件が導くところへ向かうだけだった。それが今では、地域社会が解決しようとしている特定の犯罪問題周辺で立件することができる」[141]。ビッグデータ警察活動によって警察は事前対策を講じるようになる。多くの点で、地域レベルの情報主導型起訴ならびに警察活動は、実際には連邦捜査官や連邦検事が何年にもわたって用いてきたいくつかの手法をそっくりそのまままねているにすぎない。ＦＢＩと連邦検事は通常はすでに発生した犯罪を捜査する一方で、未来の犯罪を予防あるいは阻止するために犯罪ネットワークの監視と捜査にも重点を置いている。地域警察にとっては、犯罪組織ネットワークの捜査が反応型の警察活動から予防型の警察活動への同様な変化を意味する。

第二に、暴力をたんなる法執行機関の問題ではなく公衆衛生の問題として捉えるという発想は、犯罪リスクの特定と対策の最善策を考え直す新たな機会となる。暴力が伝染すると考えれば、暴力は予防できることになる。銃撃事件の大部分が報復措置であるなら、その暴力の連鎖を断ち切る対応策を練ることができる[142]。医療科学は喫煙リスクに対する人々の理解を変え、肺がんはもはや不運あるいは偶然に発生するものではなく、特定の環境リスクに結びついているとみなされるようになった。環境を変える、すなわち禁煙で根本的な原因に対処すれば、がんに罹患《りかん》するリスクを下げることができる。暴力も同じだ。特定地域社会で負の社会的圧力になっている環境要因を理解できれば、その圧力を取り除く集中対策がとれる。ニューオーリンズの銃撃事件を調査して作られた暴力削減戦略では、モデルの一部として社会福祉対策が表立って取り入れられた。ヒートリストの「招集」には必ず、地域社会福祉の担当者がいつでも支援できる状況で同席しなければならない。その狙いは、環境を変え、リスクを減らす機会を若者に与えることである。

第三に、従来の警察活動から情報主導型警察活動へ転換すると、組織をあげて対処する必要のあるデータ品質リスクが生まれる。情報駆動型システムはたくさんのばらばらな地域情報をもとに稼働する[143]。密告情報、犯罪統計、協力的な証人、別称、刑事のメモが集まって巨大な作業データベースになる。しかしながら、データの品質は均一ではない。正確な密告情報があればそうでないものもある。偏見が疑いを生むことがあれば、情報提供者がはなから間違っていることもあるだろう。情報源によって異なる信頼性や確実性を考慮せず、データ収集の名のもとにすべてをひとつにまとめてしまうような情報駆動型警察活動あるいは起訴の体制は、最終的にはうまくいかない。国家の安全を守る情報機関が入ってくる情報を検討するために何層もの情報分析担当者を置いているのと同じように、警察署はその情報のように見えるデータを審査する同様の構造を持たなければならない[144]。情報源、信頼性、検証可能性についてわからないまま盲目的にデータを収集すれば、間違いだらけのデータベースができあがってしまう。データ駆動型技術の採用以前に、情報を集め、分類し、警察官に役立てられるようなシステムを設計しなければならない。特に、そのシステムが市民を逮捕や起訴の対象にするために利用されることを考えれば、中身の見えないアルゴリズムの品質管理方法は堅固でなければならない。

データの正当性に関する懸念は、刑事、犯罪組織の専門家、あるいは警察の情報員が対象リストを管理するときにも持ち上がるかもしれない。そうした専門家は地域社会、そして地元犯罪組織や対象者候補についての貴重な知識と密接に結びついているが、特定の人物を起訴することに関心のある警察がリスク判定点数を操作できるとなると、リストの客観性と正当性に疑問が生じる。犯罪組織担当刑事がだれかをリストに載せることができるとしたら、そしてそのリストの変更を要請したり異議を申し立てたりする手続きが存在しないなら、そのシステムは悪用される可能性がある。犯罪組織データベースの拡大に伴って頻繁に実証されていることがひとつあるとするなら、それはこのリストが誤りだらけだということである。何といっても、犯罪組織の構成員であることを示す正式な基準がない状態では、うわさ、仮説、疑いだけで構成員のレッテルを貼られかねず、結果としてリスク点数が上昇する。さらに悪いことに、状況が変化し、時間が経過し、データが古臭くなっても、たいていの場合はそのリストからはずれる簡単な方法がない。

最後に、ビッグデータ警察活動は従来の検事や警官の役割を歪めるかもしれない。「優先対象者」リスト上の人物を無力化しようとする検事は、倫理的な限界にぶつかる可能性がある。[145] 情報主導型起訴の訓練中、監督していたひとりの検事が、優先対象者である若者がバンダナに包んだ錠前を手にけんかに飛び込んだ場合の事例について話した。おそらくよからぬことを企んでいたに違いないが、バンダナに包んだ錠前を持っていることは必ずしも犯罪とはいえない。しかし、検事らは、意図がはっきりしないにもかかわらず、危険な武器を使用するつもりで所持していた罪で男を起訴することを選んだ。[146] そうした重罪での起訴は、容疑者が優先対象者リストに載っていなければ行われなかったかもしれず、また事実の裏づけが取れていない可能性さえある。しかし、無力化が目標であるとき、起訴、求刑、保釈判断を積極的に用いることのできる検事の権力によって、従来の検察活動の焦点が歪むかもしれない。そうした歪みは必ずしも悪いものではない。検事が正しければ、そして優先対象者が地域社会で暴力を振るう危険があるのなら、もしかするとそうした積極的な予測起訴には意味があるのかもしれない。しかし、もし正確でないのなら、もし悪用されたなら、あるいは何のチェックも受けないのなら、この種の人物対象化は司法制度における公正の考え方を損なう可能性がある。

似たような歪みは、警官がだれがヒートリストに入っているのかを知らされたときにも起きる。そうした情報は職務質問を正当化するための容疑をあらかじめ用意しているようなものだ。予測情報の影響で、警官は地域社会ではなくリストの対象者を取り締まるようになるかもしれない。職務質問を行う憲法的なハードルが下がるのに加えて、その慣行からは人種的偏見と透明性の問題が生じる。現在のヒートリストでは、男性、特に有色人種の男性で、リスト指定を知らない、あるいは異議申し立てのできない人が影響を受けるだろう。この現実は深刻な憲法上の問題を引き起こし、人物予測型警察活動戦略全体の合法性を否定する恐れがある。場所に基準を置く予測技術が警察慣行に上乗せされるとき、こうした懸念はますます拡大する。それについては次章で述べよう。

第四章……………

どこを捜査するのか

場所予測型警察活動

これは『マイノリティ・リポート』ではない。（中略）『マイノリティ・リポート』では、犯罪を犯す人物が事前に予測される。これは、犯罪者ではなく、犯罪の起こる可能性が高い時間と場所を予測するものである。

――ジェフリー・ブランティンガム(1)

曇りときどき殺人事件

コンピュータが作成した地図に小さな赤い四角が点在している。その小さな四角は未来の犯罪を示すアルゴリズムの予測だ。長年の犯罪行為が分類され、処理されて、犯罪発生パターンが予言される。それぞれの赤い四角は不法目的侵入、自動車盗、車上狙いの確率が高いことを示している(2)。

警察の上官が点呼のときに印刷された地図を手渡す。パトカーのコンピュータは電子的に警察を犯罪多発地域に誘導する。勤務時間のたびに赤い四角は測定し直され、毎日新しいデータが新しい確率を示す。警察官は通常のパトロールが小康状態になっているときに予測された地域をパトロールする[(3)]。目標は「抑止と保護」、すなわち最適な場所に警察官を配置して予測された犯罪が起きる前にそれを阻止することだ。ニューヨーク、ロサンゼルス、マイアミ、アトランタ、シアトルなどの大都市、そしてそれより規模の小さい数十都市で、この「予測型警察活動」の考え方がパトロールルートと警察の日常業務を形作っている[(4)]。

場所予測型警察活動とは何か。予測型警察活動は特定の地理的位置における犯罪パターンを割り出し、そのリスクを改善するべく警察の資源を投入するデータ駆動型アプローチである。ある区域で不法目的侵入が急増した？　コンピュータアルゴリズムが数字を高速処理して近隣で発生しそうな別の不法目的侵入を予想する。実際、コンピュータは市内すべての犯罪多発予測地域を表示する。ほかの要因をコンピュータモデルに追加することもできる。金曜日は賃金の支払日なので、小切手を現金化する店舗の周辺で強盗の危険が増すだろう。日曜日はフットボールの試合があるので、スタジアム周辺で自動車盗のリスクが上がるかもしれないが、試合中の強盗事件発生率は下がるだろう。雨が降れば、犯罪リスクも無効だ。悪人も濡れることを嫌う。

こうした犯罪パターンを警官は本能的に察知しているかもしれないが、今や高度なデータ分析を用いれば、長年の犯罪パターンを調査し、地図化して、事前に警官を配置できる[(5)]。毎日記録され、市内全域から報告される、すべての犯罪に関する大量の犯罪データがアルゴリズムに入力されて分析用のデータを形作り、監視を強めるべき特定の犯罪多発区域が抜き出される。そして、警官は予測された犯罪を防止する、あるいは何の疑いも抱いていない犯罪者を現行犯で逮捕するべく、その区域をパトロールする。

本章では場所予測型警察活動に対する期待とそれが抱える問題について検討する。「どこを捜査するのか」ということは人種、地域社会関係、そして憲法の問題に影響を与える。ビッグデータの予報を活用すれば効率が上がり、犯罪が減少するかもしれないが、対象地域の捜査方法が変わる可能性もある。

コンピュータが生成する勘

ミズーリ州セントルイス。同州ファーガソンのマイケル・ブラウン抗議活動から一年後。対応策のひとつとして、近隣の複数の警察管区が、資源の優先順位づけとパトロールの高技能化を目的に予測型警察活動戦略を採用する。フィラデルフィアを拠点とする小さなベンチャー企業アゼイヴィア社と連携して、ミズーリ州ジェニングズにあるジェニングズ警察署は「ハンチラボ」(HunchLab)と呼ばれる予測型警察活動プログラムの試験運用を始めた(6)。

ハンチラボモデルでは犯罪データ、国勢調査データ、人口密度が入力され、さらに学校、教会、バー、クラブ、交通拠点の位置などその他の変数が加えられる。その後、集められた犯罪データをアルゴリズムが処理して、常時更新される地域のリスクマップを生成する(7)。犯罪別に色づけされ、統計に基づき、見てすぐわかるこのモデルは、起こりそうな犯罪行為の発生確率をはじき出す。パトロール中の警官はスクリーン上の色を追うことで、自分が銃撃事件多発地域から住宅侵入窃盗多発区域へ入ったとわかる。

　非営利報道機関マーシャル・プロジェクトの調査で詳しく述べられているように、こうした予測パトロールは警察とパトロールされる側に直接影響を及ぼす[8]。一二月のある日、トマス・ケナー巡査はハンチラボをパートナーに日課のパトロールを開始した。地域と犯罪問題をよく知っているケナーは、窃盗を予測する緑色の四角の裏にある理由を心得ていた。巡査は貧しい区域のディスカウント店の前を通り過ぎた。その店にはほかの多くの店と同じように万引きの問題がある。ディスカウント店に貧困が上乗せされれば窃盗リスクが上がる。それほど難しいことではないし、間違ってもいない。データは巡査がすでに知っていることを裏づける[9]。

　次にケナー巡査は別の色の区域に近づく。そこは加重暴行の危険度が高いことが示されている。窓がスモークガラスになっている白いシボレーインパラが色づけされた区域に向かって走っていたので、巡査は取り調べるために車を停止させる。法律にしたがえば、窓のスモークガラスは交通違反の根拠として十分だったが、この停止はスモークガラスについてではない。運転者である若いアフリカ系アメリカ人男性が巡査から職務質問を受ける。停止した車両からは大麻のにおいがしており、車内で拳銃が発見される。男性は少し前に大麻を吸ったことを認めたが薬物そのものは見つからない。拳銃は合法で、ミズーリ州では拳銃の所持は犯罪にはあたらないため、念入りな所持品検査ののち、その運転者は解放される[10]。

　これが場所予測型警察活動の現実だ。ケナー巡査はハンチラボの予測がなくても車を停めただろうか？　彼に法的権限はあるけれども、予測によるヒントがなくても同じ判断を下しただろうか？　これは予測が正確にあたったのか、それとも誤った職務質問だったのか？　正当な所持品検査だったのか、それとも別件捜査という迷惑だったのか？　そうした機械が生成する容疑は、ファーガソンの抗議活動と司法省の調査につながった狭量な侮辱よりよいのか、あるいは悪いのか？　そして、四角内で加重暴行が予測されるとわかることが警察官の考え方に実際にどのような影響を与えたのか？　当初、巡査がその目で見たものは、加重暴行多発区域として知られる区域に近い場所でのスモークガラスの違反だけだった。ケナーはマーシャル・プロジェクトのモーリス・チャマー記者にこう説明した。「彼がその後だれかを撃つことになったかもしれないし、ならなかったかもしれない」[11]。

予測の本質とはそういうものだ。そうなるかもしれないし、ならないかもしれない。

地震の予知

カリフォルニア大学ロサンゼルス校構内にある研究室で、ジェフリー・ブランティンガムはコンピュータモデルを用いて狩猟採集民族の研究をしている。人類学者の彼が著した論文の主題は『後期更新世狩猟採集民族のチベット高原移住時期と生活に関する推測』から『都市環境における犯罪と暴力の非線形動特性』まで多岐にわたっている[12]。それらの研究の接点は、数学的モデルを用いて人間の行動の動的パターンを地図化する能力である。今日の犯罪者はたんに異なるタイプの狩猟採集民族にすぎない。動物を狩る代わりに、被害者を狩るのだ[13]。

著名な環境犯罪学者ふたりの息子であるブランティンガムは、環境が犯罪リスクを増大させるという発想を数百万ドルのベンチャービジネスに変えた。プレドポル（Predictive Policing の短縮形）と呼ばれるそれは、全米に先駆けた場所予測型警察活動技術となった。[14] ジョージ・モーラー、アンドレア・ベルトッツィ、マーティン・ショート、そしてジョージ・ティタの協力を得て、ブランティンガムは特定の場所に基づく犯罪、おもに住宅侵入窃盗、自動車盗、車上狙いが予測できるかどうかの研究を始めた。[15] 本来は地震の余震を推測するために開発されたアルゴリズムを用いて、研究者らは犯罪が同様のパターンに沿っていることを突き止めた。[16] ある区域で不法目的侵入が発生すると、それが引き金となって、同じ区域で短時間のあいだに二件目、あるいは三件目の不法目的侵入が発生する場合がある。ある駐車場の自動車盗が別の自動車盗の引き金になることがある。どうやら犯罪は、波紋のように伝染するものとして視覚化が可能なようで、ひとつ確認されれば、パターンを地図に示して予想することができる。

特定の犯罪に伝染する性質があるという見解は以前から知られており、実際、犯罪理論としても大きく支持されている。不法目的侵入のような場所に基づく特定の犯罪はほかの同じような犯罪を助長すると数々の研究が繰り返し示してきた。[17] 理由はそれほど複雑ではない。犯罪者には習慣があり、警察が少なく捕まる可能性が低い場所で犯行を繰り返す傾向がある。ある家に侵入したときに近隣の住宅がみな同じように建てられていたなら、捕らえられる危険性が増えるまで何度もその近辺の住宅を狙うに決まっている。シェイン・ジョンソンは次のように説明している。「最初にある家を標的にしたことで、泥棒はその後の標的を決めるための知識を得る。それは侵入した住宅の部屋の配置、出入りの容易さ、再び侵入したときに見つけられそうな物品、発見される危険度などの知識だ。その知識が近隣住宅の不確定要素を減らすことになると思われる」[18]。

この現象の根底にある原因については長年にわたって犯罪学者のあいだで意見が分かれているが、「近接反復」として知られるこの効果は全般的に受け入れられている[19]。ほかの犯罪者に対してその地域は成功するという合図を送ることになるにせよ、あるいはその後の短時間で似たような犯罪機会を助長するにせよ、最初に成功した犯罪には何かがある[20]。ある国際的な調査では、異なる国々のまったく異なる環境あるいは文化的な状況下でも、統計的に有意な不法目的侵入の増加が観察されている[21]。別の調査では、取材を受けた不法目的侵入犯の七六パーセントが、同じ地域、ときには同じ家に、捕まるまで侵入を繰り返す傾向があったことがわかっている[22]。

場所に基づく警察活動戦略は場所に基づく犯罪学理論から発展した[23]。社会科学研究は何十年にもわたって、多発地域警察活動や問題指向警察活動から、小さな犯罪を徹底的に取り締まって大きな犯罪を防ぐという割れ窓警察活動にいたるまで、犯罪が発生する物理的な場所に対象を絞るすべての活動の発展に影響を与えてきた。こうした戦略と、コンピュータを用いて犯罪の「多発地域」を地図化するというすでに確立された手法をもとに、ブランティンガムほかの研究者は犯罪統計のビッグデータをそれらの理論の実践に利用した。どのような都市でも犯罪パターンを地図に示して、視覚化し、余震アルゴリズムの力を借りて毎日の予想を立てることができる。

研究機関で誕生したこの斬新な発想はロサンゼルス警察の試験プロジェクトで現実のものとなった。当時警察本部長だったウィリアム・ブラットンと当時警部だったショーン・マリノウスキーに後押しされて、ロサンゼルス警察フットヒル署が、予測型警察活動が実世界で機能するかどうかの試験を始めた。[24] ブランティンガムのアルゴリズムが窃盗犯罪（ここでも不法目的侵入、自動車盗、車上狙い）を削減するかどうかを試すプロジェクトが計画された。対象地区はおおむね一五〇メートル四方の広さに絞られ、ロサンゼルス市中心部の北にあるフットヒル署周辺に指定された。[25] 警官は、出動要請がなく、ほかの優先事項に携わっていないときにこの地域をパトロールするよう指示された。掲げられた目標は抑止力になること、すなわち警察の存在によって「近接反復」の衝動を抑えることだった。二〇一一年に実施された最初の試験プロジェクトでは、不法目的侵入が二五パーセント減少し、それ以外の対象犯罪も件数が減った。[26] 突如として、コンピュータアルゴリズムが犯罪を予測かつ予防できるという考え方が全米現象になった。

ほぼ一夜にして、予測型警察活動はひとつのアイデアから現実へ、そして営利目的の企業へと変化を遂げた。タイム誌はベスト・インヴェンション・オヴ・ザ・イヤーのトップ五〇のひとつに予測型警察活動を挙げてもてはやした。[27] 司法省は研究資金に何百万ドルもの補助金を付与した。[28] カリフォルニア州サンタクルスのようなロサンゼルスより規模の小さい都市がそのテクノロジーを奨励した。[29] ジョージア州ノークロスはプレドポルを導入したその日に、予測されたまさにその区域内で不法目的侵入による逮捕を成功させたとして見出しを飾った。[30] ニューヨーク・タイムズ紙など国内外の主要刊行物のニュース記事にいちだんと多くのマスコミの注目が集まった。[31] プレドポル社は、対象を絞った場所に基づく犯罪向け技術は現代の警察署にとって「なくてはならない」資源だという考え方を大々的に宣伝し始めた。

今日では数十都市が何らかの形の予測型警察活動技術を用いている。[32] 入力データを犯罪の種類、場所、犯罪発生時間に絞っているプレドポルは、データ変数を最低限必要なものに限るアプローチである。[33] プレドポルはまた、データに基づいて日々変化するきわめて小さな地理的範囲（約一五〇メートル四方）に予測を限っている。企業によってはより複雑な手法を採用しているが、目標は基本的に同じだ。すなわち、犯罪リスクを下げる取り組みの一環として、予測データシステムを用いて犯罪パターンを地図化するということである。

リスク地形モデリング

犯罪の起きやすい地域とは？　リスクを高める要因は？　ラトガース大学のジョエル・キャプランとレス・ケネディは、環境的な犯罪要因を特定するためにデータを活用している。この方法は「リスク地形モデリング」（Risk Terrain Modeling, ＲＴＭ）と呼ばれ、その鍵は重複する環境リスクの空間ダイナミクス調査（平たくいえば、なぜ特定地域が犯罪を引き寄せるのかということ）である。[34] 大きく異なる犯罪問題を抱える五つのばらばらな管轄区を調べた最近の全米調査では、ＲＴＭの手法で実際に環境リスク要因が特定され、警察との連携によってリスクを改善するための具体的な解決策が立てられている。[35]

コロラド州コロラドスプリングズには自動車盗問題がある。市内の特定区域では、それ以外の場所よりも四八倍も車を盗まれる確率が高い。だが、どうやってその場所を特定すればよいのか。ＲＴＭは、もっとも車が盗まれそうな区域を特定する六つの重複リスク要因を明らかにした。コロラドスプリングズのリスク要因は（一）治安紊乱《びんらん》行為への出動要請、（二）差し押さえ、（三）

多世帯共同住宅、（四）公園、（五）着席レストラン、（六）商業地域だった。各リスク要因とそれが重複している場所を地図に示すことで、ＲＴＭは四パーセントの地理的領域を窃盗のリスクがもっとも高い場所として抜き出すことができた[36]。だが、なぜ？

答えは物理的、環境的な犯罪の性質にある。一般に多世帯共同住宅には広い駐車区画があるため、車が部屋から見えないような遠い場所に駐車されている。寒いコロラドの朝、人々は車を温めるためにエンジンをかけたままその場を離れることが多い。警察がいうところのこの「かけっぱなし」行為が自動車盗の格好のターゲットになる。特に公園や差し押さえになった住宅など、好機が訪れるまで隠れて待つことのできる場所の近くで起こりやすい[37]。車と所有者が離れていて目の届かない着席レストラン（ファーストフードとの対照からこう呼ばれる）も同様だ。監視の目が届きにくい駐車場と車に人がいない一定の時間の組み合わせが窃盗の増加を招いていた。ひとたびそれが判明すると、警察は予想された区域を対象に、不動産を検分する条例執行機関の追加、治安を乱す犯罪の防止、交通の取り締まり、そして盗難車を追跡するためのナンバープレート認識技術の導入という対応策を講じた。何もしなかった場所と比較して、リスク軽減戦略を用いたＲＴＭ対象地域では自動車盗が三三パーセント減少した[38]。

ニュージャージー州ニューアークには銃の問題がある。若者が心配なほど高い割合で撃ち合い、殺し合っている。しかしながら、銃撃の場所は均一に散らばっているのではなく、もっともリスクの高い区域はそれ以外の場所の五八倍も犯罪率が高い[39]。そして、そうした地域はニューアーク全体のわずか五パーセントでしかない[40]。さて、今後銃撃事件がもっとも発生しやすい場所を見つけるにはどうすればよいか？　RTMは一一の要因を抜き出した。（一）違法薬物逮捕、（二）差し押さえ、（三）レストラン、（四）ガソリンスタンド、（五）コンビニエンスストア、（六）食べ物のテイクアウトショップ、（七）バー、（八）放置不動産、（九）学校、（一〇）酒屋、（一一）特定の種類の住宅。[41]分析を行うために各リスク要因をリスク地形図の上で互いに重ね合わせると、層が厚くなる場所で銃撃事件が発生するリスクが大きくなった。なぜか？

この要因に一番共通しているのは、たむろすることのできる場所だということである。ニューアークの若者にとって、警察に呼び止められることなくうろつくということは、そこにいても怪しまれないような屋外の営業店でたむろすることを意味する。着席レストラン、テイクアウト店、コンビニはたむろする口実になる。酒屋やバーはたまり場となるだけでなくアルコール消費リスクもプラスされる場所だ。データからは、そうした場所のなかでも放置されたインフラストラクチャー（空き家や差し押さえにあった建物など）の近くにある屋外営業店がもっとも危険だとわかった。放置建物は薬物を売ったり、使用したり、たむろしたりするために利用されることがあり、その近辺にある公共の場は強盗であれ報復であれ暴力犯罪の標的になる。さらに、ほとんどの店が閉まったあとの深夜には、二四時間営業のガソリンスタンドが異常なほど多くの銃撃事件の場所となっていた。対応策は、特定の営業店（ガソリンスタンド、コンビニエンスストア、飲食店）にしばしば警察の足を向け、また、たまり場になりそうな近隣の放置建物に目を向けることだった。その対応策を取ってからは、調査期間中に何も対応策を取らなかった場所と比較して、RTMの対象地域で暴力的な銃撃事件が三五パーセント減少した。[42]興味深いことに、犯罪を著しく減らすことに成功したにもかかわらず、逮捕件数に著しい増加は見られなかった。

ミズーリ州カンザスシティ、アリゾナ州グレンデール、イリノイ州シカゴでも、似たようなリスクに基づく環境要因分析を用いた同様の実験が行われた[43]。それより前のニュージャージー州のプロジェクトでもまた銃撃のリスクが高い地域を予測することに成功した[44]。特定の地理的環境における犯罪の空間ダイナミクスを調査することで、警察はデータモデリングを利用して暴力リスクを特定し、予測して、改善可能な対策を立てられる。

予測型警察活動は有効か？

データ駆動型イノベーションのひとつである場所予測型警察活動にはそれを支えるデータが必要だ。けれども、少なくとも現在わかっている限りでは、そのデータが有効だとはっきり述べることはできない。データは明るいどころか暗いままである。プレドポルを活用した各都市の犯罪率は上がったり下がったりしている。たとえば、プレドポルの最初の試験地だったロサンゼルスでは、当初は成功したものの、のちに全体の犯罪率が上昇するというさらに厳しい現実に直面した。プラスの側面としては、二〇一三年一月から二〇一四年一月までの一年間で、ロサンゼルス警察フットヒル署では予測された犯罪が二〇パーセント減少した[45]。しかし続く二〇一五年と二〇一六年に、市内全域の犯罪が増加した[46]。別のいくつかの都市でも最初は窃盗犯罪が減少した[47]。そして、多くの新たな管轄区が次々にこの技術を採用する一方で、都市によってはプレドポルの活用をやめたり、当初は興味を示したものの採用を見送ったりしている[48]。

プレドポルのアルゴリズムに関する学術調査はひとつしかなく、それは同社の創始者が著した研究調査で、査読は一度だけである[49]。論文では、プレドポルのコンピュータに基づく予測と警察の犯罪分析官の人間的な予測とを比較する実社会のふたつの実験が検討されている。カリフォルニア州ロサンゼルスとイギリスのケント州でこのふたつの犯罪予測方法が全面的に比較された[50]。ロサンゼルスでは、犯罪分析官が犯罪の二・一パーセントを予測し、アルゴリズムは四・七パーセントを予測した[51]。ケント州では、犯罪分析官が六・八パーセントだったのに対して、アルゴリズムの平均はそれを上回る九・八パーセントだった[52]。ロサンゼルスでは、一一七日の試験期間中、プレドポルのモデルはそれを用いない統制群の二・二倍を超える予測正確性を実証した[53]。

こうした検証は、場所予測型警察活動の実用性についての重要ではあるけれども限られた証明にしかならない。大きな疑問は残ったままだ。第一に、もっとも明白な疑問は、犯罪分析官の二・二倍よいと述べることが意味のある測定方法なのかということである。XがYよりもよいと述べるためには、Yの基準値がわかって初めて本当に意味をなす。もしかするとアルゴリズムも分析官もひどい状態だったのかもしれず、ひどい結果よりもよかったからといってそれが投資に値するとは限らない。現在、犯罪分析官の正確性に関する科学的な調査はひとつも存在しない。しかしながら、公平を期すために述べておくと、予測型警察活動は実社会に発生するものごとであり、実社会で科学実験を行うことは難しい。プレドポルの研究調査は統制群の十分な実証的検証を欠いてはいるが、調査期間中の犯罪多発地域地図作成と人間の分析官にまさっているようである。もしかするともっとも重要なことは、プレドポルがプログラムの検証過程について積極的に査読を受けようとしているという点でほかの企業より一歩進んでいることかもしれない。ほかの多くの企業は犯罪を減少させるという主張を裏づけるための、別の研究者による調査を受けていない。

予測型警察活動の背後にある理論を確かめるために、国立司法研究所はルイジアナ州シュリーヴポートで実施されたランド研究所の試験プロジェクトに資金を投じた。[54] 場所予測型警察活動を支える理論の客観的な評価が期待された。シュリーヴポート警察署と共同で、研究者はシュリーヴポート犯罪分析官とランド研究所のアナリストによって開発された新しいアルゴリズムを用い、二九週間にわたって調査を実施した。[55] プレドポルと同様に、このモデルでも既知の多発地域における窃盗犯罪に焦点が当てられていた。またRTMと同じように、分析官らが特定の地理的要因を抜き出してリスクモデルに組み込んだ。シュリーヴポートの要因は（一）執行猶予中あるいは仮釈放中の人物の居住、（二）過去六か月の対象犯罪の通報、（三）対象犯罪の予想、（四）治安紊乱行為の緊急通報、（五）器物損壊、（六）少年逮捕、（七）加重値を与えた一四日間の対象犯罪データである。[56] パトロールはもっともリスク要因点数が高い地域に的を絞った。情報を検証して統制群との比較を行ったのち、ランド研究所は「このプログラムは犯罪全体に対して統計的に有意な影響は及ぼさなかったが、その理由がプログラムモデルに欠陥があるためなのか、プログラムの実施方法に欠陥があるためなのかははっきりしない」と結論づけた。[57] 短くいえば、ランド研究所の調査は予測型警察活動の効果や正確性を裏づけなかったが、なぜうまくいかなかったのかはよくわからないということである。

そのような不確実さはあるが、予測型警察活動の背後にある理論は機能するはずである。犯罪学のなかで場所はつねに問題になってきた。暴力は観察可能で予測可能な空間に集まる傾向がある。たとえば、マサチューセッツ州ボストンでは六年という期間で、広域地域の五パーセントにあたる限られた地域で銃撃事件が発生していたことが調査からわかっている。[58] それに対して、警察は一三の対象地域を抜き出し、そうした犯罪多発地域をパトロールする警察特殊部隊を配備した。その結果、その対象地域ならびに市内全域で暴力犯罪が減少した。[59] 場所を標的にするということは犯罪を標的にすることと同じである。

犯罪組織はなわばりを持つ傾向にあるため、犯罪組織による暴力も場所に基づく予測の一例となる。競争の激しい薬物取引に関わっている犯罪組織は、そのなわばりを暴力で守ろうとすることが多い。おれのシマでブツの取引をしたら撃つぞ、ということだ。犯罪組織はまた暴力に暴力で応じるため、報復のための銃撃が繰り返される。[60] けれども、社会に有害であることは別として、なわばり意識と予測可能性を組み合わせれば将来の犯罪組織暴力はいくらか正確に予想できる。銃撃は別の銃撃に応じる形でなわばりの境界線に沿って起きるはずだ。ロサンゼルス犯罪組織についてのある調査では、八三パーセントのギャング関連犯罪は犯罪組織の境界線として知られている場所から三区画以内で発生したことが判明している。[61] アルコール、深夜から早朝までの時間帯、対抗組織の構成員という条件が重なる特定のクラブ、バーなどのたむろ場所についてもほぼ同じ予測が成り立つ。

こうした例は、犯罪行為の闇に光を当てられる可能性を示している。成功の兆し、道理にかなった理論、そして実社会におけるアルゴリズムの検証可能性は、データ駆動型警察活動の未来にいくらか明るい光を投げかけている。しかしながら、実社会の犯罪調査はいつの時代も複雑だ。犯罪が減少する原因と結果の分解は必ず議論の的になり、アルゴリズムは変化し続けて現在の正確性の評価を困難にする。したがって、まさしく「一〇〇万ドルに値する」肝心の質問の答えは得られないままである。多くの主要都市で警察活動の戦略として用いられてはいるが、予測型警察活動システムが機能するかどうかはまだわからない。

データの問題

場所予測型警察活動のもとになっているデータについては大きな疑問が残っている。なかでも大きいのは、どのような犯罪データを考慮すべきかという問題だろう。当初、不法目的侵入、自動車盗、車上狙いに焦点が絞られた理由のひとつは、そうした犯罪が比較的頻繁に警察に届けられるためだった。保険金が請求され、犯罪の証明が可能であるという点から、こうした窃盗犯罪の頻度はよくわかる。だが、ほかの多くの犯罪についてはそうではない。家庭内暴力、性犯罪、犯罪組織の暴力、そして多くの薬物と銃所持といった犯罪が、予測型警察活動の生データになることはけっしてない。実際、司法省は暴力犯罪の半数は届けられていないと報告している[62]。つまり、犯罪統計に依存するシステムは必ず歪んだ結果を生むということになる。

予測型警察活動の範囲が広がれば、この窃盗犯罪への集中がさらに歪みを作り出す可能性がある。地域社会の関心事を階層にすると暴力はたいてい窃盗犯罪より重要視されるが、届けられた犯罪データに注目するシステムはその暴力のほとんどを見過ごすことになる。多くの犯罪組織銃撃事件は捕捉されず、無関係の犯罪行為に関わっているかもしれない犯罪被害者（たとえば、被害者自身が薬物の取引、強盗、犯罪組織活動に関わっている場合）も同じだ。データ駆動型警察活動の目標がデータを用いて正確性を最大限に高めることであるなら、データ収集に限界があることを肝に銘じておかなければならない。

もうひとつの大きな疑問は犯罪データを考慮する方法である。ニューヨーク市では初のデータ駆動型革命コンプスタットにおいて、警察の逮捕記録と分類方法に疑惑が持ち上がった。[63] 上役が逮捕件数の増加（生産性の証明）と犯罪件数の減少（安全な地域社会の証明）を望んだため、重大な犯罪が軽い罪に軽減され、逮捕数を増やすことが奨励された。[64] ゆえに、財布のひったくりで捕まえても軽い犯罪の窃盗に分類して勘定され、逮捕件数を維持したまま重い罪の強盗件数を減らすという行為が行われたのである。ニューヨーク警察逮捕システムの監査では、逮捕手順にたびたび犯罪種の分類間違いがあり、それが偶然にも市民が耳にする犯罪減少という政治的な説明に有利な誤りだったことが指摘されている。[65] 実際には犯罪率が下がっていたにもかかわらず、より多くのデータを収集しなければならないという組織的な圧力によって組織的な誤りが生じた。同じような問題はテネシー州メンフィスやイリノイ州シカゴでも持ち上がり、証拠記録として用いられたときに、警察のデータ操作という好ましくない事象がデータ駆動型システムの正確性を損なうことになった。[66]

それよりもさらに基本的な問題は故意ではない誤データに関わっている。予測型警察活動戦略は特定の時間に特定の街区をターゲットにするほどの正確さで行われる。ところが、データ収集プロセスにその正確さが反映されているとは限らない。警察官がつい今しがた薬物取引に関わった男を見つけたとしよう。警察官は五区画その男を追跡して職務質問し、さらに多くの違法薬物を発見する。犯罪が起きたのは最初の区画だったのか、それとも二番目だったのか？　警官が報告書に記入する住所がその街区の特性を変化させる。警官が異なる住所を書いたら？　間違った犯罪コード番号を記入したら？　逮捕場所に近い街区を適当に推測したら？　もしくはデータを入力することをまったく忘れていたら？　これらのいずれも薬物取引容疑の犯罪事件にとっては重大ではないかもしれないが、未来の犯罪予報の正確性には悪影響を与える。繰り返しになるが、それこそが、初期の予測型警察活動システムが不法目的侵入（住所が固定）と自動車盗や車上狙い（場所が固定）に焦点を合わせていた理由だ。犯罪の不確定さに加えて、勤務時間のたびに複数の逮捕を行う目の回るような警察の仕事の性質、そしてペーパーワークの煩わしさが重なれば、ミスは必ず起きる。データエラーはデータシステムを汚染し、のちに述べるが、システムの信頼性を根底から揺るがしかねない。

予測型警察活動は人種差別か？

さらに根深い問題は警察の犯罪データに内在する組織的な偏見から生じる。ファーガソンやニューヨーク市のような警察の活動パターンが人種的に歪んだ統計を生んでいるのだとすれば、そのデータに基づく予測型警察活動アルゴリズムはどうすればよいのか。アメリカ自由人権協会刑法改革プロジェクト部長のエジキール・エドワーズは次のように批判している。「一番の（中略）懸念は、現在実施されている予測型警察活動が有色人種社会の助けになるどころか害になることである。わが国の刑事司法制度についてひとつだけ確かな予測があるとすれば、それは不当な人種の不平等が刑法手続きのあらゆる段階を汚染していることだ。職務質問、所持品検査、捜索、逮捕、公判前勾留、有罪判決、量刑において、有色人種が差別的な扱いを受けていることは幾度となく明らかにされている」[67]。予測型警察活動によって、警察の存在場所がいくつかのターゲットに絞られることが多くなるのであれば、その体制には自己充足的予言を作り出す、つまり誤った判断から生じた行動が誤った判断を現実化してしまう危険がある。犯罪多発地域を予測する。警察を動員して犯罪多発地域の人間を逮捕する。その地域が犯罪多発地域であることを記録するデータを入力する。そのデータを次の予測に用いる。その繰り返しだ。アメリカ自由人権協会自由のためのテクノロジープロジェクト部長ケイド・クロックフォードはこの種のデータ分析を、人種差別的な警察慣行をわからなくする「技術洗浄」と呼んでいる[68]。

予測型警察活動の擁護者はこの非難に対しておそらく、まず、いくつかの予測システムは逮捕データではなく通報のあった犯罪を用いている、そして、すべての予測モデルから人種は明らかに取り除かれていると反論するだろう。前者の主張は通報のあった犯罪（車が盗まれた）と逮捕（車を盗んだ疑いのある人間を逮捕した）を区別している。「車が盗まれた」という報告は固定された場所と時間を持つ実際の犯罪と関わっている。それに対して逮捕は警察の疑いだけだ。自己充足的予言という主張に対する直接の反論として、ロサンゼルス警察のショーン・マリノウスキーは次のように述べている。

われわれは（中略）これが場所に基づく戦略で、三年間の犯罪パターンから予想を生成して地図に示すものであり、逮捕はその方程式に含まれていないことを改めて強調する。この戦略は地域社会が抜け出すことのできないような一種の自己充足的予言を作っていると、一部の地域社会から懸念の声が上がったことから、こうして説明する次第である。たとえば、もし犯罪と逮捕の両方に基づく予想を受けて、警察がある区域に動員され、逮捕を重ねて、実際にそれがまたそのモデルに入力されれば、それはその後の予測を歪めかねない。だが、われわれのモデルでは、犯罪のみに基づいて警官を動員したいと考えており、願わくば何よりもまず犯罪者が犯罪行為に及ぶ機会を取り除きたいと考えている。もし最適な時間に最適な場所にいることが容易に可能で、窃盗犯罪を企てている犯罪者がその計画を実行に移すことを抑止できるのであれば、われわれとしても必要以上に報告書の作成や逮捕に関わりたくはない[69]。

この主張は予測された犯罪地域における逮捕や接触の役割を最小限に抑えるものであり、したがって、警察の偏見も最小限に抑えることになる。

逮捕に焦点を当てる予測型警察活動システムと通報のあった犯罪に焦点を当てるものとの違いについては、予測技術を論じるうえでしばしば混同されるため多少説明が必要だろう。主として逮捕に基づく予測システムは、通報のあった犯罪を中心とする予測システムよりも警察活動パターンが反映されやすい。不法目的侵入が発生して、それが通報された場合、その事件から作られる警察のデータは警察の影響を受けない。薬物逮捕が発生した場合は、そのとき警察がどこにいたかの影響を受ける。通報犯罪のデータだけに限られたモデルは、ほかのシステムに影響を及ぼす主観性や偏見の一部を避けることができる。最初にプレドポルが設計したように、「逮捕」重視とは対照的なこの「犯罪通報」重視の方法は、偏った警察活動パターンを具体化することなく有用な犯罪データを提供できる可能性がある。

さまざまな予測型警察活動モデルが等式に変数を追加するにつれて、問題はいっそう難しくなる。ここでもまた、人種と貧困が強く結びついている都市部では、選択されるリスク要因が不均衡に有色人種社会に影響を与えかねない。事実、アルゴリズムは意図的に人種を要因から除外しているが、アメリカの多くの都市では、人種の問題は場所の問題と密接な関係がある。法律、慣行、習慣によって、地域が人種と社会階級で隔離されている[70]。差し押さえの対象区域や集合住宅はいとも簡単に貧しい地域と結びつく。そもそも警察活動戦略が原因で刑事司法制度に巻き込まれることになった出所した人あるいは執行猶予中の人が住む対象地域は、その警察活動戦略から切り離すことができないかもしれない。

重要なことに、分析する犯罪の選択が予測技術の差別的な作用に悪影響を与える可能性がある。先に述べたように、薬物逮捕に焦点を合わせる予測型警察活動戦略ではほぼ確実に、根本的な薬物の利用とは無関係な警察活動のパターンが再現されてしまう。不法目的侵入や自動車盗は裕福な区域も貧しい区域も含めた市内全域で発生するため、プレドポルの自動車盗を示す赤い四角は中心街の駐車場や裕福な郊外にも広がって、すべてが貧しい区域に集中することはないだろう。通報のあった窃盗犯罪だけに焦点を合わせた予測アルゴリズムならば、人種の偏見だと容易に非難されずにすむかもしれない。暴力的な銃撃事件は貧しい区域だけに集中しがちだ。貧困と人種が強く結びついている都市部で暴力を予測対象にすれば、不法目的侵入を対象にするより人種的に偏ることになる。しかしながら、警察はたいてい被害者から事件を追う。銃撃事件の多発を示す予測の四角が有色人種の貧しい社会と相関していても、そこがまさに銃撃が実際に発生する場所でもある。偏見はアルゴリズムにあるのではなく、そのシステムに入力される実社会の事実に含まれている。したがって、正確な予測型警察活動モデルが差別に見える場合、その釈然としない結果は社会経済的な現実と地域の犯罪パターンによって説明がつくものなのかもしれない。

憲法上の疑問

場所予測型警察活動に関わる疑念は憲法の領域にも広がっている。場所は警察官が疑う要因になりうるのか？　警察が疑いを強めるべき場所というものは存在するのか？　薬物取引で知られる屋外の場所？　放置建物？　最高裁判所は、「犯罪多発地域」で警察官が見たものは、合理的な疑いあるいは相当な理由があったかどうかを判断する要因となりうるという判断を下している。[71] やや不親切だが、裁判所は「犯罪多発地域」の定義は示していない。しかしながら、想像がつくと思うが、予測型警察活動技術はそうした地域を地図化するためにきわめて有効だろう。[72]

何といっても、アルゴリズムはまさしくすべてのデジタルマップで予測犯罪多発地域を作り出しているのだ。

場所予測型警察活動へ向かう動きからは、憲法修正第四条に関わるふたつの重要な疑問が持ち上がる。第一に、はじき出された予測は、街頭の警察官が合理的な疑いあるいは相当な理由の有無を見きわめるさいに、どのような影響を及ぼすのだろうかということ。第二に、判事は裁判所で予測情報をどのように評価すべきかということである。

自分がカリフォルニア州サンタクルスの警官だと想像してもらいたい。朝の点呼で、その日の予測レポートを受け取る。一〇個の赤い四角が一〇か所の犯罪予測地域を示している。四角のひとつは中心街にある駐車場で、夕方五時から六時の時間帯に自動車盗のリスクが一〇・三六パーセントになっている。[73] 予測型警察活動は仕事のやり方までは教えてくれないが、自動車を盗もうとしている人間に思いとどまらせるために空いた時間に駐車場を見て回ったほうがよいと考えるのが筋だ。そうして、警察の本分を尽くすべく勤務に向かう。午後五時ごろ、巡回して駐車場に立ち寄る。数人の男があたりをうろついている。知らない顔だ。何をしているのだろう。ひとりは手に工具を持っているようだ。つまり自動車盗とも合法な被雇用者とも考えられる。男たちがその駐車場に用がないように見えるところが怪しい。ひとりの男が、警察のパトカーから距離をおきたいかのように移動する。そこ以外の市内の場所で、その時間帯以外の時間だったなら、警察はその人物に職務質問を行うほどの疑いは抱かないに違いない。そのような警察の職務質問は勘に基づくものであり、不当な捜索、押収、抑留を禁止する憲法修正第四条に違反することになるからだ。けれども、そこにアルゴリズムのひと押しがある。一〇回に一回は自動車盗の可能性があると予測されている。もっとも適した時間、場所、そして自動車盗に利用できる工具を持った疑わしい人物がそこにいる。さらに、男たちは警察から遠ざかった。予測がいかに警官の判断に影響を及ぼすかがわかるだろう。このような疑いはもしかするとまったく悪意のない行動を歪めて捉え、もしかすると行うべきではない職務質問を正当化する可能性がある。

見てわかるように、予測型警察活動アルゴリズムはまさに、最高裁判所が述べているところの、合理的な疑いを評価する一要因として考慮できるミニ犯罪多発地域を作り出している。[74] 自動車盗容疑で職務質問をするにあたって警官に合理的な疑いがあったかどうかを検討する判事は、なおさら難しい判断をしなくてはならない。職務質問後に警官が「スリムジム」と呼ばれるロックした車をあけるための細長い金属の道具を発見したとしよう。男は自動車盗未遂で起訴され、裁判における憲法上の疑問は、職務質問と所持品検査が憲法修正第四条に違反していないかどうかになる。裁判所は、職務質問に関わる犯罪予測をどのように評価すべきなのだろうか？　データは密告情報のようなものなのだろうか（情報提供者がその駐車場で自動車盗が起きると述べたと考えてみる）？　予測は同僚の警察官が「おい、次の勤務時間はあの駐車場で自動車盗がないか見回ろう」と述べるようなものなのか？　地域情報は人種による選別の懸念につながる（けれども一般的に裁判所で容認されている）ような人物情報と同じようなものなのか？[75] 裁判所の判断がどうであれ（そして選択肢すべてが現行法に則《のっと》っていても）、実際に予測型警察活動技術は憲法修正第四条の個人の権利に影響を与えるだろう。

一歩下がっても、特定地域、とりわけ有色人種社会で、コンピュータアルゴリズムが憲法修正第四条によって保障されている自由を変化させる可能性があるという結論は、重大な懸念事項となってしかるべきである。異なる処遇、正確性、透明性、説明責任の問題はすべて注目されなければならない。もし予測された赤い四角の範囲内を歩くことが、不当な捜索や押収を受けないという憲法上の権利を変えるのならば、その技術の使用について高いレベルで精査する必要があるかもしれない。

現在はまだ、ほんのひと握りの擁護団体しか問題を提起しておらず、裁判所や地域社会からはほとんど注目されていない。ロサンゼルスのコミュニティ討論会が、貧困と犯罪の多いスキッド・ロウ地区に対する予測型警察活動などの監視技術について懸念を示している。ロサンゼルス警察スパイ行為阻止連合のような組織を筆頭に、活動家や地域社会の支援者が憲法上の影響について学んだり、市民を教育したりしている[76]。データに基づく正当性を根拠に攻撃的な警察活動の実施が増加していると、抗議活動で懸念の声が伝えられている。連合のリーダーのひとりであるハミッド・カーンは地域社会の不安について次のように説明した。「予測型警察活動は、割れ窓、薬物との戦い、犯罪との戦いなど不成功に終わった人種差別主義警察活動計画の長い軌跡における次の新しい戦術である。データ分析やアルゴリズムという気の利いた言葉に包まれてはいるが、予測型警察活動とは基本的に人種差別主義の置き換えであり、黒人、ヒスパニック、貧しい人に対する暴力的な警察の活動を強化するための免状だ」[77]。これこそが根底にある不安だ。過去の不当な警察の慣行が技術的なひねりによって正当化されてしまうという不安である。攻撃的な警察のパトロールで頻繁に包囲され、地域社会への働きかけが消極的で、警察と市民の緊張が高まっている地域社会では、コンピュータによって警察と地域の関係を改善できるなどという発想はまったく意味をなさない。

ビッグデータが捜査する場所に与える影響

予測型警察活動はまさに警察が向かう場所を変える。この技術を採用した都市では、警察はパトロール中に赤い四角内を捜査する。けれども、本当の変化は、予測型警察活動が警察のパトロール中の行動に及ぼす影響と関わっている。

個人レベルでは、予測型警察活動は警察の地域の見方に影響を与える。当然のことだが、特定の場所で特定の犯罪を見張るよう公式なデータを与えられた警官は、その予測された犯罪を見つけるよう命じられている、あるいは促されていることになる。これこそが「犯罪多発地域」の危険だ。連邦第九巡回区控訴裁判所のアレックス・コジンスキー首席判事がかつて記したように「金槌を手にした人間にはすべての問題が釘に見えるように、バッジをつけた人間にはパトロール地域の隅から隅までが犯罪多発地域に見える可能性がある。警察は犯罪行為を検知するよう訓練されており、世の中を疑いの目で見る」[(78)]。予測された地域にいる人間は、罪があってもなくても、同じ疑いの目で見られることになる。

そうした疑いはさらなる職務質問、所持品検査、身体拘束につながり、その地域内の警察と市民の緊張がいっそう高まることになりかねない。「測れるものは実行できる」という古い格言は警察にもあてはまる。赤い四角を取り締まれといわれれば、警察官はそのとおりに実行する。特定地域を対象にしろといわれれば、警察官はそのとおりに実行する。生産性を示すための「数字」を上げろといわれれば、パトロール警官は、たとえ職務質問の法的根拠が弱そうに見えても職務質問をしなければというプレッシャーを感じるだろう。それこそが、二〇一三年にニューヨーク警察による職務質問と所持品検査の取り組みが憲法違反だと断言されるにいたった根本的な問題のひとつだった。

予測型警察活動は実際に、警察による発砲の増加と市民の暴動につながるかもしれない。対象となった地域では、警察官は攻撃的に捜査する権限をさらに与えられたように感じるかもしれない。その地域の危険度がほかより高いと明示されているために、警察官は必要以上に身を守ろうとする姿勢で応じるかもしれない。もともと警官は職務質問のたびに危険な目にあう可能性があるが、暴力が多発すると予測された地域にいるという知識が警官の日々の行動に変化をもたらして、より頻繁に腕力に訴えるようになるかもしれない。

犯罪戦略のレベルでは、予測型警察活動が従来の警察慣行をねじ曲げる影響を及ぼすかもしれない。カリフォルニア州で初めてプレドポルが実施されたときには、予測された「赤い四角」の地域から出るよう警官に注意を促さなければならないことがあった。[79] 明らかに、予測地域をパトロールするよう指示された警官はその地区を離れなかったのである。ある予測システムに対するサンフランシスコ警察署の懸念を説明するにあたって、同署情報部長のスーザン・メリットは次のように話した。「ロサンゼルスでは、警官の多くが赤い四角のなかばかりをパトロールして、それ以外はパトロールしなかったと聞いています。(中略)みなが四角に集中しすぎるようになったため『四角の外のことを考えよう』というスローガンが生まれたそうですね」[80]。

ランド研究所のシュリーヴポート調査でも、似たような歪みが発生した。パトロール警官があたかも刑事であるかのように、予測された地域で犯罪を引き起こしている原因を探そうとするようになったことが観察された。パトロール警官が車から降りるようになり、市民と会話をして、「情報収集」に重点を置くようになったのである[81]。警察官がより多くの人を呼び止めて質問をし、その人物の記録を照合し、通報されていない薬物使用を調べ、だれが犯罪行為に関わっているのかを理解しようとした。皮肉にも、この種の地域調査が従来の出動要請への対応に遅れを生じさせ、警察が緊急事態に対応していないとの苦情につながった[82]。さらに、対象地域について判明した捜査情報が、前後関係の情報や調査中の事件との関連性といった説明をつけずに刑事に回されたため、すでに負担のかかっていた刑事の重荷になって内部不満を招いた。刑事は明らかにパトロール警官が刑事のまねをするのが気に入らなかったようである。いずれにしても、警察官は警察幹部が作った測定基準を達成するべく従来の仕事のやり方を変えた。

しかしながらこの変化は従来の慣行を壊しはするけれども、それほど負の影響を与えるものではおそらくないだろう。警官が目を向ける先を逮捕から調査へ、事後対応から予防的抑止へと移すことは、実際、予測型警察活動の進歩的な副産物かもしれない。ロサンゼルスにおけるプレドポルの効果についての取材で、ロサンゼルス警察のショーン・マリノウスキーは、警察活動の目標について警官の態度に新たな方向性が見られたと述べている。

プレドポルの活用を開始してから、警官の行動に変化が起きたことに気づいたとマリノウスキーはいう。逮捕を重要視することが少なくなったのだ。マリノウスキーの立場からすれば、それは望ましいことである。人々が警察は信用できる、また信用しようと考えるかもしれないからだ。さらに警官は以前と比べて被害を防止することに重きを置くようにもなった。「長年にわたって生産性、つまり召喚状と逮捕が奨励されてきたために、彼らは考え方を変える必要があった。そしてわたしはそんなことを評価しているのではないと彼らを説得しなければならなかった」（中略）「被害者の減少を評価することに関心があると」[83]。

皮肉なことだが、データ駆動型警察活動システムがそのように導入された場合、データを重視する度合いは下がり、人と人とのやりとりが増える。

データ駆動型警察管理に向かう進化からはさらにふたつの懸念が生じる。ひとつは、データに依存する管理者がすでに意味をなさなくなったデータを追い続ける「データ近視」だ[84]。警察の状況にあてはめると、予測の根底にある「理由」を考えることを忘れた場合にそうなる。たとえば、予測アルゴリズムが不法目的侵入の警報を発動させた場合に、それがある地区で起きた一連の不法目的侵入に関わっているのであれば、その情報にしたがうことは通常意味をなす。しかし、犯人が最後の住宅ですでに捕らえられていて、不法目的侵入増加の原因だったほかのすべての侵入を認めていたなら、その予測は誤りである可能性が高くなる。追加リスク要因（不法目的侵入）の「理由」はすでに等式からはずれている（犯人は拘置所にいる）にもかかわらず、アルゴリズムはその事実を知らないかもしれない。

予測が機能する「理由」に目を向けると予測型警察活動について、さらに大きな疑問が見えてくる。それはリスク判定だけで十分かということだ。プレドポル、ハンチラボ、ランド研究所のモデル、またその他の予測技術はみな犯罪のリスクが高い地域を特定すると考えられている。けれども、リスク地域が判明したところで、必ずしもその地域への対応策がわかるわけではない。予測地域へパトカーを送るだけで十分だろうか？　もし環境の脆弱性《ぜいじゃくせい》が犯罪を助長しているなら、地域の取り締まりより環境改善のほうが重要かもしれない。もし放置建物が薬物取引の隠れ場所になっているなら、一時的な対策として建物の前にパトカーを停めたり、もっと恒久的な対策として建物を建て替えたりできるだろう。さらに薬物中毒対策として薬物乱用の治療を勧めることもできる。予測データが示すのは問題であって解決策ではない。場所に基づく予測技術のなかでは、特定地域が不法行為を惹きつける「理由」と取り組み、改善しようと明らかに試みているのはＲＴＭだけだ[85]。

予測が機能する理由を理解していなければ、データ駆動型の導入はたんに、攻撃的にはなっても建設的ではなくなる警察の慣行を覆い隠す役目を果たすことになりかねない。それこそが予測技術に潜む危険のひとつである。データは粗末な方針選択を正当化してしまう恐れがあるのだ。

この懸念については、自滅を招いた例がある。ロサンゼルス警察は予測型警察活動理論をヘリコプターの活用にあてはめようとした[86]。誤解のないように述べておくと、プレドポルがヘリコプタープロジェクトを推したのではない。だが、ロサンゼルス警察は古くからの頼みの綱であるヘリコプターによる航空支援に予測抑止理論の要素を組み込んだ。わかると思うが、予測された細かい区画に照準を合わせるとき、ロサンゼルス警察航空支援ヘリコプターの対応を優先することにはほとんど実践的な意味がない。実際ヘリコプターというものは精密からはほど遠い。ヘリコプターは空を飛ぶ。ヘリコプターは約一五〇メートル四方の対象地域を超えて飛ぶ。ヘリコプターはうるさく、不快で、恐ろしく、干渉的だ。リスク判定方法をどのように理解するにしても、この対策は範囲が広すぎる。警察は犯罪を切るメスの代わりに、外科手術にヘリコプターの羽根を使ったようなものだった。この対策は理論も崩した。実際、ヘリコプターの飛行経路を含めるために、警察は予測地域(ゆえに予測型警察活動理論の範囲)を、多くの区画にまたがる広範囲の飛行可能ルートにまで広げなければならなかった。明らかに、扱う範囲が広がれば広がるほど、対象を絞った予測は不正確になる。予測型警察活動の研究が広範囲な予測犯罪で実証されたことは一度もなく、そもそもこの技術(と理論)の価値は地理的範囲を狭めることにあるため今後実証されることもないだろう。さらに、効果的な抑止力になるためには、ヘリコプターは目に見えるほど低く飛ばなければならず、法を守っているその地区の善良な市民がみな、生活に立ち入って恐怖を与える警察の監視に苦しめられることになった。(87)

ヘリコプタープロジェクトの真の危険はそれがデータによって正当化されたことにある。ヘリコプターで抑止するという考え方は予測型警察活動データを信じることからスタートした。パトカーで抑止できるなら、ヘリコプターならもっと抑止できるに違いない。それが事実がどうかは別として、予測型警察活動理論の用い方は間違っている。予測データは借りるけれども広範囲な対策に適用するというこの問題は予測型警察活動のいたるところで発生する。リスクと改善策を混同し、誤解を招きやすいデータに依存すれば、予測型警察活動によって可能になるはずのプラスの影響が弱められてしまう。

最後の懸念事項は予測戦術を異なる地理的区域にあてはめることとの限界だ。ひとつの都市で機能したからといってその予測型警察活動が自分の市でもうまくいくとは限らないということを警察幹部は理解しておかなければならない。不規則に広がるロサンゼルス地域で効果がある方法は、縦横に整理されたニューヨーク市の大都会では効果がないかもしれない。シカゴで機能する方法はそれより小規模な地方の町では通じないかもしれない。データが入手できるかどうかによってモデルの予測価値が弱まることもある。モデルが有効であるためには警察のシステムに十分な量のデータが必要であり、小さな町によってはしっかりしたモデルを作るために必要なデータセットがないだろう。さまざまな民間製品のなかから採用モデルを検討する警察幹部は、自分たちの市町村の違いをしっかりと意識しておかなければならない。

予測型警察活動の科学的背景、効果、差別的影響について疑問があるにもかかわらず、成功事例があるからと、多くの警察署長や市がそのアイデアに納得してしまっている。犯罪を止めるためのブラックボックス解決策の魅力が不信感にまさっているのである。「情報駆動型」あるいは「最先端」を拒否する警察署がどこにあるだろう？　うまくいく保証がなくても、たいていの場合はスマートなほうがよいに決まっている。新技術に関心を示す警察署が増えるにつれて、日立製作所、モトローラ、ＩＢＭといった大手企業が小さなベンチャー企業と競争を始めた(88)。

ある程度までは、新しい予測型警察活動技術が従来のものごとのやり方より優れているかどうかという枠組みで選択肢を考えることができる。マネジメントの観点からはデータ、コンピュータマップ、予測分析を用いる警察管轄区域の再編、人材の配置、パトロールは、従来の方法よりはるかに進歩しているように思われる。出典は不確かだが警官のパトロール地区を決める「バド・シェル法」が昔のやり方を物語っている。

管轄区域を決定する「バド・シェル法」は（中略）ある晩缶ビールの「バドワイザー六缶パックとシェル石油ガソリンスタンドにある道路地図」を手にして座った警察幹部が、マジックをつかって主要道路に線を引いた話からきている。もし東西に走る主要道路と南北に走る主要道路があるなら――ほら！――四つの管轄区ができる！　おもに上流階級の住宅地であったり、あるいは病院や高校や薬物治療の診療所があったりすることはまったく関係ない。二〇世紀初めから九〇年間は「バド・シェル法」が管轄区を分ける主要な方法だったというのはおそらく言い過ぎだろう（中略）が、デスクトップ型の地理情報システムソフトウェアが手頃な価格で手に入るようになるまでは、その仕事はそれ以外の方法で行うにはあまりに難しかった(89)。

細かい犯罪パターンにいたるまでの詳細な場所に関するデータが利用可能な今日では、そのような方法は笑いのタネにしかならない。警察幹部の目から見れば、予測技術と関連犯罪の地図化が警察のパトロールと人員配置の効率を大きく改善していることに疑いの余地はない。犯罪が特定の場所で発生する限り、その場所とそこに関連する環境リスクを理解することは明らかに前進である。場所予測型警察活動はもっとも必要な場所に技術的解決策を提供するという点で本質を突いている。こうした場所型の解決策はまた、リアルタイム監視捜査能力を持つ新しいビッグデータ監視技術の配置にも影響を与えている。それについては次章で述べよう。

第五章……………

いつ捜査するのか

リアルタイムの監視と捜査

警官は知らないことを知り、見えないものを見るよう求められている。彼らは限られた事実に基づいてほんの一瞬で判断を行う。提供される情報が多ければ多いほど（中略）安全に出動要請に応えられる。

——フレズノ警察署長ジェリー・ダイヤー[(1)]

脅威スコアに気をつけろ

最初に現場に駆けつける警官は何もわからないまま赴くことが多い。騒動あるいは暴力の九一一番緊急通報があれば、警察はたいした情報がなくてもその住宅に向かわなくてはならない。もし自分がそれに応じる警察官だったら、玄関扉の向こうにいる人物がチンピラなのか老婦人なのか、重罪犯なのか一年生を受け持つ教師なのかを知りたいと思うだろう。

そこで、あなた、あなたの家族、あなたの家について何十億件という個人情報を収集しているビッグデータとデータブローカーが登場する。この情報は便利なことに住所ごとに整理され、あなたの家にやってくる警官がリアルタイムでアクセスできる。健全な信用情報、子どもふたり、立派な仕事を持ち、上等なワインや料理雑誌の好きなあなたを知っている同じ人々が、ドアを開けたときにあなたが危険かどうかを予測することもできる。ビッグデータを通して、警察は行動を起こす前に情報を手に入れることができる。

カリフォルニア州フレズノ警察は、住所と人物の「脅威スコア」を警察官に即時提供する「ビーウェア」(Beware, 気をつけるの意)という名のサービスを試験的に実施した。(2) ビーウェアは九一一番通報者、住所、近隣地区に関する大まかな予想判断を提供するために、住宅所有者の消費者データバンクを検索する。(3) 当初、予測は赤、黄、緑の色で脅威レベルを示して、現場に急行する警官のためにいくらかのリスク判定を行っていた。ビーウェアのデータは犯罪記録、令状、不動産記録など商業的に利用可能な記録、すなわち消費者ビッグデータシステムを形成しているほとんどのデータがもとになっており、初期のバージョンでは脅迫するような発言、犯罪組織との関連、暴力的な発言を拾い上げるためにソーシャルメディアのデータも組み込まれていた。(4)

ビーウェアが脅威レベルを決定する方法についてはあまりわかっていない。このサービスはウェスト・コーポレーションの子会社であるイントラド社のもので、脅威スコアアルゴリズムは公開されていない。(5) フレズノ警察署長はこの技術に関する地域の公聴会で、イントラドが警察にさえ脅威スコアの算出方法を知らせていないことを認めた。けれども、ビッグデータに関する多くのものごとと同じように、秘密は実際にはたいした秘密ではない。(6) 逮捕、起訴、銃の許可、地区、犯罪率などのデータは消費者データ市場で簡単に手に入れられる。実際、最初にかけつける警官が既存の警察データベースに通報者の住所を入力するだけで、同じ情報の多くがわかり、同じ推論を導き出せるだろう。

予測にはもちろん結果がついてくる。ある家に暴力的な重罪犯が住んでいるという情報を得ていれば、警官はおそらく身構えるだろう。おそらくとっさに脅威を察して、危険に反応して撃つだろう。したがって、脅威スコアが高ければ、敵意どころか死にいたる結果が生じるかもしれない。脅威の予測は実際にも比喩的にも相対的な危険度の判断を色づけする。

困ったことに、データは間違っている可能性がある。技術の利用に関する同じ公聴会で、フレズノ市議会議員が警察署長に自分の住所をビーウェアシステムで調べてもらった。議員の家は一段階上がった「黄色」の脅威レベルと判定された[(7)]。この議員を危険だと考える人はひとりもいなかったが、それでも通報で駆けつける警官は彼を黄色の脅威レベルの人間として扱うだろう。公聴会ではだれひとりとして一段階持ち上がった理由を説明できる人間はいなかった。こうした問題とほかの人権問題から、フレズノ警察署はビーウェア技術の利用継続を中止し、色別脅威レベルとソーシャルメディア情報への依存度を下げた。

本章では、新しい監視技術がいかに警察の行動するタイミングを変えたかについて検討する。即座に入手可能な情報、すべてを見通す監視、大規模な追跡能力は自動警告機能と合わせて意思決定を高速化する。一瞬の判断を迫られる警察官、あるいは山のようなファイルを整理する捜査官に、ビッグデータは効率という大きな利益をもたらす。けれども、リアルタイムで手に入れられるデータは正確であってこそ役に立つ。ビーウェアシステムを見ればわかるように、信頼性、透明性、偏見の問題は依然として存在し、対処が必要だ。さらに、すべてを見通す監視システムから生じる憲法上の懸念が、憲法修正第四条の公共の場における個人のプライバシーに関する従来の理解を脅かしている。

リアルタイム管内警戒システム

一台の車がマンハッタン南端地区に入ってくる。赤いシャツの男が袋を持って降りた。男は数ブロック歩いてから、袋を地面に置いて立ち去る。そして別の車に飛び乗って走り去った。ほかの都市なら、この行動は何百万もの人目につかない行動で、追跡もされず、大都市の喧騒のなかに埋もれてしまうだろう。

だが、ニューヨーク市ではそうではない。ニューヨーク警察とマイクロソフト社の連携による管内警戒システム（Domain Awareness System）をもってすればそんなことにはならない。管内警戒システムはマンハッタン南端地区をリアルタイムで監視するために、およそ九〇〇〇台の閉回路監視カメラをリンクしている[(8)]。映像は直接デジタル警報システムにつながっており、通りに袋を残して立ち去るといった怪しい行動はただちに追跡される。カメラが車を捉え、ナンバープレート自動認識装置がその地区に入ってくるすべての車を記録する。そうした五〇〇台のナンバープレート認識装置は陸運局の記録、警察の監視リスト、有効な令状、テロリストデータベースとつながっており、さらにすべての個人情報がそうしたデータベースと関連づけられている[(9)]。録画された映像は方向、位置、容疑者の動きを追跡するために再生が可能で、たとえば「ニューヨーク証券取引所付近にいた赤いシャツを着ている人すべて」というような文章で検索さえできる[10]。位置、時間、日付にタグづけして、一度の検索で条件に一致する人の静止画を引き出すこともできる。

管内警戒システムでは、男が袋を置き去りにしたとたんに自動警報が発令される。警察は、現場からおよそ一五〇メートル以内のカメラ映像を調べて、男が車を降りたところまでさかのぼって再生できる[11]。車そのものは監視カメラ網に入ったところまでさかのぼって追跡され、ナンバープレート自動追跡システムから所有者情報あるいは盗難車両情報が引き出される。同様に、逃走用の車も追跡され、分析される。地域内の一か月前までのカメラデータを調査できるため、これがテロリストなのか旅行者なのかといった過去の情報が現場の警察官に引き継がれる。データの共有範囲を拡大するにあたって、パトロール警官がパトロール中に管内警戒システムにアクセスできるようにと、ニューヨーク警察は三万五〇〇〇台のスマートフォンに投資した[12]。

それより規模の小さいカメラ包囲網はロサンゼルスやフレズノなどの都市で試験利用されている。フレズノでは警官の装着用カメラを監視網に連結させることまで試みられた[13]。そのような連結カメラシステムがあれば、人間の観察や記憶にある通常の限界はほとんど無きに等しい。すべてを見通すデジタル技術は警察の出動時間を短縮し、捜査可能な範囲を広げる。

現場に駆けつける警官はリアルタイムの監視から豊富な有益情報を得られる。警察は現場にいるのがだれなのか、何が起きたのか、危険な人物がいるかどうかを知ることができる。警察は日頃から冷静ではいられないような事件のさなかで敵か味方か、被害者か加害者かを見きわめなければならないため、現場に到着する前に、発生した事件の状況を把握できる上官から視覚的な支援を受けられれば、現場の意思決定に役立つだろう。さらに、警察の到着前に救急医療を要請して、救急車の出動や救急医療を受けるまでの時間も短縮できる。

警察の出動時間は自動化によって改善する。人工知能の機能を用いる自動容疑アルゴリズムは、監視カメラを怪しいパターンを認識するデジタルスパイに変え、警察に犯罪を知らせる。[14] 通りに置き去られた袋を特定するのと同じタイプのパターン認識アルゴリズムはそれ以外の不審な行動も特定できる。たとえば、ニュージャージー州イーストオレンジでは、街頭を自動的に監視するために、警察がデジセンソリー・テクノロジーズ社のアヴィスタ・スマート・センサーを採用した。[15] このスマートカメラは怪しい行動パターンを探すよう教え込まれており、一秒間に六〇〇億の指示を処理する。[16] たとえば、街角で繰り返し、頻繁に何かを手渡しするような行動が取られたら、薬物取引かもしれない。だれかにすばやく近づいてから走り去ったなら強盗かもしれない。センサーは街路の行動を監視して、探すよう教え込まれたパターンに一致する動きを検知すれば警察に警告する。ひとたび警告が発動されれば、近隣にいる警官二名に犯罪の可能性、時間、場所が通知される。カメラは時間をさかのぼって現場を再生できるので、本部の司令官はアルゴリズムが正しいことを確認できる。こうした自動容疑アルゴリズムが警察を現場に導き、通常の警察パトロールでは見過ごされるかもしれない手がかりを与える。

同様のアルゴリズムには音響センサーから銃声を認識するものも存在する。「ショットスポッター」という技術は銃声を自動で報告し、人間の目撃者が通報するより早く暴力犯罪らしき事件を警察に知らせる[17]。高感度マイクが銃声を捉えるやいなや、警察が対象となる場所に派遣される。被害者は早期に発見され、犯人は捕らえられ、目撃者は聴取される。こうした自動センサーはワシントンDC、ボストン、オークランド、サンフランシスコ、ミネアポリスに配置されている[18]。犯罪は即時に対応され、たいていの場合は人間が反応できる速度を上回っている。

車両、顔、空からの追跡

ナンバープレートは車を所有者と結びつける固有の識別子である。ナンバープレート自動認識装置はカメラのような装置で、ナンバープレートをスキャンし、ナンバーを有効な令状、盗難車両、未払いの罰金、その他の変数のデータベースと自動的に照合する[19]。警察車両の屋根に取りつけられた自動認識装置は、一日に何千枚ものナンバープレートをスキャンできる。実際、警官が高速道路を走行しているときに、令状が出ていたり盗難が届けられていたりする車両のそばを通り過ぎれば、ただちにリアルタイムの警告を受け取ることができる[20]。

警察車両が毎年何百万台ものナンバープレートを記録するため、自動認識装置のデジタル記録は指数関数的に増えている。一秒にひとつのナンバープレートを読み取れるほど高度な自動認識システムからは、市内全域の車両の位置を示す地図が生成できる。駐車場、集合住宅、通常の道路を通り抜け、システムは自動的に特定の車が特定の時間にどこにいたかを記憶する。したがって、それらを集計したナンバープレート自動認識装置地図は、車両と所有者を日時と場所で結びつけることができる。時間経過に合わせて、蓄積された車両追跡データから、移動パターン、習慣、特定の時間における実際の車両位置に関する手がかりが得られる。[21]特定の住宅が薬物取引に使われていると警察が疑っている場合、同じナンバープレートが繰り返し目撃されれば薬物取引への関与を示す手がかりになるかもしれない。未成年者の誘拐をテレビやラジオ、携帯電話などで市民に知らせる「アンバーアラート」が発令されるような一刻を争う事態では、ナンバープレートの検索が容疑者の位置を知る糸口になることもある。事件の捜査なら、犯罪を目撃したかもしれない人を探すことができる。当然のことながら、こうした位置情報データベースは、車を持つすべての人がデータの流れに吸い込まれている可能性があるため、まさにプライバシーの問題に直結する。ジャーナリストが自分たちのナンバープレート自動認識装置データを要請したところ、自分が所有する車が車両の写真、家族とともに追跡され、個人的な行動パターンが丸わかりであることが判明した。[22]

ナンバープレート自動認識装置が車に対して行うことは、顔認識技術によって通りを歩く人々に対しても行われている。ロサンゼルスの高度監視カメラは顔をスキャンして、その生の映像を警察データベースの顔写真と比較する能力を有している。[23]そうした固定カメラはおよそ一八〇メートルの距離から顔をスキャンでき、警察データベース内のだれとでも照合可能だ。[24]車のナンバープレートと同じように、犯罪行為で指名手配されている人間は顔認識技術によって自動的に特定される。さらに、過去の目撃情報が示されたデジタルマップをのちの捜査に利用できるため、カメラ付近で発生した犯罪であれば、警察は映像を巻き戻して、関連する時間帯にカメラの前を歩いて通過したすべての人間を照合できる。

顔認識技術はカメラの前にいる人の仮想指紋採取のようなものである。ＦＢＩは三〇〇〇万枚の写真データベースを保有している。[25] 各州のデータベースにはさらに何百万枚もが入っている。[26] 写真の一部は一般の運転免許証写真がもとになっており、つまり何百万人という罪のない人々が日常的に仮想犯罪写真集に入れられている。[27] それ以外の多くの写真は逮捕時のものだ。わずか五年も経たないうちに、ＦＢＩは二一万五〇〇〇件の顔認識データベース検索を要請し、うち三万六〇〇〇件は州の運転免許証データベース検索だった。[28] リアルタイムの映像能力と高度な顔認識技術を組み合わせれば、新たな仮想監視網はまもなく市内全域に広がるだろう。

警察官が装着するボディカメラの進化もまた識別能力を向上させている。警察のボディカメラは通常制服の前面に取りつけられる小型カメラで、警察署によってはスマートフォンをボディカメラの代わりに使えるソフトウェアを採用しているところさえある。[29] こうしたカメラは警察が日々の業務で接する人々を絶えず撮り続けている。[30] 映像は警察官がだれといつどこで関わったのかを特定するために利用できる。次世代ボディカメラにはリアルタイム顔認識技術が搭載され、警察は令状が出ているか、暴力の前歴はあるか、それとも全般的に品行方正だったかを、固定カメラと同じように知ることができるようになる。[31] 現在はバッテリー電源と計算に必要な条件が限られているため、ボディカメラ経由の顔認識は現実というよりはむしろ目標だが、企業は今後数年でこの機能が運用可能になると断言している。[32] さらに、顔認識技術そのものも月を追うごとに高度化している。フェイスブックの顔認識プログラム「ディープフェイス」では、毎年の改善により、フェイスブック上で顔を正確に識別できる比率が九七パーセントに達したといわれている[33]。

警察の管内警戒システムやボディカメラでもまだ侵略的とはいえないというなら、空を飛ぶドローン（無人航空機）は究極の大規模監視ツールだろう。頭上高くを飛行しながら一度に何時間も地区全体を記録できる持続監視システム（Persistent Surveillance System）のような航空カメラは、犯罪をリアルタイムで監視し、眼下のすべての車両、人、できごとのパターンを記録できる[34]。ワシントン・ポスト紙のクレイグ・ティンバーグ記者がドローンの観察能力を生々しく表現している。

発砲者と被害者は小さなふたつのピクセルで、灰色の背景のなかの黒い点でしかない。髪の色、銃創、武器さえ、およそ三・二キロメートル上空を飛ぶ航空機から撮影した一連の写真では見分けがつかない。

しかし、その画像が明らかにするものは——数年前ではまったく不可能だったほどまでの——時間経過とともに移り変わる場所のようすである。その画像は、犯罪組織構成員が集まり、進入路を塞ぎ、撃つ人間を標的のもとへ送り込み、撃たれた人が倒れこんでから犯人が逃走するようすを刻一刻と示している。その記録が警察に届くときには、殺人犯が最後にようやく頭上の高性能カメラの目が届かなくなる青い漆喰《しっくい》塗りの建物に逃げ込むところまでの写真が含まれている[35]。

高性能の録音媒体をつけ加えれば、こうしたドローンはリアルタイムで一度に数日にわたって市内の監視を可能にする。管内警戒システム同様、警察は映像を巻き戻して、犯罪の発生状況、容疑者の逃走場所、隠れ家らしき場所にたどり着く前後の容疑者の行動パターンを見ることができる。持続監視システムを搭載した航空機はボルティモア、ロサンゼルス、インディアナポリス、シャーロットなどの都市の上空で任務にあたっている[36]。車両や人はデジタルに特定され、時間に沿って追跡される。時間と動きは検索可能なデータ点にまとめられる。デジタル化された過去は通常の時間経過を再現可能にする。そしてすべての情報（何万件もの目撃された瞬間）は犯罪を解決したいと考える警察へ差し出される可能性がある（そしてすでに差し出されている）。

リアルタイム捜査

最初の四八時間。殺人事件の捜査では、最初の四八時間が肝心だといわれている。捜査をスピードアップできれば、より多くの事件が解決できる。

全米各地で、警察署は犯罪捜査のためのリアルタイム捜査システムを開発している。情報収集が中枢センターに一本化され、次々に入ってくる映像、出動要請、犯罪マップ、実際の警察パトロールが関連づけられる[37]。司令官はそれを受けて変化し続ける犯罪パターンに対応する。午後に強盗が増加すれば、夜のパトロールが追加されるのだ。

しかしながら、この革新的な技術には捜査の糸口となるビッグデータネットワークが関わっている。サラ・ブレインは、ロサンゼルス警察のデータ駆動型技術の採用について二年半にわたる先駆的な事例研究を実施した。[38] ブレインは、データセットが大きくなればなるほど、警察の捜査が迅速かつ正確になり、またデータ本位になったようすについて詳しく述べている。[39] ブレインは、人里離れた場所に捨てられていた遺体から始まった殺人事件捜査を取り上げている。被害者はロサンゼルスの犯罪組織構成員のひとりとみられたが、目撃者がいなかった。幸い、ナンバープレート自動認識装置が現場近くでナンバーを記録していた。時間帯を絞り込むことで、警察はカリフォルニア州コンプトンのひとつのナンバーに注目した。データベースをタグ検索し、所有者の名前を犯罪組織データベースと照合確認して、警察は殺された人物と張り合っている犯罪組織のメンバーだった容疑者を割り出した。容疑者の車が捜索され、容疑者を被害者と結びつける、有罪を示唆する証拠が押収された。[40] 事件は解決した。

ネットワーク化されたシステムによって、警察はより多くのデータを桁違いに高速に処理することができるようになった。パランティアが開発した統合データシステムによって、ロサンゼルス警察は署内にすでにあるさまざまなデータ源から、人、車両、住宅、携帯電話、電子メールアドレス、位置、友人、仲間、家族、あるいは雇用状態を検索できるようになった。[41] もしそのうちのふたつに何らかの関係があれば、それをデジタルマップに示すことができる。捜査官が二番目、三番目の関係に捜査の手を広げたければ、集合体全体をつなぐこともできる。犯罪組織構成員、令状の出ている人物、その他捜査対象となる人々はすべてリンクできるため、特定の犯罪組織全員の住所や、すでに知られている複数の薬物売人の行動パターンなどを知ることができる。[42] 大がかりな捜査では、警察は市内（と複数の管轄区にまたがる）犯罪ネットワークの状態を把握できる。[43]
捜査データベースには法執行機関のものではないデータも含まれる。社会福祉、医療、精神衛生、差し押さえ、ソーシャルメディア、光熱費の支払い、さらにはピザチェーン店の配達を高速化するために用いられる電話記録までもがリンク先候補になりうる。[44] そのような広範囲なデータ集合体システムはプライバシーの問題に直面する可能性があり、健康情報が含まれれば間違いなくさらに複雑な法的問題となるだろう。しかし、技術の面では、こうしたデータはすでに入手可能であり、集合警察システムに統合されうる。

最低でもロサンゼルス警察データベースは特定の犯罪を標的にするために利用できる。たとえば、警察が人身売買に関わっていると疑われる車両を追跡したければ、ナンバープレート自動認識装置をつねにその車に紐づけしておけばよい。そうすればパターンを地図上で視覚化できる。場所を結んでいる線から人身売買の被害者を発見したり、家から家へと密かに人を移動させるルートがわかるかもしれない。あるいは、売春に使われている三軒の家が警察にわかれば、その家の周辺に、通過すると注意を喚起する電子センサー「ジオフェンス」を張り巡らせることができる。[45] そして三軒すべてに現れた車があれば、その車に乗っている人物は人身売買を疑われる行為に関わっていると推測できる。

これらはすべてリアルタイムで実行可能だ。張り込みの代わりに自動警告システムを作って、特定の車が特定の地区に入ったり、特定の人間が警察と関わりを持ったときに警官に通知させることができる。まさしく、指名手配犯が警察の監視網に引っかかったと警官に知らせる電子メールが送信されるのだ。さらに、ビーウェアシステムと同じように、場所に関する蓄積データはすべて九一一番通報に応じたり実際に逮捕したりする警官に伝達される。地域、居住する人々、近隣地区における過去の犯罪などのデータがほぼ瞬時に提供される。自動化によって街頭の警官に戦術的な情報が常時、迅速に、都合よく送信されるのである。

人種とデータ

積極的な犯罪捜査とは地図化を意味する。ロサンゼルスでもっとも厳重に監視されている地区では、実際の接触、ナンバープレート自動認識、顔認識によって人や車の正確な位置が記録されている。こうした基本的な位置情報はデータ点として時間経過に合わせて調査できる。その情報は犯罪解決の糸口として、目撃者の特定、容疑者の追跡、そしてアリバイの立証（あるいは偽のアリバイの暴露）に役立てることができる。さらに、この情報は個別であるだけでなく関連づけもできるため、関連性を分析して多くの人を特定の集団犯罪に関わるグループにつなげることも可能だ。

有色人種社会はその戦術の矢面に立たされている。たいていの場合、警察に呼び止められるのはマイノリティの貧しい人々だ。膨れ上がる警察データベースに登録されているのは多くが有色人種の人々である。もし過去に警察と接触のあった人物という人種的に歪んだデータベースが未来の警察との関わり合いの正当な理由になるのであれば、偏見のあるデータ収集が警察の疑いを歪めることになる。さらに悪いことに、商業的に入手可能なビッグデータシステムと連結されたときに、過度に広範囲な一般化に基づいて、市民に対する不適切な固定観念が作られてしまう可能性がある。

同様に、監視システム設置場所の選択が差別と捉えられる可能性もある。ロサンゼルス警察スパイ行為阻止連合は、顔認識技術がスキッド・ロウ地区を対象にしているということは、その地域で暮らし、働いている有色人種の貧しい人々だけを地図に示していることだと主張している。[46] 人種差別について連邦調査を受けている警察署の所在地ボルティモアでは、警察は、おもにアフリカ系アメリカ人地域社会であるウェストボルティモア上空からの持続管内警戒システムデータを使用していた。[47]

いくつかの技術の正確性は実際に人種によって偏っているため、有色人種社会をターゲットにするという選択は問題である。たとえば顔認識照合は、顔をデジタル処理でごく小さなピクセル単位の節点に分解して、顔のモデルを作ることによって機能する。[48] 現在の技術では、それぞれの顔がデジタル処理で八〇節点にまで分解され、データベースシステム内のほかの顔と照合される。フェイスブックは最近になって、ネットワーク上の八億枚の写真から五秒以内にひとつの顔を照合できる技術を開発した。[49] 顔認識アルゴリズムは顔を見て学習するが、アルゴリズムはすでに存在する写真から学習するため、そのプロセスには特定の人種的偏見が入り込む。[50] クレア・ガーヴィとジョナサン・フランケルはアトランティック誌で以下のように述べている。

中国、日本、韓国で開発されたアルゴリズムは白人よりも東アジア人の顔をはるかに容易に判別した。フランス、ドイツ、アメリカで開発されたアルゴリズムについてはその逆で、白人の顔の特徴を認識することに著しく秀でていた。つまりこれは、アルゴリズムが作られる条件、とりわけ開発チームとテスト写真データベースの人種構成が結果の正確性に影響を及ぼす可能性があることを示唆している。[51]

顔認識技術の別の研究では、アフリカ系アメリカ人と白人とのあいだに人種による不均衡が見つかっている。その技術では写真がアフリカ系アメリカ人の被験者だった場合には、二倍の頻度で正しい人物の特定に失敗した。[52] この不正確さは次のふたつの結果のうちのひとつを招く可能性がある。第一に、条件に適合する人がデータセット内にいても顔認識技術が適合者を見つけられないために、特定されるべき人物が特定されない（犯罪者が自由の身になる）。第二に、条件に適合する人がデータセット内にいないため顔認識技術は適合者を見つけられないが、それでもアルゴリズムがもっとも条件に近い人をはじき出す（無実の人が疑われる）。このもっとも条件に近い人が捜査の対象になるが、アメリカでは逮捕される人、すなわちデータシステムに入っている人に人種的不均衡が根強く存在するため、このエラーは白人よりも人種的マイノリティに重くのしかかる。[53] すべてのアルゴリズムに頼るプロジェクトで、こうしたエラーはだれが職務質問されるのか、さらには逮捕までされるのかに差別的な影響を与えかねない。

人種にわざわざ警察活動を歪めるような効果を持たせる必要はない。ニューヨーク市の管内警戒システムは金融街のあるマンハッタン南部地区に注意を向けている。そのような配置であれば、マイノリティ社会と相関関係にある人種や経済的な偏見がある、あるいはカメラが意図的に犯罪多発地域をターゲットにしていると直接糾弾されなくてすむ（ウォール街は従来の犯罪多発地域とはみなされないと仮定した場合）。地区の商業的な性格、そして二〇〇一年九月一一日に発生したテロ攻撃への対応という理由から、マンハッタンにおける管内警戒システムの利用はロサンゼルスに見られるような批判のほとんどを受けずにすんでいる。

警察が国内の政治的な混乱を監視するために国民大量監視技術を用いるとき、人種、警察活動、そして監視は激しくぶつかり合う。ミズーリ州ファーガソンとメリーランド州ボルティモアの両方で、ＦＢＩは警察の暴力に抗議する人々を監視するために高性能な航空監視方法を利用した。[54] 当初秘密裏に行われていたその監視はやがて、奇妙なパターンで飛行している小型航空機を見て不思議に思った市民によって暴露された。ボルティモアでは地元警察を伴った連邦捜査官が、生映像を送るための高機能カメラとさらに暗闇でも写真を撮れるレーザーまで搭載した航空機を飛ばした。[55] ボルティモア・サン紙によれば、二〇一五年のフレディ・グレイの死から数日のあいだに、監視航空機は抗議者の上空を一〇回飛行したという。[56] これは連邦法執行機関に監視、追跡されていると訴えた抗議活動家の苦情を裏づけている。[57] 平和な抗議活動に対するそうした技術の利用は、明らかに、警察の監視の限度、言論の自由の重要性、そして社会秩序を守る必要性に絡んだ憲法上の難しい問題を提起する。有色人種社会のみならず黒人の権利を擁護するムーヴメント・オヴ・ブラック・ライヴズ活動に参加する人々をも対象にするという監視の人種的な歪みによって、その問題はさらに難しくなる。

非現実的な依存

ビッグデータ技術は警察の対応スピードを変化させている。そうした技術を突き動かしているのは、生身の捜査官よりも早く情報を検索でき、その情報をリアルタイムで利用可能にする自動化された能力だ。しかしながら、捜査するタイミングには、スピードは必ずしも正確さを高めることにはならないという欠点がある。

デニス・グリーンは自動化された容疑は間違っていることがあると身をもって知ることになった。ある晩、四七歳のアフリカ系アメリカ人女性であるグリーンは、自分が所有するワインカラーの一九九二年式レクサスＥＳ三〇〇でサンフランシスコのミッション通りを走っていた。[58]通り過ぎたナンバープレート自動認識装置搭載のパトカーで盗難車の警告が表示された。グリーンのナンバーは５ＳＯＷ３５０だったが、自動認識装置はそのナンバーを５ＳＯＷ７５０と読み間違えた。辺りが暗かったため、通常なら自動通知を確認するために用いられる写真は「ぼやけて判別不能」だった。[59]パトカーの警官は盗難車について前方の警官に無線で連絡し、ふたり目の警官はナンバープレート（また、盗難車５ＳＯＷ７５０はグレーのＧＭＣトラックのものでワインカラーのレクサスセダンではないという事実）を再確認することなく、「高リスク車両停止」を実行した。この車両停止は、グリーンに銃口を向けて車から無理やり降ろすことを含む。サンフランシスコ市の運転手で前科もないグリーンは、路上で膝をつかされ、武器を持った六人の警官によって手錠をかけられた。[60]この間違いの結果、彼女は憲法上の権利の侵害で警察を訴えた。警察の手順では運転を停止させる前にナンバープレートの再確認が指示されていたが、警官は何の疑いも抱かず自動警告の判断に任せてしまった。

「ゴミを入れれば、ゴミが出てくる。コンピュータについてだれでもそれくらいは知っている。有害なデータを入れれば、有害な結果がはじき出される」[61]。コンピュータ化された州のナンバープレートデータベースの不正確さを示すもうひとつの連邦事例は、当時のニール・M・ゴーサッチ判事が書いたこの文章から始まっている。こちらの例では、カンザス州警察がアントニオ・エスキベル・リオスを停止させた。登録車両を検索するために日常的に利用されているデータベースに、車につけられたコロラド州の仮ナンバーが表示されなかったためである[62]。ところが、コロラド州の仮ナンバーはカンザス州のシステムには日頃から入れられていないため、もともと表示されるはずがないことがわかった[63]。警官はデータベースの答えだけを頼りに車両を停止させたが、そのデータベースがあてにならない情報源だったのである。実際、その後の法廷審問になってようやく、共有データベースに含まれているナンバーの種類が明らかにされ、仮ナンバーは一度も含められたことがないという事実が判明した。しかしながら、警官がその事実を知らず、データベースの不完全な情報を頼ったために誤った車両停止につながったのである。このようなデータベースの誤りは残念ながらよくある。過去数年間に、アメリカ最高裁判所は四件の事件について、ずさんな警察データベースに基づく誤った逮捕令状によって逮捕されたと判断を下している[64]、データに基づく容疑の当否はシステム内のデータの当否に左右される。

正確性の懸念は、犯罪捜査に転用される消費者データにも存在する。たとえばフレズノ市のビーウェアプログラムは、データブローカーが集めた商業データに頼っている。データブローカーが適切なカタログを郵送するにあたってきわめて有効であることは実証されているが、カタログならたまに取り違えてもさして問題にはならない。しかし、ビーウェアシステムが緊急に対応する警察に不正確な（あるいはたんに古すぎるだけの）情報を提供すれば、その取り違えが死を招く恐れがある。たとえば、九一一番通報で住宅に凶悪犯罪者が住んでいるという情報が提供されたなら、現場に駆けつける警官は十分注意したほうがよいに決まっている。けれども、データが間違っていたり、古かったり、データのせいで警官が恐怖からその状況に必要のない対応を取ったりすれば、その強い警戒が悲劇を生むかもしれない。もしかしたら重罪犯は引っ越したかもしれない。もしかしたらその住所は郵便物を受け取るためだけのもので、住んでいるのは重罪犯の祖母かもしれない。もしかしたら元重罪犯はすっかり心を入れ替えているかもしれない。消費者データにはこうした現実のいずれも含まれていないが、それでも警察の状況判断と対応に直接影響を与える。

同様に、顔認識技術もまだ十分にその正確性が検証されていない。政府監査院はＦＢＩの顔認識技術政策について、ＦＢＩが検索結果の正確性を分析評価していないと厳しく非難する報告書を出している。[65] ＦＢＩは濡れ衣にあたる「フォールス・ポジティヴ」の誤検知を分析評価しておらず、実際の技術利用に関する運用評価を実施しておらず、連携先の外部顔認識技術の正確性も評価していなかった。[66] 簡単にいえば、顔認識技術のもっとも高度かつ精巧なユーザーがシステムの正確さを証明できていないということになる。二〇一六年、ジョージタウン大学ローセンターのプライバシー・テクノロジーセンターは「終わりなき顔ぶれ」と題する全米規模の報告を出して、顔認識技術の成長について詳しく述べている。[67] そこでは、一億一七〇〇万人、すなわちふたりにひとりのアメリカ人の画像が法執行機関のデータベースシステムに入っていると報告されている。[68] 現在、運転免許証写真の多くが容疑者を照合する警察の写真群として利用可能である。こうした（おもに罪のない人々の）市町村、州、国の写真データベースは法律で規制されておらず、法的な保護はもちろん条例による保護さえほとんどない。[69] そのようなシステムを用いて、警察は日々、容疑者の自動検索を行っている。

情報の自動化は相互に関係のあるふたつの問題を生む。第一に、自動化された情報や照合結果を頼る警察官に、そのブラックボックスデータを二重に確認する方法がない。これはまさに、システムが照合あるいは検索結果に旗を立てるだけで説明は行わない設計になっている「ブラックデータ」問題である。結果の裏側を見る方法がないため、ほとんどやむを得ず、警察はデータに任せるしかない。

第二に、情報を利用するスピードが正確さをチェックする暇を与えない。ビッグデータのない世界でも警察官が特定の住所に住んでいる人物について誤った情報を手に入れる可能性はもちろんあるが、その情報を手に入れる通常の人間の手続き（同僚の警官に尋ねる、記録を調べる、自分の目で確かめる）が、色づけされた脅威スコアよりも多くの背景情報をもたらす場合がある。自動化された脅威スコア、あるいはナンバープレート自動認識装置、あるいは自動顔認識警告があると、警察はそこから出てくる情報やその背景に何の疑いも抱かずに、真実としてすんなりと受け入れてしまいやすくなる。さらに悪いことに、データがなぜ、どうやって作られたのかを厳しく問う手段がない。

タイムマシン問題

スティーヴン・ヘンダーソンはテクノロジーの未来を考察するうちに、「タイムマシン問題」の存在に気づいた[70]。持続性監視システムのような現在利用できる大量監視システムは、リアルタイムで動きを観察、記録、デジタル化できるため、事後の捜査に利用できる。警察は車、人、動きのデータをつなぎ合わせて過去を見ることができるのだ。ドローン、ナンバープレート自動認識装置、管内警戒システム、旧式の監視カメラはみなすばらしく役に立つデジタルなタイムマシンである。

そのような監視能力はプライバシーにとって真の脅威となる。なぜなら特定の容疑者に関するタイムマシンデータを集めるためには、残りの人々全員も記録しなければならないからだ。そのような大量監視が可能であるというだけで、結社の自由が脅かされる。ニール・リチャーズは次のように記している。「情報収集は監視する側と監視される側の力関係に影響を与える。監視対象に影響を及ぼしたり指図したりする大きな力を、監視する側に与えるのである。『情報は力なり』というとありふれた表現のように聞こえるが、監視の中心にあるのは個人情報の力だ」[71]。すべてを見通す監視能力があれば、警察の力は拡大し、市民の自由は縮小する。

したがって、ビッグデータを用いる警察の監視は明らかなプライバシーの問題を提起する。デジタル化と特定のデータ点を検索して呼び出す能力は、従来の警察活動の物理的な限界を変える。そうすることでまた憲法による国民の保護を歪める。

これまでも、合衆国憲法は修正第四条を通じて公共の場で起きる活動に対してそれほど多くの保護を与えてこなかった。[72] 考えてみれば、自分が家の外を歩いているのになぜプライバシーなど期待するのか？　公共の場にいるなら、近所のおせっかいやパパラッチや警察が自分のすることを眺めていてもしかたがない。それゆえ、長年にわたって警察は憲法上の問題を考えることなく、監視カメラを設置し、覆面パトカーで追跡し、だれと会うのかを観察できた。現代の警察捜査のほとんどは、公共の場における通常の目で見る監視に対して憲法の保護がないことをうまく利用している。

問題は、広範囲な監視についてもその考え方は変わらないのかどうかということになる。[73] なにしろ、警察は公共の場におけるすべての動きを（ドローンで）記録し、公共の会話すべてを（ハイテクオーディオ装置で）録音し、すべての移動を（GPS技術で）追跡している。警察が技術的にこうした情報を入手できるからといって、憲法上の観点からその情報を入手してよいということにはならない。それが、おおまかにいって、最近の最高裁判所の「アメリカ合衆国対ジョーンズ」裁判で示された問題だった。[74]

アントワン・ジョーンズはワシントンDCでナイトクラブなどの事業を所有していた。金持ちの社交家だったが、警察によれば薬物を流通させている集団の大物でもあった。[75] 警察にとって困難だったのは、ジョーンズと薬物を結びつけることだった。関連性をつかもうと、警察はジョーンズの車であるジープのチェロキーにGPS装置を取りつけ、二八日にわたってそれを監視した。裁判所の説明では「複数の衛星からの信号によって、その装置は車両の位置をおよそ一五メートルから三〇メートルの誤差で特定し、携帯電話経由でその位置を政府機関のコンピュータに通信した。四週間で送信されたデータは二〇〇〇ページを超えた」[76]。警察と検察にとって幸いなことに、ジープのGPS座標はジョーンズを違法薬物が置いてあると疑われる隠れ家と関連づけた。

刑事訴追のあいだ、ジョーンズはジープに取りつけられたGPS装置の使用が妥当かどうかを争った。正当な令状がないこの種の追跡は不当な捜索に相当し、ゆえに憲法修正第四条に違反すると彼は主張した。それに対して政府側は、ジョーンズの行動はすべて公の場のものであり、したがって移動中にプライバシーを期待するべきではないと反論した。そもそも警察が旧式の監視テクニックを用いたなら憲法上問題なく公道で彼を追うことができたはずだ。

ジョーンズ裁判は最高裁判所に、公の場ではたいしたプライバシーは求められないという従来の理解を取るか、不眠不休で監視可能な能力を持つ新しい追跡技術によるプライバシー侵害の可能性を取るかの選択を迫った。裁判所が政府側につけば、警察は裁判所の許可なくいつでもどんな車でも追跡できるということになる。ビッグデータを用いた公の場の監視に憲法上の制限はないという意味になる可能性があった。

裁判所は全員一致で政府の主張を退けたが、その理由については判断が分かれた。アントニン・スカリア判事を始めとする裁判官の大多数は、車両に設置されたGPS装置がアントワン・ジョーンズの所有物に物理的に侵入しているため、それを捜索とみなした[77]。ジープにGPS装置を物理的に取りつけることで、警察はジョーンズの私有地に侵入したということである。判事によっては技術的により洗練された観点から問題を捉えた。そうした判事は、長期間追跡するという性質が、ジョーンズのプライバシーへの合理的な期待を侵害したため、憲法修正第四条に違反すると理由をつけた。ソニア・ソトマヨール判事を始めとするこれらの判事は、タイムマシン問題の危険性に対して初めて実際の解釈を示したのである[78]。

多くの判事が口にしたプライバシーの懸念とは、長期にわたって集積されたデータの収集と利用の性質に起因するものである。新技術によってほぼ何の苦もなく行われた長期間の監視は、以前の公共の場における監視とは異なるプライバシーへの脅威を提示していると判事は判断した。ソトマヨール判事は次のようにまとめている。

GPSによる監視は、ある人物の公共の場における動きについて正確で広範囲な記録を生成し、それはその人物の家族、政治、職業、信仰、性に関する大量の詳細な情報を反映している。(中略)政府はそうした記録を保存して、将来的に何年にもわたって効率的にそこから情報を引き出すことができる。(中略)そして、GPSでの監視は従来の監視手法と比べて安価であり、故意に秘密裏に実行されるため、法執行機関の不正な行為を抑制する通常のチェック機能、すなわち「限られた警察資源と地域社会の反感」をすり抜けている。

政府が監視しているかもしれないという認識は結社と表現の自由を妨げる。そして、個人の私的な面を明らかにするようなデータを集める何の制限もない政府の権力は乱用される可能性がある。最終的な結果として、政府が好き放題に追跡対象に選んだ人物に関する大量の私的な情報を比較的安価な費用で手に入れられるＧＰＳでの監視は、民主主義社会にとって有害な形で国民と政府の関係を変える可能性がある[79]。

サミュエル・アリト判事も同様に、ビッグデータ技術によって憲法修正第四条による保護の再考が求められているとする同じ懸念を示している。

コンピュータがなかった時代、プライバシーの最大の保護は憲法でも制定法でもなく実際的なものだった。従来の長期間監視は困難で費用もかかり、ゆえにほとんど行われなかった。一車両の位置を四週間にわたって常時監視し続けるという本件で問題となっているような監視を行おうとすれば、大人数の捜査員チーム、複数の車両がなくてはならず、もしかすると航空支援も必要だったかもしれない。尋常ではないほど重要な調査でない限り、法執行機関の資源からそのような出費が認められることはなかっただろう[80]。

このように、最高裁判所の大多数は、問題となっている類いのデジタルタイムマシンが憲法修正第四条の原則を脅かしているという点で一致している。しかし、大量監視の危険性は認めたものの、判事のだれひとりとして将来に向けての明確な答えは示さなかった。五人の判事が、薬物犯罪における長期（二八日間）のＧＰＳ追跡はプライバシーへの合理的な期待を侵害しているため憲法修正第四条に違反しているという点で一致したが、それ以外の技術、それ以外の期間、それ以外の犯罪について具体的な内容は示されなかった。目の前の問題に答え、それ以外は語らないことで、最高裁判所はビッグデータ監視技術の発展にどのように対応するかという判断を先延ばしにした。一四日間あるいは四日間の監視が裁判所の判断を変えることになるのか、あるいは殺人やテロなどの異なる犯罪が結果に影響を与えるのかどうかはわからない。わかっているのはその技術が憲法修正第四条に変化を与えているということだけで、変化の大きさは未知数である。

本書で詳しく取り上げているビッグデータ監視能力は、ジョーンズ事件で用いられた単純なGPS位置追跡装置を桁違いに上回っている。憲法修正第四条の問題はナンバープレート自動認識装置や顔認識カメラからも持ち上がるだろう。憲法修正第四条の懸念は管内警戒システムやドローンによる監視に影響を与えるだろう。しかし現時点では、そうした憲法上の問題は手つかずのままであり、連邦議会はほとんど何もしていない。

大量監視がもたらす未来の脅威は増すばかりだ。まさに巨大な監視システムとして、三〇〇〇万台の民間CCTV監視カメラをまとめてリンクできる能力を持つ技術が現に存在しているとワイアード誌は報じている。[81] 民間レッカー会社は所有者の車両引き取り対応業務を補うため、自社のレッカー車にナンバープレート自動認識装置を取りつけ始め、法執行機関とのデータ共有にも前向きだ。[82] 各地の都市は管内警戒システムの能力を知って、購入を検討している。そうした監視ネットワークを組み合わせれば、将来のプライバシー保護や憲法による制限がいっさいないまま、人々の日々の活動がリアルタイムの地図となって示されることになる。これこそが将来の憲法修正第四条の問題であり、自由、自治、政府の監視を受けない権利に関する既存の憲法上の解釈を書き換える恐れのある問題である。

ビッグデータが捜査のタイミングに与える影響

捜査するタイミングを変化させるということはリアルタイム捜査能力だけでなく、事前対策として積極的に情報を収集する合図でもある。犯罪行為の社会ネットワークを把握するために常時データを収集するようになって、警察の日常業務に変化が現れている。

ロサンゼルス警察の実地調査で、サラ・ブレインは、新しい犯罪発生前のデータ収集が警察活動に与えた影響を観察した。ロサンゼルス警察のデータ収集活動で中心的な役割を果たしたのは「現場尋問カード」だった[(83)]。パトロール中の警官が、氏名、住所、性別、身長、体重、「系統」(おそらく民族)、誕生日、通称、執行猶予や仮釈放の状況、電話番号、社会保障番号といった個人情報をカードに記入する[(84)]。「人物の特異性」、所属組合、犯罪組織やクラブのメンバーかどうかといった追加情報がカードに補足される場合もある。それ以外の情報として、傷、特別な仕様、ステッカーなどを含む対象者の車の状況、そして容疑者に同行していた人物も記録されることがある。重要なことに、警察と関わった位置(地理座標)と時間が記録されるため、こうした情報はすべてのちの捜査利用目的で保存でき、また容疑者同士を関連づけるためにシステムにアップロードできる。したがって、たとえば、ふたりの人間が異なる日に同じ車で目撃されれば、その関連性を——ひとたびデジタル形式に変換すれば——データ内で見つけられる。あるいは、いくつもの現場尋問カードに同じ犯罪組織の人間が記録されていれば、組織構成員の位置を時間経過とともにデジタルマップに表示させることも可能だ。

いくつかの例では、現場尋問カードがまとめられて正式な「暴力犯罪常習犯報告書」という高リスク人物に関する一枚の調査書類になっていた[85]。この報告書には対象者の身元がわかる情報と写真が掲載されるだけでなく、警察とその人物（ならびにその仲間）との過去の接触歴もリストにされる。こうした報告書を逮捕令状の代用にすることは意図されておらず、またそれだけでは法律上の意味を持たないが、事実上戦術的な影響力は持つことになった。実際、暴力犯罪常習犯報告書はLASER（ロサンゼルス戦略的摘出ならびに復興）プロジェクトとして運用された[86]。その目標は「特定対象地域の暴力犯罪常習犯ならびに犯罪組織の構成員をレーザーのような正確さで標的にすることだった。この計画は、経験豊富な医師が最新技術を用いて腫瘍を取り除いたり視力を改善したりする、レーザー手術に似ている」[87]。ニューヨーク市の優先対象者と同じように、そうした人々は、実際に犯罪が起きて通報される前から警察の関心の対象になった。

現場尋問カードを通した情報収集の動きは、警察の活動のなかで特別に大きな役割を担うようになり始めた。ひとつひとつの接触が非公式な脅威スコアとして考慮されたため、警察と関わるたびに将来疑われる可能性が高くなった。つまり、警察の注意が向けられただけで、脅威スコアが上がったのである。あるいは、別の言葉でいうなら、警察は怪しむだけでその人物の怪しさを高められることになる。次に、積極的に人々と関わるよう促された警官は、進んで対象者に話しかけたり職務質問をしたりした。たとえ合意の上であっても、そうした職務質問は呼び止められた人間にとっては取り押さえられたように感じられる。そして、ある人物が「暴力犯罪常習犯」であるという情報はおそらく、職務質問をするための合理的な疑いを見出す決定的な要因になるだろう。何といっても、もし自分がパトロール中の警察官で、受け取った写真つきの「暴力犯罪常習犯報告書」に載っている人物が自分の巡回ルートに住んでいたなら、その人物を不審に思いたくもなるだろう。

この犯罪発生前の情報はまた警察による市民の扱い方にも影響を与える。「暴力犯罪常習犯」と考えられている人物に近づく警察官は当然のことながら厳重に警戒し、そしておそらく自分の身を守るために物理的強制力も含めた力を用いるだろう。容疑者の目から見れば、そうした扱いは屈辱的であり、恐ろしく、不必要なものに思える。容疑者はおそらく犯罪組織に属していて、前科があり、もしかすると裁判所の監視下にあるかもしれないとはいえ、ちょうどそのときは家に帰ろうとしている、仕事をしようとしている、あるいは家族の面倒をみようとしている場合もあるだろう。

明らかにしておくが、こうした警察の接触は、行われつつある犯罪の捜査やすでに行われた犯罪行為に関わる逮捕とは無関係である（つまり合理的な疑いも相当な理由もない）。関係があるのは犯罪発生前のデータ収集だけで、警察官はより大きな情報管理体制のためのデータ収集者になっている。警察は犯罪が起きる前に捜査して、未来の犯罪を解決するために捜査網を張っているのだ。こうした警察の頻繁な接触が犯罪に関わりそうな人々に対する一定の社会統制にもなっていることは間違いないが、実際の焦点は通報された犯罪に対処することではなく事前対策としてデータを積み上げることである。

リアルタイムのデータ収集に焦点を合わせると警察官の業務はことさら複雑になる。日々の通常業務をこなすのに加えて、警官はデータ入力者、解釈者、専門技術者の役目も果たさなければならない。データ駆動型警察活動システムのデータはそれを集めている警官によってもたらされる。ロサンゼルス警察で現場尋問カードによるデータ獲得が促されているように、それは多くのデータ入力を意味する。マーク43社のようなベンチャー企業がデータ入力を高速化して警察の改革を自動化する新しいデジタルソフトウェアを提供してはいるものの、ほとんどの警官にとって事務手続きの方法は父親世代の警察とたいして変わっていない(88)。

時間のかかるデータ入力手続きに加えて、このようにデータを重視すると、警察はものごとをデータ構成要素の観点から捉えるよう強要される。現場尋問カードは個人を個人として考えるのではなく、人種、所属犯罪組織、性別などのカテゴリーに変換してしまう。容疑者は人間であると同時にデータ点になるのだ。捜査環境に目を向けるのではなく、個人をタグづけする者の目でものごとを捉えることに焦点が当てられてしまう。ロサンゼルス警察のシステムは意図的に人々に時間と場所の印をつけようとしている。ゆえに警察はより大きなデータ網のために容疑者にジオタグをつけるハンターになる。毎回のパトロールはすべて、犯罪抑止任務ではなくデータ収集任務になる。

情報が増えれば、警察官は有能なデータ解釈者にもならなければならない。警察にはつねに新しい情報が入ってくる。ドアをノックする前に、あるいは車を停止させる前に、あるいは通りで人に話しかける前に、多くのデータを読み解かなければならない。一瞬で手に入るこの情報の多くは、情報源が不完全で、矛盾しており、手に負える範囲を超えている。想像してみよう。ある警官が一台の車を停止させる。車の所有者は、過去に暴力的な重罪で有罪になったことがあるけれども現在は仕事に就いているようで、立派な地区の大きな家に住んでいる。この人物は危険なのか？　警官がリスクを区分するにあたって追加情報はどのように役に立つのか？　警官はどうやって情報の信頼性を確かめられるのか？　雑多な消費者データ（あるいはそれと同等のもの）で満たされたビーウェアの「脅威スコア」を追加すれば、判断は複雑になるばかりだ。

むろん、警察はこれまでもずっと難しい判断をくださなければならなかったが、従来の警察活動に入ってくる情報はもっと狭い範囲に絞られていた。マクファデン巡査がジョン・テリーを監視したとき、彼は自分のふたつの目で見えるものを見た[89]。それまでの経験が巡査の観察に情報を与えはしたけれども、判断のほとんどは巡査の思考と勘から生まれたものだった。けれどもビッグデータの世界では、マクファデンに外部由来のありとあらゆる事実が重くのしかかる。前の週の強盗統計にいたるまでの近隣地区の特性がわかっているかもしれない。入手可能な法執行機関の情報だけでなく、データブローカーが保有している情報も受け取って、ジョン・テリーについてもっと多くのことがわかっているかもしれない。カメラを通してテリーが事前にいた場所の情報を得ているかもしれない。こうした追加情報がおそらく合理的な疑いの判断を助け、ほとんどはおそらくきわめて有益だが、情報の信頼性と確実性を評価しなければならない警官にとっては全部が新たな負担になる。

警察官は高度なデータ消費者にもなる必要がある。世の中のデータはみな、現場の警官がその情報にアクセスできなければ何の役にも立たない。ニューヨーク警察の携帯端末は、警官がデータを探す技能を習得しなければただの高価な電話でしかない。そうしたコンピュータ活用技能は、ただの警察データ利用だけにとどまらず、ソーシャルメディアやデータマイニングの世界にまで広げる必要があるかもしれない。これらの現実は、たんなる技術的な能力と知識だけでなく、自分がなぜそれをやっているのか、データがなぜ信用できるのかを明確にできる能力にも関わってくる。違法収集証拠の排除に関する聴聞手続きの法廷で証人席に立った警官が「なぜ容疑者に職務質問をしたのか」と問われて「コンピュータにいわれたから」と答えてもうまくいかないだろう。そうではなく、警官はいかにデータが自分のプロとしての判断に情報を与えたか、そしてその種の事例でその種のデータを頼ることがいかに理にかなっているかを明確に述べることができなければならないだろう。そこまでしてようやく、裁判所はビッグデータ警察活動に刑事被告人の運命を決定する価値があることを受け入れるだろう。

広域監視能力とビッグデータ分析技術の発展、そして集められた個人情報の増加によって、警察が事件を捜査する時期と方法が劇的に拡大する恐れがある。高性能な録画、録音、追跡能力を持つ一機のドローンがまさに一度通り抜けるだけで、犯罪パターンとプライバシーの保護が変わる可能性がある。その技術はまだ確立しているとはいえないが、すべてを見通すドローンに見つからない、調べられないような、公共の場における犯罪を考えつくのはひどく難しくなるだろう。地上にある管内警戒システムと同様に、警察はすべての手渡し取引をデジタルに検索して、どれが薬物取引に関係しているのかを観察できる。現在の映像能力ではまだ運用レベルではないが、警察は人物を特定し、どこからきたか（住居）を特定し、日常のパターンを特定することができる。銀行強盗や殺人などの重大事件では、関係者全員の住居だけでなく、前の週の行動にまでさかのぼって追跡できる。そうしたタイムマシンはきわめてたくさんの犯罪を抑止するかもしれない。大量にデジタルデータを収集すれば、警察がその情報を利用するタイミングが変わり、緊急事態への出動時間を短くすると同時に長期にわたって街頭の犯罪パターンを捜査できるようになる。

だが、そのような監視の犠牲になるのは人々のプライバシーだ。なぜなら、その同じ技術が政治の抗議活動、宗教の抗議活動、その他すべての人を監視するからである。それこそが「すべて集める」という考え方に生じるジレンマである。銀行強盗を捕まえるためには、その銀行の利用者全員の写真も手に入れなければならないのだ。今のところは憲法と制定法によってビッグデータ技術がプライバシーを侵害する可能性が回避されているが、このままいけばこのふたつはいつ衝突してもおかしくない。

第六章……………

どのように捜査するのか

デジタルの干し草の山から針を探すデータマイニング

われわれの仕事はきわめて難しい。全米に広がる干し草の山から針を探すだけではなく、どの干し草がのちに針になる可能性があるのかを探し出すよう要請される。

――ジェイムズ・コミー、FBI長官[1]

携帯電話回線

ハイカントリー強盗団は二年のうちに一六回も各地の小さな町で銀行を襲った[2]。目出し帽、ジャンパー、手袋を身につけた二人組の男が、アリゾナ州、コロラド州、ニューメキシコ州の地方で次々に武装強盗を働いたのである。掲示された「指名手配書」でFBIは強盗団の犯行手口を次のように説明した。「身元不明の男の容疑者1がしばしば閉店間近に地方の銀行に入って黒色のセミオートマティック拳銃を振り回す。それから容疑者1は窓口にある現金すべてを要求する。金額は非公開だが、男はその金を袋につめ、全員に床に伏せるよう命じて、二番目の容疑者とともに銀行を出ていく」[3]。銀行強盗は少額の現金を手に入れて姿を消す。彼らはアメリカ西部の小さな町を転々としながら、何度も繰り返し法執行機関の一歩先をいくことに成功した。だが男たちはあることを忘れていた。実はデータで追跡されていたのである。

ＦＢＩは比較的単純なデジタル検索で強盗団を捕らえた[4]。まずＦＢＩは、被害にあった銀行のなかでもっともへんぴな場所にある四店について、付近の携帯電話基地局の全記録を求める裁判所命令を手に入れた。携帯電話はすべて定期的にもっとも近い基地局につながるため、その付近にあった携帯電話番号の継続記録を手にいれることができる。ＦＢＩ捜査官は、もし同じ電話番号が強盗被害にあった各銀行店舗で見つかれば、それが容疑者だと考えた[5]。そしてそれは正しかった。集められた一五万の番号から、ベライゾン社と契約しているひとつの携帯電話番号が四店のうちの三店で浮かび上がったのである（四つめの銀行周辺にはベライゾンの基地局がなかった）[6]。もうひとつ別の携帯番号も四つのうちふたつの銀行店舗周辺で見つかった。そして、二番目の携帯番号は最初の番号に頻繁に電話をかけていた[7]。ＦＢＩは再び判事のもとへ戻り、問題のふたつの携帯電話の位置情報を求める裁判所命令を手に入れた。携帯電話基地局記録の調査から、ＦＢＩは、そのふたつの番号のうちの片方もしくは両方が一六件の銀行強盗のほぼすべてで近くにあったことを証明することができた。その後ＦＢＩは電話から契約者のジョエル・グロアとロナルド・カピトを突き止め、ハイカントリー強盗団の犯罪履歴に終止符を打った[8]。

さらに複雑な携帯電話捜査がスウェーデン史上最大の現金窃盗事件を解決している[9]。まるで映画から飛び出してきたようなその犯罪では、資金力のある国際窃盗団が、盗んだヘリコプター、偽の爆弾、武装強盗を使って、鍵のかかった金庫へとロープで降りて六五〇〇万スウェーデンクローナを奪って立ち去った。エヴァン・ラトリフはアタヴィスト・マガジンに掲載されている「リフティッド」と題された読み応えのある記事で、強盗は一億五〇〇〇万ドルが保管されている現金の保管場所を狙ったと述べている。[10] 計画では、ヘリコプター、高性能爆弾、保管場所のガードマンを制圧する激しい攻撃を組み合わせることになっていた。計画は完璧にうまくいった。手袋、マスク、逃走用盗難車など慎重な対策をとったにもかかわらず、データの痕跡からは逃れられなかったということを除けば。

ハイカントリー強盗団とは異なり、国際窃盗団は強奪の現場に個人の携帯電話を持ってこないようにするだけの常識はあった。代わりに、犯人は互いの連絡を隠すためにプリペイド形式の使い捨て携帯電話を用いた。[11] けれども、使い捨て電話であってもデータの痕跡は残る。スウェーデン警察の捜査官ヨナス・「ヨック」・ヒルデビーは携帯電話の干し草の山から針を探す決意をした。彼は強盗の犯行時間に現金保管場所付近にある携帯電話基地局で処理されたすべての電話番号のリストを集めた。リストには三〇万件の通話記録と一万八〇〇〇台の携帯電話番号が含まれていた。ヒルデビーの目標は、互いとしか通話しておらず、強盗の期間にだけ使用された、使い捨て携帯電話の閉じた輪を見つけ出すことだった。のちに正しかったことが証明された彼の仮説は、強盗団がコミュニケーションを取るための使い捨て携帯電話を与えられ、強盗の計画中だけそれを使用し、ひとたび強盗が完了すれば捨てるというものだった。データをしらみつぶしに調べるうちに、ヒルデビーは一四台の電話からなるそのような閉じた輪を発見した。それらの電話は互いにしか通話しておらず、強盗発生までの数週間だけ利用されており、強盗直後に使われなくなっていた。その一四台の電話の位置を三角法で突き止めていくうちに、捜査官は強盗発生時のさまざまな関係者の動きを実際に地図に示すことに成功した。[12] たとえば、警察が把握していたヘリコプターが盗まれた格納庫と使い捨て携帯電話のひとつを結びつけることができた。実質的に、携帯電話の位置情報から、強盗の進捗状況をそっくりそのままデジタルマップ上で再現できたのである。

次の捜査段階では、強盗で使用された使い捨て携帯電話を実際の人間と結びつけなくてはならない。警察はふたりの容疑者らしき人物を特定したが、その男たちを電話と関連づける必要があった。ここでもまた、データの痕跡が関連を明らかにした。警察は同じ追跡技術を用いて容疑者の個人携帯電話を追跡した。すると驚くなかれ、(強盗が行われる前は)容疑者の個人携帯電話が使い捨て携帯電話とまったく同じ場所にあった。容疑者は個人的な目的で自分の電話を使い、強盗の策略には使い捨て携帯電話を使っていたが、データの痕跡によって両方の電話が同じ時間に同じ場所にあったことが判明したのである。容疑者は公判で偶然だと弁明を試みたが、データの痕跡によって阻まれた。監視、デジタル、生物学的な証拠とともにそうした携帯電話基地局との接続証拠を提示することで、検察は犯罪者の有罪を証明することに成功した。[13]

ビッグデータ警察活動は関連性を突き止める新しい手法として、こうした携帯電話、デジタル、生物学的データの痕跡を活用している。本章では、犯罪捜査を助けるために用いることのできるデータ解析方法について検討する。また、誤データの問題、データ駆動型システムに影響を及ぼしている人種の偏見、単純な確率に基づく容疑の危険な誘惑についても取り上げる。

携帯電話の干し草の山

アメリカでは何千件もの刑事事件で携帯電話基地局が捜査に利用されている[14]。一部の事例では警察が単純に携帯電話会社に電話番号の提出を命じているが、別の事例では警察が「基地局シミュレータ」で携帯電話番号を直接傍受している[15]。正式には国際移動体加入者識別番号(IMSI)キャッチャー、俗称「スティングレイ装置」あるいは「ダートボックス」として知られている基地局シミュレーション技術は、携帯電話基地局を装って、それが正式な基地局であるかのように携帯電話に勘違いをさせるものである[16]。それに引っかかった携帯電話は端末固有の識別番号を明かし、基地局シミュレータは位置、時間、日付、通話時間を手に入れる[17]。この装置は数メートル以内の誤差で電話を見つけられるくらい正確だ[18]。

難しいのは、標的にした携帯電話番号を入手するために、スティングレイ装置は付近のその他の電話番号をすべて入手しなければならないことである[19]。干し草の山から罪を犯した針を見つけるためには、無実の干し草を山ほど集めなければならないのだ。さらに、基地局シミュレータは付近の電話全部からデータを集めるために、個人情報の巨大携帯電話網を作り上げてしまう[20]。こうしたシミュレータは固定設置もできるが、航空機に搭載されることもあり、そうなれば何千台もの携帯電話からデータを取り込める。たとえばウォール・ストリート・ジャーナル紙は、連邦保安官が地上の指名手配容疑者を見つけるためにダートボックス監視装置を装備した小型セスナ機を利用したと報じている[21]。

携帯電話データの詳細な調査がきわめて効果的な警察活動につながることがある。二〇〇九年五月九日、ボルティモア警察署逮捕手続き所の所員が、自分の車の窓が割られて携帯電話が盗まれているのに気づいた[22]。重大な犯罪に悩まされている都市で目撃者も手がかりもなければ、こうした小さな窃盗は通常解決されない。ところが二日後、窃盗犯が逮捕された。その秘密は？　ボルティモア警察がスティングレイ装置を用いて盗まれた携帯電話の位置を突き止めたのである。だが、問題があった。それは秘密だったのだ[23]。スティングレイ装置のメーカーであるハリス・インターナショナル社の要請で、ボルティモア警察はＦＢＩと秘密保持契約を結んでいたため、公にその使用に言及することができなかったのである[24]。そこで捜査官は警察の報告書で電話を発見した方法には触れなかった。検察は被告人弁護士や判事にその情報を明らかにできなかった。こうした内密の監視は刑事訴追に問題を起こしている。秘密保持契約によって警察官が装置の利用について真実を証言することができなかったために、いくつかの裁判では判事が公訴を棄却した。別の裁判では、検察が起訴を取り下げたり罪を軽減したりした[25]。ボルティモアの携帯電話裁判では、数か月後に検察が起訴を取り下げた。

こうした携帯電話追跡調査の範囲は技術の発展とともに広がっている。ＩＭＳＩキャッチャーの使用に関する訴訟で、ボルティモア警察の刑事は警察が二〇〇七年以降に四三〇〇回、同技術を利用したと証言した[26]。一部の事件は殺人、銃撃、性的暴行などの重罪と関わっていたが、それ以外はどちらかといえば軽微な窃盗だった。[27] フロリダ州では、警察がその装置を一八〇〇回使用したと裁判所の記録に示されている。[28] ワシントン州タコマでは警察が一七〇回用いた。[29] 連邦政府は現在四〇〇台を超える基地局シミュレーション装置を保有しており、二〇一〇年から二〇一四年のあいだにその技術にほぼ一億ドルを投じている。[30] 今述べた以外の管区もこのテクノロジーを所有しているが、その利用範囲については秘密を貫いている。

メタデータ

電話が盗まれたとわかっているなら、その電話の位置（ゆえに泥棒の位置）を探すことは理にかなっている。けれども、犯罪かどうかはわからないけれども、コミュニケーションのパターンを監視すれば犯罪が明らかになるかもしれないと考える場合はどうだろう？　携帯電話記録の干し草の山全体を手に入れれば、警察の捜査にとって驚くほどさまざまなことが明らかになるかもしれない。なぜなら、そうした数字を結びつけるメタデータは普通なら見えない関連性を明らかにするからだ。メタデータとは「データに関するデータ」で、電話についていうならば、通話の番号、相手先、時間、日付、位置であり、通話内容は含まない。[31] メタデータはビッグデータの産物であり、パワフルなコンピュータが一日にアメリカを出たり入ったりする三〇〇億件の通話を高速処理できるようになって初めて利用できるようになった。[32] メタデータはまた、インターネットとコンピュータの利用、ソーシャルメディアの投稿、デジタル写真、そして今日行われているデジタル活動のほぼすべてからも生成されている。[33]

電話のメタデータについて議論が盛んになったのは、国家安全保障局（ＮＳＡ）が電話記録メタデータを収集していたことをエドワード・スノーデンが暴露したのがきっかけだった[34]。ＮＳＡは国内ではなく国外の情報収集に重点を置いているが、同局の電話メタデータプログラムを通して、通話の位置データ、通話者の国際移動体加入者識別番号（ＩＭＳＩ）、通話時間を収集していた。ただし、通話の内容は集めていなかった[35]。ＮＳＡは特定の電話番号を対象に情報を求めてデータを検索する。対象となる電話番号間の関連性はひと跳びあるいは一行程を意味する「ホップ」で結ばれ、対象電話番号と通話のあったすべての番号が関連づけられる。たとえば、国際テロリスト対象者の電話番号はその人物が電話をかけたすべての人々と関連づけられるのはもちろん、その関連づけされた人々がかけたすべての人々とも関連づけられ（一ホップ）、さらにその二番目の集団がかけた全員も関連づけられる（二ホップ）。そのネットワークの地図はさらに外側へ「ホップ」して、情報の脅威が疑われる人々のあいだにほかにも隠れた関連性がないかどうかを明らかにしようとする。

ＮＳＡの活動の合憲性をめぐる訴訟では、プリンストン大学情報技術政策センターのエドワード・フェルトンがメタデータの本質について詳しく説明した[36]。ニューヨーク南部地区連邦地方裁判所に提出された法定宣言書に、彼は次のように記している。

第一印象では、このメタデータは「かけた電話番号に関する情報」と大差ないように見えるが、電話メタデータの分析からは従来なら通話内容を調べないと得られなかったような情報がしばしば明らかになる。すなわち、メタデータは内容の代理であることが多い。もっとも単純な例では、特定の電話番号はそこにかける目的がひとつしかないため、その電話番号にかけたことが判明すればその発信者についての基本的かつしばしば取り扱いに慎重を要する情報が明らかになってしまう。米軍の性的暴行被害者専用ホットラインを含む、家庭内暴力や性的暴行の被害者を支援する相談電話などがその例に含まれる。同様に、事件や事故に最初に駆けつける特定の職業に就く者、退役軍人、同性愛者の若者などに特化した支援を含む、自殺を考える人のための相談電話も数多く存在する。アルコール、薬物、ギャンブルのようなさまざまな形態の中毒に苦しむ人々のための相談電話もある。[37]

フェルトンはまた、複数の番号から慈善事業や政治への寄付、活動家団体との関係、雇用、友人関係がわかってしまうようすについても詳しく述べている。[38] ときには一連の電話からきわめて個人的あるいは知られたくないような詳細が明らかになることもある。「次の架空の例を考えよう。若い女性が婦人科に電話をかけ、その直後に母親にかけ、それから過去数か月のあいだ夜一一時以降頻繁に通話していた男性にかけ、そのあとで中絶を行う家族計画センターにも電話したとする。ひとつの通話記録を調べてもわからないようなあらましが明らかになる」[39]

スタンフォード大学の調査が、電話メタデータのプライバシーを侵害する力を証明している。[40] その調査には八二三人のボランティアが参加して、二五万一七八八件の通話と一二三万四二三一件の文字通信に関するメタデータ情報へのアクセスを許可した。[41] この調査の目的は、NSAのメタデータプログラムがどれほど個人的な内容を明らかにできるものなのかを検証できるようなデータセットを構築することだった。調査からはビッグデータ警察活動に関連のある四つの主要な結論が導き出された。第一に、「二ホップ」に範囲を限ってもなお、およそ二五万件の電話番号のすべてを関連づけることができた。たとえばテレマーケティングのような特定の「ハブ」番号がきわめて多くの人に電話をかけており、それ以外のほぼすべての人がその同じ関連性を通して結びついた。第二に、電話番号の持ち主の名前は伏せてあったにもかかわらず、公にされているソーシャルメディアやインターネットの検索によって、名前をわからなくした番号から再び本人を割り出すことが可能だった。「電話番号からはいとも簡単に身元が判明する」と研究者は結論づけている。第三に、通話パターンを調べることで人々の生活を暴露することが可能だとわかった。たとえば、通話のパターンと時間を調べれば、だれとだれが恋愛関係にあるのかが判断できる。最後に、たいへん興味深いことに、メタデータはきわめて個人的な情報を明らかにした。調査では、病気、病状、銃器への関心を通話の相手先番号だけで判断することができた[42]。研究者は特定の犯罪が示唆されているのではと疑いを抱くことにさえなった。たとえば、三週間以内に水栽培の店舗、大麻用品店、錠前屋、金物屋すべてに電話していれば、その発信者は大麻の栽培に関心があるという推論を引き出すことができる[43]。

このようなプライバシーへの懸念があるにもかかわらず、メタデータプログラムが内容を含まない収集システムであることを理由に、憲法で守られている個人情報を明らかにすることはなかったと政府は主張し続けている[44]。さらに、同プログラムはその焦点が知られていないテロ活動を発見し、テロ攻撃を防止することであることに加えて、データへのアクセスとデータの配布が制限されているため、アメリカ国民の憲法上の権利を侵害していなかったとも主張している。いずれの点も法律的に重要だ。もしメタデータがプライベートなデータを明らかにしないのであれば、憲法修正第四条のプライバシーに対する合理的な期待の保護が適用されるべきだと述べることは難しい。電話の利用者は承知のうえで第三者のプロバイダーすなわち電話会社と情報を共有しているだけでなく、収集された情報は個人的な内容を対象にしていない（明らかにされるのは電話番号関連データだけである）[45]。第二に、利用方法が制限されているうえ、政府にとって重要な関心事であることを理由に、政府はその膨大な量のデータ収集は理にかなっていると主張している[46]。その後、議会がＮＳＡの以前のプログラムを利用した電話メタデータの大量収集を禁止したが、国内の法執行機関は特定の事件についてメタデータにアクセスする許可を得ることができる[47]。

しかしながら、実は情報収集にあたってＮＳＡなど必要ない。ＮＳＡは、長期間の電話メタデータを保持しているＡＴ＆Ｔ社などの電話会社を通して生の情報を集めていた[48]。まさに何兆件もの通話記録と関連データが検索可能な形ですでに存在しているのである。麻薬取締局のような特定の法執行機関は「ヘミスフィア・プロジェクト」という名のいまだ機密になっているプログラムを通して、メタデータのスーパーデータベースにアクセスできる[49]。麻薬取締局にいたっては、データベース検索の効率を高めるために局員の横でＡＴ＆Ｔの社員に作業を任せてさえいる[50]。〈ヘミスフィア・プロジェクトデータベースは「スーパー検索エンジン」あるいは「ステロイドで強化された「グーグル」とも呼ばれ、捜査員はＡＴ＆Ｔの交換器を通ったすべての通話の番号と位置の関係を検索できる。[51] 裁判所の令状がなくても、法執行機関は行政召喚状あるいはそれと同等の司法命令で対象となる情報を手に入れることができる。政府ではなく民間企業が情報を収集しているという法的理論に基づいて、このメタデータが犯罪行為の疑われる人々の社会ネットワークや位置情報の点を線で結びつける。

ソーシャルメディア情報の抽出と解析

クラブ前の銃撃、大規模抗議活動、市内全域の祝典。こうしたできごとからは瞬時にソーシャルメディアのコメント、写真、動画が生成される。その場にいる人が公開コメント、あるいは現場の写真や動画を投稿する。もし警察が地理的位置を絞ってソーシャルメディア上のコメントすべてをリアルタイムで監視し、その場にいる人間と通信内容を把握できるとしたらどうだろう？ オースティン、オークランド、サンディエゴ、サンノゼ、サンタクララ、フィラデルフィアの警察は、捜査のためにソーシャルメディアの内容をタグづけ、検索、並び替えができるソフトウェア、ジオフィディアを用いて実験を行っている。[52] ブルージェイ社やスナップトレンズ社など別の企業も似たようなソーシャルメディア情報の抽出解析サービスを提供している。[53]

ソーシャルメディアの捜査可能性は警察にとって魅力的である。クラブで銃撃事件が発生した直後に、警察がジオフィディアのようなツールを利用してクラブ周辺地域を抜き出し、ツイッター、フェイスブック、インスタグラム、ピカサ、フリッカーの投稿をすべてリアルタイムで検索すると想像してみてほしい。[54] そうした公開コメントは「銃」や「容疑者」といったキーワードで検索でき、周辺の人々にジオタグをつけて目撃者の位置をリアルタイムで記録できる。個人間の通信を関連づければ、捜査官は現場にいた人と関係のある人物を把握することができ、犯罪現場の動画や写真はのちに公判で利用するために保存しておける。警察は地理的境界内のすべての投稿から検索可能なデータベースを構築でき、最初に現場にいたことが判明した疑わしい人物のその後の全投稿を追跡できる。[55]

ソーシャルメディアの監視は犯罪多発地域における警察の捜査にも役立つ。たとえば、警察が特定の公営住宅団地が薬物犯罪組織のねぐらになっていると疑う場合、その地理的エリアから投稿されるすべてのソーシャルメディアを傍受して長期にわたって監視を行える。警察は住人と訪問する友人の両方を含むその地域の投稿者全員を特定でき、さらにその投稿をソーシャルメディアを通じて連絡が取られた別の人物に結びつけて、関係網を構築することも可能だ。結果として、行動、脅威、あるいは社会的なコメントが犯罪行為を示唆していないかどうかを見るための、公開内容を監視するソーシャルメディア監視プログラムができあがる。

ニューヨークとシカゴの警察は、犯罪組織の構成や関連活動を特定するためにユーチューブの動画を見張ることを含めて、以前からソーシャルメディアを監視してきた。[56] ほとんどの犯罪組織はソーシャルメディア文化にどっぷり浸っている若者が関わっているため、ギャングライフがデジタル空間に流れ出しても不思議はない。犯罪組織はソーシャルメディアを用いてライバルを脅し、なわばりを見張るようになってきている。[57] またオンラインで自慢したり他者を侮辱したり、ときには動画のなかの脅迫に現実世界で決着をつけることもある。ワイアード誌のベン・オースティンは、ソーシャルメディアパトロールを実施し、ソーシャルメディア上の脅しに対するシカゴ犯罪組織のほとんど「起業家」ともいえるような対処法を捜査しているデジタル捜査担当刑事数人を取材した[58]。「シカゴ警察は現在、特定の日付周辺の過激なコメントを積極的に探している。たとえば、過去に殺人事件が起きた日、あるいは殺害された犯罪組織構成員の誕生日など、暴力が繰り返されるきっかけになりやすいできごとがあった日だ」[59]。オースティンは例として、警察の犯罪組織担当チームが一二歳の少年の両親に、彼らの息子がラップの投稿動画で愚かにも名の知られた犯罪組織構成員を侮辱していると知らせた事例を説明している。警察は一家を一時的に自宅から避難させることまでして、怒った構成員が害を加えようと少年の家に忍び寄るところを見張った。この種の予防を目的としたリアルタイムの介入が命を救うと警察は考えている[60]。

学者もまた犯罪を予測するためにツイッターを調査し始めた。ツイッターはそのときどきの社会のものの見方を象徴しており、位置と内容ごとにまとめられているため、未来の暴力リスクを判定するために役立つかもしれないというのがその発想だ。ナショナル・パブリック・ラジオの『オール・シングズ・コンシダード』という番組内のインタヴューで、コロンビア大学社会福祉大学院のデズモンド・パットンは、自身がいかにしてツイートの情報を処理して暴力を予測するアルゴリズムを開発したかについて語った。「ひとつには、もし言語を解読できれば、すでに地域を担当している社会福祉士や暴力事件担当者に暴力の引き金となりうるものを知らせて、投稿が傷害や殺人事件になってしまう前に既存の方法を用いて若者に手を差し伸べられるのではないかと考えたことです」[61]。まだごく初期の段階ではあるが、こうしたアルゴリズムを利用した内容の抽出と解析が、市内の若者のパターンを理解する機会を警察に与えるだろうということは見て取れる。週末の夜にどこで若者に人気のパーティーがあるのか、どこがたまり場になるのかというような単純なことでも、直後に手のつけられないような状態にならないように、警察が効果的に対応できるかもしれない。

しかし、当然のことながら、携帯電話の収集状況と同じように、個別のリスクを監視するためには、警察と研究者はすべての人のデータを集める必要がある。日々何十億バイトものデータが共有されて、干し草の山は大きくなり続けている。暴力的なツイートを探し出すためには、警察はソーシャルメディアで共有されるそれ以外の内容も収集しなければならず、そこには憲法修正第一条で保護されている自由な言論も含まれる可能性がある。実際、ジオフィディアは、フレディ・グレイの死に抗議するボルティモアの若者を追跡して逮捕するために利用された[62]。FBIとボストン警察が捜査目的でソーシャルメディアに公開されている投稿を監視することに関心を示して以来、同じ懸念がいくつも持ち上がっている[63]。

データマイニング

「データマイニング」は新しい知識を発見するために巨大なデータセットを検索することに関わっている[64]。警察活動においてそれは、過去の犯罪の解決や進行中の犯罪を暴くためにデータ検索を利用することを意味する。

データマイニング捜査は何年も前から法執行機関で行われてきた[65]。警察は日常的に指紋やDNAの証拠を巨大な全米データベース内で探している[66]。つまり、パターン照合ソフトウェアが収集された指紋やDNAプロファイルをふるいにかけて一致するものを探しているのだ。FBIはDNA、指紋、掌紋、顔、入れ墨、虹彩スキャンなどの高度な生体認証データベースを構築して、検索能力をさらに高めている[67]。この次世代認証システムはビッグデータの能力をもとに築かれており、一万八〇〇〇を超える法執行機関が巨大化を続けるこのデータベースを検索できる[68]。同様に、FBI、財務省、証券取引委員会は、異常な、あるいは資金洗浄を目的とする現金預金、海外送金、株価操作などを追跡する金融アルゴリズムに頼っている[69]。このパターン照合捜査テクニックは資金の流れのなかに怪しい動きがないかどうかを探すもので、技術の向上とともにますます高度化している。

データマイニングは型にはまらない検索も可能にする。たとえば、リッチモンド警察署が知らない相手への性的暴行事件を捜査するために更生データベースを調べたところ「性犯罪の前科よりも窃盗犯罪の前科を調べるほうが知らない相手への性的暴行を予測しやすい」ことを発見した[70]。警察署長の説明によると、

知らない相手への性的暴行犯が犯した窃盗犯罪を詳しく調べたところ、それらの不法目的侵入の多くが、あえて住人が在宅している住居を狙い、たとえ何かを盗んだとしてもほとんど価値のないものを盗みがちだという点で通常と異なっていることがわかった。この種の例

外を検知することで、追加捜査に値する異常なあるいは疑わしい事件を発見することができ、その標準からの微妙な逸脱に基づいて、犯罪が深刻化するリスクが高くなるような事件を見つけ出すことに成功した[71]。

このデータから導き出された考え方は直感に反するものだが、犯罪行為を理解するうえできわめて重要である。また、結果は検索可能な巨大データベースがなかった時代には隠れて見えなかったものごとだ。

データは場所、人、行動のこれまで目に見えなかった関係を明らかにする。たとえば、性的人身売買は広範囲かつ過渡的な取引であるため、被害者の居場所を見つけ出すことが難しい。この難問に対して、全米反人身売買団体のポラリスプロジェクトが助けを求める電話相談の通話位置にジオタグをつけようと、ビッグデータ企業と手を組んだ[72]。ポラリスプロジェクトは七万五〇〇〇件の通話データセットをもとに、全米の組織的な人身売買ネットワークの洗い出しに乗り出した[73]。各通話には位置情報をタグづけし、被害者の年齢、在留資格、言語、シェルターの必要性などを含めることができる[74]。すると強制人身売買の拠点を示すトラックの停止パターンが浮かび上がってきた[75]。プロフットボールリーグの優勝決定戦の週など特定の時期に、特定の都市が、法執行機関の注目すべき場所として明らかになった[76]。地理的に流動的で普通なら目に見えないネットワークが地図に示され、金銭のパターンが暴露された。たとえば、対象となった地域では、日常的に夜一一時以降に一〇〇ドルもの高額を請求していたネイルサロンが、違法売春事業の隠れ蓑として捜査された[77]。人身売買を隠すための偽の娯楽事業者を脱税や資金洗浄で捜査することもできるだろう[78]。データを通して移動と資金の痕跡を追えば、グローバルかつ動きの速い犯罪ネットワークを監視、さらには起訴することが可能だ。

データマイニングはまた警察が家庭内暴力に対応するときにも役立っている。ニューヨーク市では、パートナーに対する暴力がエスカレートしやすい人物を見つけるにあたってデータが利用された[79]。ニューヨーク警察の警官は一年超の期間で二六万三二〇七件の家庭内暴力通報に出動した[80]。家庭内暴力の前兆となる行動が深刻な傷害あるいは殺人にまで発展する傾向があるとわかってはいるが、どの通報を優先すべきかがわからない警察は、警察に届けられた苦情の訴えを精査するコンピュータプログラムに目を向けた。アルゴリズムは「殺す」「アルコール」「自殺」といった言葉を探した。さらに警察は接近禁止命令の出されている住所を調べ、両方の手がかりから特定の家庭に注意するよう優先順位をつけた[81]。警察はデータをもとに、将来家庭内暴力の恐れがあると予測された対象住宅を訪問し、また被害者から話を聞くための計画を立てた[82]。そしてその後の暴力行為を未然に防ぐために、予防策としての追跡訪問を何万件も実施した。

最後に、違法行為の手がかりを見つけるために消費者の購買データをデータマイニングに利用する場合もある。たとえば、ケンタッキー州の調査では、プソイドエフェドリンを有効成分に含む一般用医薬品風邪薬の販売が、覚せい剤製造場所の押収や薬物関連逮捕の増加と相関関係にあることがわかった[83]。ロサンゼルス・タイムズ紙が報じたところによると、「どこの郡をとってみても、プソイドエフェドリンの販売が一〇〇人あたり一三グラム増加すると、新たな覚せい剤の製造場所が警察に捜索されていた。その結果から、薬物の押収と逮捕が行われそうな場所を予測するためにコンピュータデータベースを実際に利用できるとわかる」[84]。個人についてもそれより単純な関係づけができる。覚せい剤を作る材料となる苛性《かせい》アルカリ溶液、ヨウ素、エフェドリン（商品名スダフェド）、パイプ詰まり用の洗剤ドレイノ、ブレーキ液、ライターオイルを購入した人物を調べれば、合法な買い物であっても、警察はそこに未来の犯罪行為を見出せるかもしれない。[85] 通常の購買レシートデータから、犯罪行為のパターンが浮かび上がる。

むろん、風邪を引いたり、怪我をしたり、パイプが詰まったり、車が故障したりした多くの無実の人もまたそうしたまったく実用的かつ合法な消費財を買うことがあるだろう。相関関係は疑わしくても、それがすなわち犯罪ではない。するとアルゴリズムを利用する犯罪捜査についてひとつの根本的な疑問が持ち上がる。根底にあるデータが不完全であるとき、相関関係は因果関係に置き換えてよいのだろうか？

アルゴリズム捜査は信用できるか？

ビッグデータ警察活動の発展は、従来の方法よりデータに基づく判断のほうが客観的、公正、そして正確だという考え方にもある程度支えられている。データは事実であり、ゆえに人間の判断のような主観的な間違いには左右されないという考え方だ。しかし実際には、アルゴリズムは間違いと偏見の両方を符号化している。連邦取引委員会消費者保護局元局長（つまり、ビッグデータ消費者保護を取り巻くほぼすべての法律を預かっていた）デヴィッド・フラデックはかつて警告した。「アルゴリズムもまた不完全な判断ツールかもしれない。アルゴリズムそのものが人間によって設計されているため、気づいていない人間的偏見がプロセスを歪めている可能性は否めない。そして、アルゴリズムはそれが処理するデータと同じでしかなく、データのほとんどが信頼できないことがあり、時代遅れかもしれず、あるいは偏見を反映している可能性があるということは周知の事実である」[86]。

法執行機関の犯罪取り締まりを助けるアルゴリズム技術は、きわめて人間的なたくさんの疑問に答えなければならない。どのようなデータがコンピュータモデルに入力されるのか？　何といっても、入力情報が出力情報を左右する。どれほどのデータ量をモデルに入力しなければならないのか？　選ばれた標本の大きさが結果を変える。文化の違いをどのように考慮するのか？　アルゴリズムはときにデータの異常値を排除しようとするが、その異常値は少数派住民のものであるかもしれない。データの複雑性、あるいは不完全な結果から生じる「ノイズ」にはどう対処するのか？　人間の世界はつねに複雑かつ不完全である[87]。アルゴリズムを作るための選択がそのモデルの有効性や信頼性に大きな影響を与える。

アルゴリズム設計の問題を検討するにあたって、オハイオ州シンシナティの警察がブラッズ・ギャングの問題を抱えていると想像してみよう。ブラッズはロサンゼルスで生まれた全米犯罪組織で、赤い色を身につけるのがその一味であることの証しだ。走行中の車からの発砲事件に関わっていると思われる犯罪組織構成員を対象に、警察はジオフィディアのようなソーシャルメディア抽出解析ツールを利用する。「ギャング」「車」「銃」「襲う《ヒット》」「野球帽」「公園《パーク》」「走る《ラン》」「ドライブ」

「撃つ」「攻撃《ストライク》」「赤」「色」などの単語が検索される。一連のツイートやソーシャルメディアの投稿内容が表示され、警察はさまざまなソーシャルメディアユーザーの関係を追跡し始める。特定の問題（銃撃）、特定の対象（ギャング関連のコメントを投稿しているソーシャルメディアユーザー）、場所（シンシナティ）に基づいて、ソフトウェアプログラムは対象となる容疑者リストを作成する。ところが、コンピュータプログラムの正確性にとっては不幸なことに、シンシナティでは多くの人が地元の野球チーム、レッズの話をしている可能性がある。スポーツの話をするために「ヒット」「ラン」「ストライク」「野球帽」「野球場《パーク》」といった単語を始めとする野球用語が用いられる。検索パラメータとアルゴリズムの設計を考えれば相関関係はきわめて正確なのだろうが、実際の対象者を発見するという意味では範囲が広すぎる。

同様に、犯罪の前兆にデータマイニングを利用する場合も、その設計が貧弱だと、一般化されすぎて役に立たない結果が導き出される可能性がある。窃盗犯罪の場所予測型警察活動モデルの試験運用に成功したプレドポルは、殺人事件に対しても同様の手法を試みた[88]。プレドポルの出発点はわりに常識的で、拳銃の普及状況を追跡すれば将来の銃撃死亡事件を予測できるだろうという考え方だった。銃を見つければ被害者が見つかる。シカゴを実験台に、プレドポルは二〇〇九年から二〇一一年に発生した三万八七四〇件の暴力犯罪からデータセットを編集した。説明欄に「拳銃」が入っている犯罪を取り上げて、研究者は一万七〇二〇件の強盗、六五六〇件の暴行、八二五二件の武器に関する違反、五二七四件の殴打、三〇三件の性的暴行を抜き出した[89]。そのうえで、研究者はそうした前兆となる拳銃の犯罪を同時期の一三三一件の殺人事件と比較した。結果に基づいて発表された白書で、同社は以下のように述べている。「プレドポルはシカゴの一〇・三パーセントの範囲だけにリアルタイムでフラグを立てることによって、銃による殺人事件の五〇パーセントを予測することに成功した。（中略）銃関連犯罪はその発生から三〇〜一〇〇日にわたって銃による殺人事件に影響を及ぼし続け、リスクはおよそ八〇〇メートルの範囲に広がっていた」[90]。しかしながら、この結論を詳しく検討すると、その分析の有効性が誤解を招きやすいことがわかる。第一に、銃撃事件を一か月から三か月先で予想しても、口々の警察のパトロールにとってはたいした指標にならない。警察が警戒すべきなのはその三か月のうちのどの時期なのか？　その時期には何に目を向ければよいのだろうか？　そして、シカゴの一〇パーセントという地域は、およそ六〇平方キロメートルという広大なエリアである[91]。やはり詳細な情報がなければ、この相関関係は、たとえ一〇〇パーセント正しかったとしても、警察活動を改善するための見通しを十分に提供しているとはいえない。

アルゴリズムが誤判断することもある。ワシントン大学コンピュータ科学の教授で『マスター・アルゴリズム The Master Algorithm』の著者でもあるペドロ・ドミンゴスは、機械学習の失敗から得た重要な教訓について詳しく述べている[92]。ワシントン・ポスト紙の記事のなかで彼は、同僚が見た目のきわめて似ているオオカミと野生の犬の違いを判断するコンピュータアルゴリズムを作成したときの状況について語った[93]。試験期間中、アルゴリズムは完璧だった。むしろ完璧すぎた。さらに検査を繰り返してようやく、コンピュータがなぜそんなにも的確に判断できたのかが判明した。オオカミの写真はすべて背景が真っ白な雪景色で、犬の写真は背景が雪になっているものは一枚もなかったのである。コンピュータはオオカミではなく、たんに雪を見分けることを学習しただけだった。[94] 予測アルゴリズムも同じような危険に直面する。モデルの設計に欠陥があるばかりに、誤った手がかりによって相関関係が証明されてしまうかもしれない。

ビッグデータは人種差別主義者か？

ときに、人種あるいは性の偏見がモデルに組み込まれたことが原因で、機械は判断を誤る。警察の活動にとってそれは深刻な問題だ。フランク・パスクアーレは評判の著書『ブラックボックス社会 The Black Box Society』で記している。「アルゴリズムだからといって、否定的かつ根拠のない推測が先入観となる差別の基本的な問題を免れるわけではない。（中略）そして、あまりに人間的すぎる先入観の加えられたデータを用いなければならないことがしばしばある」[95]。

アンドリュー・セルブストとソロン・バロカスはビッグデータ技術のさまざまな影響を調査している研究者である。[96] ビッグデータが差別をする理由について述べた論文で、彼らはすべてのアルゴリズム判断に存在する四つの根本的な問題を明らかにしている。それは（一）定義上の偏見、（二）学習上の偏見、（三）特徴を選択するうえでの偏見、そして（四）代理の偏見である。[97] これらの問題が組み合わされて、多くのビッグデータの「教師あり学習」モデルにおもに意図しないアルゴリズムの差別が生まれる一因となっている。[98] 教師あり学習アルゴリズムは対象の順位づけを行うもので、雇用や、だれかが犯罪を犯す確率を照合するために役立てられている。

コンピュータ科学者の視点から設計の問題を捉えてみよう。オフィスに呼ばれて犯罪を予測するビッグデータシステムを作れと命じられたとする。入力情報から出力情報を予測するモデルの作り方はわかっているとしても、まだいくつか大きな設計上の疑問に答えなければならない。まず、定義の疑問だ。入力されるのは犯罪の情報か？　犯罪者か？　パターンか？　犯罪をどのように分類するのか？　不法目的侵入とは何を含むのか？　州によっては小屋などの付属建築物や車両への侵入も不法目的侵入に含めている。当該犯罪行為はどの犯罪等級にあてはまるのか？　不法目的侵入は非暴力犯罪なのか、それとも暴力犯罪なのか？　対象となる変数は何なのか？　犯罪の容疑にすぎない逮捕に焦点を合わせるのか、それとも事件発生から何か月ときには何年も経ってから示されることもある有罪判決に合わせるのか？　関心のある犯罪種は何か？　不法目的侵入を予測するアルゴリズムは性暴力を予測するものとは大きく異なるだろう。もし場所に基づく窃盗犯罪用アルゴリズムを使って警察活動戦略を導いたとしたら、同じ地域内で追跡の難しいそれ以外の犯罪を無視することになるかもしれない。犯罪の場所はどのように定義するのか（区画、住所、ＧＰＳ座標）？　位置の正確さ次第で、結果として出される予測モデルの警察での有効性に差が出るかもしれない。こうした「対象変数」あるいはそれより幅広い「定義づけ」の問題には必ず答えを出さなければならない。選択は必須だ。人間の判断が「対象変数」（求められる答え）と「分類ラベル」（答えになりそうなものの一覧）に影響を及ぼし、そうした選択に含まれる偏見が最終的なアルゴリズムモデルを左右する[99]。

モデルを構築するためには、そのモデルを「教育」するトレーニングデータが必要である[100]。アルゴリズムと機械学習モデルは過去のデータを分析して学習する。数学的モデルの唯一の学習能力は、相関関係を見つけるために過去のデータを並べ替えることとだけだ。情報が入れられれば、一般化されて出てくる。したがって、過去の犯罪データが強盗は保育園よりも銀行で多発することを示していれば、アルゴリズムは銀行と強盗を関連づける。銀行には現金がたくさんあるが保育園にはないということはいっさい理解する必要がない。数学に「なぜ」は関係ない。相関関係が重要なのである。

当然のことながらアルゴリズムは過去の偏見を複製するので、アルゴリズムが偏ったデータで構築されていれば、分析者は偏った結果を手に入れることになる。たとえば、もしすべての人種、すべての地区の人間が同じ比率で大麻を使用したとしても、警察が大麻で逮捕するのがおもにマイノリティ居住区の有色人種の人々であれば、アルゴリズムは人種と大麻の使用を関連づける。アルゴリズムはまた大麻と特定の地域も関連づける。そのようなアルゴリズムに基づく警察の戦略では、たとえその関連づけが社会に広がる犯罪行為の実態を正確に反映していなくても、人種と薬物が結びついてしまう。さらに、たとえ人種がモデルから完全に排除されても、有色人種社会との関連づけは場所が原因でそのまま残ってしまう可能性がある。正式には変数のひとつとして人種に焦点を当てていなくても、人種的偏見の代理がシステムに焼きつけられる可能性があるのだ。

モデルの構築とデータの学習過程で、システムは人間の判断を求める。分析者はデータの利用方法を決めなければならない。「特徴の選択」は偏見を生む可能性がある(101)。つまり、モデルのために選ぶ特徴が結果を左右する。ここでもまた、犯罪の場所を予測する比較的単純なモデルを取り上げよう。犯罪予測モデルを作り、データを集め、データを訓練できるとして、結果として出てくる情報をどのように定義すればよいだろうか。予測される犯罪多発地域の大きさは？　一五〇メートル四方を選ぶのか、それとも半径八〇〇メートルか？　データはどちらにも適合するが、実際の警察活動における有効性と悪影響はまったく異なるかもしれない。どれくらいの期間、対象地域を「多発地域」にすればよいか（一か月、一日）、また予測の強さは時間の経過とともに減衰するのか？　どの犯罪を追跡対象として重要視すればよいのか？　これらはデータとは無関係の選択だが、モデルの有効性にとってきわめて重要である。

最後に、人種的偏見の代理がデータに悪影響を及ぼす可能性がある。セルブストとバロカスは、「プロテクティッド・クラス（法律で差別から守られている人々の総称で、人種、性別、宗教、障害などがその特徴に含まれている）の一員であることが偶然にほかのデータで符号化されている」さいの「過剰符号化」について論じている[102]。データは地域だけに目を向けるように訓練されていても、市内の地域が人種差別的な区画割りの法律で分離されている、あるいは貧困、人種、場所に関連して経済的に断裂している場合、場所に基づく予測モデルが意図せずして差別につながる可能性がある。データに基づくシステムはその構築者、ならびにそれより広い社会の偏見を取り入れてしまう。データは盲目ではない。データはわたしたちであり、それがたんに二進コードに変えられただけだ。

予測ビッグデータ技術に伴うこうした問題は、ほとんどのビッグデータ警察活動モデルに現れている。さらに悪いことに、システム内の偏見が警察による不平等あるいは不公正な扱いを正当化してしまう恐れがある。アルゴリズムが警察の活動の指針になっている場合、警察幹部もパトロール警官もそれに追随しがちだ。ゆえに、ジュールズ・ポロネツキー、オメール・ティーン、ジョゼフ・ジェロームは、「ビッグデータは歴史的に不利な立場にいる人々があたかも不利な扱いを受けて当然であるかのように示して、すでにある不平等を悪化させるような道理に反した結果を生む可能性がある」との見方を示している。[103] 入力情報に含まれている潜在的な偏見が見えなければ、残るのは見たところ中立で客観的な出力情報だけだ。

アルゴリズムが人々の生活に欠かせないものになるにつれて、そこに組み込まれている人種的な偏見が明らかになってきた。有名な例はハーヴァード大学教授ラターニャ・スウィーニーが行った実験で、グーグルのアドワーズ広告サービスが人種で差別されていることを実証したものである。[104] スウィーニーは、犯罪歴の調査をするデータサービス会社が宣伝していた一二万件のインターネット検索広告を調査した。アフリカ系アメリカ人らしき名前が検索されると、犯罪歴チェックを勧める広告が表示された。白人社会を連想させる名前を検索してもそのような広告は表示されなかった。[105] グーグルの別のアルゴリズムは性差別主義だといわれている。カーネギーメロン大学の研究者はツールを開発して、グーグルの検索が女性よりも男性に対して社会的地位の高い求人広告を多く表示していることを証明した。[106] これはグーグルが意図的に性差別主義の検索アルゴリズムをプログラムしたのではなく、もとになったデータが社会に存在する性的偏見を反映しているのである。たんに性や人種をモデルから取り除くだけでは、その根底にある偏見を正すことにはならない。数学者ジェレミー・クンが書いているように、「アルゴリズムそのものは量的である。すなわち問題を解決するための一連の演算ステップであることに偽りはない。危険なのは、人間が作ったデータで学習したそうしたアルゴリズムがデータ内の偏見を反映して、マイノリティグループに対する構造的な人種差別主義や否定的な偏見をそのまま引き継いでしまう可能性があることだ」(107)。ビッグデータ警察活動も同じように、マイノリティグループに対する構造的な人種差別主義や否定的な偏見を実行に移してしまう危険がある。「どのように」対象を決めるかということが「だれを」対象にするかということに影響を与える。根底に人種の偏見が存在するということは、データ駆動型警察活動もその偏見を反映している可能性が高いということである。

確率論的な容疑?

携帯電話基地局、メタデータ、あるいは犯罪データのデータマイニングはすべて同じ原則に頼っている。それは、疑わしい結びつきがあれば、容疑者と犯罪がつながっている確率が高いという原則だ。ハイカントリー強盗団の携帯電話が偶然にも強盗と同じ時間にそれぞれの銀行にあった確率は無視できないほど高い。確率は犯罪性を示唆する。しかもかなり確実に。

けれども、逮捕するために相当な理由を生み出すにあたってアルゴリズムだけで十分だろうか?　肥料、プロパンガス、マッチの購入、そしてトラックのレンタルを警察に知らせるアルゴリズムは、オクラホマシティのアルフレッド・P・マラー連邦ビル爆破事件で使用されたようなトラック爆弾を作る容疑で逮捕令状を得るにあたって十分だろうか?　おそらくだれもが危険なものごとの捜査を望んでいる一方で、実際にそれは手錠をかけたり勾留したりするほどのものなのだろうか？　あるいは高速道路で停止させるほどの？　もしアルゴリズムが九〇パーセントの確率だと告げたら？　物理的な実世界の勾留につながる逮捕令状を得るにあたって、きちんと設計され、訓練され、偏見を含まない高精度のアルゴリズムなら十分だろうか？　これはビッグデータ警察活動の究極の難問である。

純粋な確率論的容疑について考えると、ふたつの相反する直感が衝突する。ひとつめは、予測はすでに長いあいだ法執行機関の一部となっており、はずれる場合もあるとわかっていることだ。[108]ふたつめは、一般化された容疑に対する不安感である。自由に関していうなら、単純な相関関係あるいは数学的確率のみで警察の行為を正当化してはならないと思われる。検察側と被告人側の双方とも判例を引き合いに出すことはできるが、どちらの側も裁判では勝っていない。

まず、議論の余地なく、憲法修正第四条は予測容疑の必要性を認めている。警察官が捜査令状の申請をするときには、違法なものが特定の場所にあるはずだという予測を行っている。[109]裁判官は「違法なものあるいは犯罪の証拠が特定の場所で見つかる相当な確率がある」かどうかを判断しなければならない。[110]違法なものがその場所からなくなる、あるいはそもそも最初からそこになかった可能性はつねにある。したがって、予測容疑は新しい概念ではなく、憲法修正第四条の文面にある「相当な理由」という言葉にその源をたどることができる。最高裁判所が述べているように「警察がすでにその場所に特定のものが存在すると考えて住宅の捜索許可を得ようとする典型的な事例において、捜索の相当な理由があるとする判事の決定は、令状が執行される時点においてもなおその特定のものがそこにあるだろうという予測に等しい」[111]。

相当な理由とはその言葉が示すとおり確率に頼っている。そしてその予測確率は必ずしも数値ではない。実際、最高裁判所は相当な理由に必要な確実性について、はっきりした割合を示すことを拒んでいる[112]。裁判所によれば「相当な理由の基準は、それが見込みに関わるもので全体の状況に左右されるため、正確な定義づけあるいは百分率による数量化は不可能である」[113]。指標となるものが欠けている理由はおもに判事が不完全な情報で迅速な決断を迫られるためであり、また裁判官や警察官を一定の割合にしたがわせるのは不適当かつ非現実的であるように思われる[114]。

この譲歩は、捜査上の引き留め(警察の職務質問)が迅速な予測判断と関わっている街頭でも続いている。テリー対オハイオ州裁判の判断基準では、職務質問を正当化するために、警察は「具体的かつ明確な事実を示せなければならず、その事実に基づく理にかなった推測と合わせて、その侵害が合理的であることを証明しなければならない」と述べられている[115]。別の言葉でいえば、警察はなぜその人物が犯罪行為に関わっていると予測したかを明確に説明できなければならないということだ。ここでもまた、予測ははずれることがあるが、基本的にこれは予測と確率に基づく判断である。

予測はまた科学捜査の根底にもある。DNA照合は実際にはふたつの生物学的標本が一致する確率だ[116]。予測の精度がかなり高い(間違いである可能性が低い)場合もあるが、予測であることに変わりはない。精度の高い予測は逮捕令状の正当性を示すために用いられることもある。たとえば、容疑者と犯罪現場を結びつけるものがDNAの一致しかないような「未解決事件」がそうだ。したがって、警察が予測理論と予測技術に頼るのは今に始まったことではなく、また必ずしも議論の的になってはいない。

しかしながら、予測の背後にある考え方は容疑の一般化という形で不安感を抱かせる。先に述べた逮捕令状、テリー事件の職務質問、ＤＮＡ照合の各例で、予測は犯罪の疑いがある個人と結びついている。その人物、住宅、あるいは生物学的物質には捜索されてしかるべき理由がある。けれども、いくら確率が高くても一般化された容疑しかないような状況ではどうだろう？　憲法修正第四条に関する論文で、アーノルド・ローウィはその点について非常に興味深い仮説上の疑問を提示している。「ある都市の大通りと交差する四番目と五番目の道路のあいだの区画で、午後六時から一〇時のあいだに、そこにいる男性の一〇人に九人が薬物を所持していると人口統計学的に立証されうるとしよう。それは、当該時間に大通りのその区画で見つかったすべての男性を逮捕する相当な理由（あるいは合理的な疑い）になるのだろうか？」(117)　どのような基準に照らしても、九〇パーセントという確率は裁判所が求める相当な理由の基準を容易に克服しているように思われる。それにもかかわらず、何かがおかしいと感じずにはいられない。無関係の人が含まれる可能性がきわめて高い（一〇人にひとりは無実）という容疑の一般化が、普通に考えれば強力な確率に基づく疑いを支持することを躊躇《ちゅうちょ》させるのだ。

ここでの誤りは個人個人の容疑が欠けていることである。ローウィはみずから疑問に答えている。「わたしが思うに、答えは『ノー』だ。相当な理由と合理的な疑いには人口統計学的な確率以上のものが求められる。その確率を被告人と結びつける何か特有のものごと（おそらく、人目を気にするような態度、情報提供者からの情報、過度に神経質なようすなど）がなくてはならない」[118]。「犯罪多発」地域である、あるいはその地域を頻繁に訪れる「重要」人物であるという一般化以上の何かが証明されなければならない。最高裁判所は別の裁判で「相当な理由には『人物の捜査あるいは拘束についてその人物が有罪だと考える理由を個別に特定する』必要がある」と述べている[119]。あるいは、トレイシー・マクリンが歴史的文脈にあてはめているように「憲法修正第四条の歴史をまとめるなら、その条項は、普通の法執行官の自由裁量を統制したい、個別化された容疑を欠く政府の介入を排除したいという憲法起草者の期待を反映しているといってよい」[120]。

この個別化された容疑の原則を純粋に確率論的なデータマイニングの問題にあてはめれば、裁判所はたとえ精度が高くても一般化された容疑を相当な理由として認めることに消極的になるかもしれない。憲法修正第四条を満たすためには、容疑を個人に結びつけるなど、別の何かが必要だろう。したがって、データベースの容疑そのものだけでは憲法による保護の限界を超えるには不十分なはずである。

しかし、この必要条件からは難しい問題が生じる。たとえば、破産を申請し、緊急の精神科治療を受け、同じ週に銃を購入した四〇歳から六〇歳の白人男性は、その生活ストレスと行動の組み合わせによって、統計学的に衝動的かつ感情的な暴力行為に走りやすいという理論に基づいてアルゴリズムが注意を喚起すると考えてみよう。そのようなできごとが重なると暴力にいたるという明らかなデータがあると仮定するとき（現時点ではそのようなデータはないが）、警察はその容疑者を呼び止め、拘束し、あるいは逮捕するべきなのだろうか？　ひとつ難しいのは、判事や逮捕する警察官にそのような相関関係の正確性をチェックする方法がないことである。数字がブラックボックスのままなのだ。もうひとつは、そうした集合体に付随する一般的な疑いがその特定の容疑者にはあてはまらないかもしれないことである。そうなると、すでに深刻な問題を抱えた無実の男性がさらに犯罪容疑にまで直面することになってしまう。三つめの問題は、体制に属する人間がだれひとりとしてその情報をどう扱うべきかを知らないことだ。むろん、ひとつの解決策はその注意喚起を連絡だけにとどめ、実際の刑事上の行動は起こさないことだろう。警察が訪問あるいはようすを尋ねることはあっても、それ以上踏み込んだことは行わない。その方法なら、アルゴリズムの注意喚起は法執行機関の役割というよりむしろ公衆衛生の役割として機能する。しかしながら、ここでもまた、すでに重圧を負っているところへ、自分の問題について警察が「話」をしに玄関先に現れたときのその人の反応は想像に難くない。

学者によっては個別化された容疑という概念全体に反論している。[121] そもそも、警察が実際にどのように判断しているかを考えると、日頃から未来の行動を予測するために過去の経験に基づく一般化と直感を用いていることがわかる。個人の判断というものは、実際には過去の経験に基づく一般化を反映しているだけなのである。[122] たとえば、「きれい」や「醜い」、あるいは「疑わしい」や「悪意がない」といった概念の理解は、過去の経験と直感が蓄積された自分のなかのアルゴリズムによって導き出されたにすぎない。バーナード・ハーコートとトレイシー・ミアースは警察の疑いというものの本質についてさらに詳しく述べている。

疑いは、ズボンのポケットが膨らんでいる、付近で先に起きた事件の犯人の特徴にあてはまる、パトカーが見えたとたんにプラスチック製の小型ボトルを投げ捨てたなどの、個人が示す集団的な特徴と結びついている。（中略）これらの疑いは集団に基づく判断で、特定の犯罪が行われたかどうかという警官の知識とは無関係であり、疑いは潜在的にその分類群に入るすべての個人に向けられる。このような事例では、「個別化」は、ある人物が疑わしい集団に含まれるという理由によって個人と結びつくという意味でしかない。つまり、警察活動のほとんどの事例では、疑いは個人レベルで発生しているのではない[123]。

別の言葉でいえば、個々の容疑は実際には集団行動の一般化を含んでいるということである。警察はこの認知的近道を絶えず利用している。では、もし警察が疑うときにこうした集団の特徴を利用できるのであれば、なぜアルゴリズムは似たような集団の関係をひとまとめにしてはいけないのか。それが難しいのは、これまで述べてきたように、こうした近道や一般化には隠れた（そしてときに表立った）偏見が含まれているからだ。人間が行う一般化を汚染するのと同じ問題がアルゴリズムによる一般化も汚染するからである。警察が一般化を行っているからといって、同じ偏見を映し出すアルゴリズムシステムの設計が許されるわけではない。

アルゴリズムだけに基づく容疑についての法的な疑問には答えが出ていない。ダニエル・スタインボックは次のように述べている。「予測プロファイリングは憲法修正第四条と矛盾しないが、用いられる要素は捜査官（ならびに、のちに検討する裁判所）に求められるレベルの容疑を示していなければならない。関係者がそのレベルの容疑を推定するコンピュータアルゴリズムに判断を任せてよいことを示唆するものは何もないが、その可能性を排除するものもまたない」(124)。もしかするといずれ性能の上がったビッグデータ技術によって、一般化されているけれども正確なこの種の相関関係を用いることに抵抗を感じなくなるのかもしれない。だが、わたしは疑問に思う。法を執行する人間の制度には、容疑を裏づける人間が必要だと感じるからだ。たとえアルゴリズムや警告システムが干し草の山のなかから針を探すために役立つのだとしても、この件に関していうならば、その相関関係が意味をなしていることを人間が確認すべきだろう。しかしながら、裁判所はまだこの問題に答えを出しておらず、現在の法律ではおそらく止められないだろう。それは問題である。なぜなら今後データマイニングは本格化し、データがはじき出す手がかりと実際の人々との照合は容易になるばかりだからだ。

ビッグデータが警察の活動方法に与える影響

データ収集、データマイニング、データ分析が、警察の捜査と業務の両方を形作っている。その仕事には専門知識と技術への多大な投資が必要だ。

捜査目的では、データマイニングへの移行が新たなタイプの容疑を生み出す。データが手がかりを作る。データが糸口を作る。データを調べてからようやく人間の容疑者が姿を表す。エリン・マーフィーは次のような認識を示している。「容疑者をはじき出すためのデータベース利用は、特定の情報に基づくものであっても(例『この番号に電話をかけたのはだれか』)、前もって決められたアルゴリズムに基づくものであっても(例『一か月の期間にこの三か国に行ってこのふたつのものを買ったのはだれか』)、まったく新しい捜査の形である」(125)。この種の疑いは犯罪の通報がなくても対象者を洗い出す能力を与える。事前対策情報主導型捜査モデルから作られるこの種の予測容疑はさらなる監視につながり、警察はますます多くの情報を集めなくてはならなくなる。本書で取り上げた多様な監視技術を組み合わせれば、法執行機関に大きな変化が訪れるだろうということは見てわかる。これまで別々に分析してきた各技術——人物、場所、リアルタイム、社会ネットワーク、航空監視など——は、データマイニングによって容疑を洗い出す新たな可能性が広がるという点でひとつにまとめることができる。

実用的な面では、警察幹部は技術に詳しいデータ専門家の雇用を増やし始めなければならないだろう。技術を管理する民間企業やコンサルタントに捜査を委託するつもりがない限り、警察組織内の人員を訓練（そして維持）しなければならなくなる。現在、ロサンゼルス警察とパランティア、ニューヨーク警察と管内警戒システムを作ったマイクロソフトの官民連携はうまくいっているように見えるが、将来的にはさまざまな問題が発生すると思われる。民間企業が警察領域の仕事の継続中止を決めて、技術や市の契約を反故《ほご》にする可能性がある。民間企業自体が犯罪行為を疑われて、重大な利益相反に発展する場合もあるかもしれない。予算の問題から警察が連携規模の縮小を迫られる可能性もあり、その場合は継続的に訓練を受けたデータに強い警官がいなければ、データ頼みの警察活動システムは成り立たなくなる恐れがある。

捜査の方法を変えるのであれば、考え方も変えなければならない。警察幹部はビッグデータの潜在的可能性を警察官に受け入れさせるという大きな問題に直面する。警察の活動は現状を維持する仕事である。つまりその構造と伝統から現状を守ろうとする。警察官の多くは何十年も続いてきた従来の警察体制のなかで行動してきたため、データ駆動型システムへの移行は抵抗、不信感、そして緊張を生む[126]。初期の予測型警察活動技術は、疑わしい目を向けながらもなんとか我慢するといった態度で迎えられた。上級職の警察官はそのような技術は地区に関する自分たちのプロとしての知識と大差ないと考え、技術が示す結果は科学というより魔法だと揶揄《やゆ》する者もいた。ゆえに警察幹部はデータマイニング技術がもたらす付加価値について警官を教育しなければならない。

最後に、データ駆動型警察活動では正確さに注目する必要がある。警察幹部はデータマイニングシステムの品質を管理する仕組みを作らなくてはならない。消費者空間のビッグデータは完璧に正確でなくても役に立つが、警察空間のビッグデータには同じような誤りを許容する余地はない。ビッグデータシステムが広範囲に成長するにつれて含まれる誤りの数は増える。当局は必ずデータを浄化、矯正、信用できなければならない。警官に影響を与える情報が何であるのか、またどれほど信用できるのかを、警察署長がまったく知らないという状況はあってはならない。警察が情報を得るために用いる技術的手法の本質を明らかにできないなどということもあってはならない。新たな監視手法は魅力的ではあるけれども、警察は自分たちのものとしてそれを活用し、その適法性を立証できなければならない。警察署が何も知らないではすまされないのだ。

第七章……………ブラックデータ　人種による歪み、透明性、法律

闇を覗く

近い将来、ビッグデータ警察活動の導入によって、法執行機関の犯罪捜査における「だれを」「どこで」「いつ」「どうやって」が強化される。すべての管区がそうした新しい技術全部を取り入れるのではなく、また新技術は継続して発達していくだろうが、ビッグデータ技術を利用する警察はあることを共有する。それは「ブラックデータ」問題である。

「ブラックデータ」とはデータ駆動型警察活動の発展に伴う三つの互いに重なり合った問題を象徴しており、人種、透明性、憲法に関わっている。第一に、データが人種による不平等と過去の不当な適用を背負った実社会に基づいていること。第二に、新しいデータ技術は秘密主義で、気味が悪く、よくわからないこと。そこには暗闇がある。何も見えない空間。恐怖。未来を見通すことができない。そして第三に、実際に見えるものは、プライバシーと憲法上の保護の観点から歪んでいると考えられることである。

ブラックデータに存在する不安が新しい警察技術に対する認識を形作る。新技術と古い警察活

動の問題点が交わる現時点でこそ、ブラックデータに光を当てなければならない。本章ではブラックデータというレンズを通して、ビッグデータ警察活動の未来を検討したい。人種、透明性、憲法の曲解という問題に立ち向かわなければ、ビッグデータ警察活動における将来的なヴィジョンは明らかにならない。目が暗闇に慣れるように、ブラックデータの闇を覗くことで、恐れるべきものごとと危険がないばかりか役に立つものごととの違いが見えてくる。

ブラックデータと人種

ビッグデータは客観的で正当だという主張は、アメリカ警察の人種に関する歴史と照らし合わせなければならない。警察データは表立った偏見と見えない偏見の両方で色づけされたままだ。警察データには人種情報が含まれており、何百万という不信感と何千という当惑するような物理的衝突が暗い影を落としている。そのデータには、ことの是非はさておき、社会の疑いに基づいて差別されたと感じてきたアフリカ系アメリカ人、ラテン系アメリカ人、その他の有色人種の実体験が組み込まれている。[1] 要するに、ビッグデータ警察活動は人種がいまだに現代警察活動の一部になっていることを認めなくてはならない。符号化されてもなお、データはブラックだ。

警察データの「ブラックさ」を認めることは、ふたつのきわめて有益な目標を達成するうえで役に立つ。第一に、そう認めれば、「客観的な」データ駆動型警察活動から人種を排除することは可能である、あるいは新しいビッグデータ技術は人種的偏見の影響を回避できるという安易な主張を押し返すことになる。第二に、そう認めれば、いまだにマイノリティ社会の反感と不信感を煽っているきわめて人間的な権利の侵害を真剣に調査せざるを得なくなる。警察がそうした人種間の緊張に対処、克服するための技術を開発すること自体に問題はないが、それ以前に、データ駆動型システムの採用者はこの人種に関する現実を認め、それを回避する設計を行わなくてはならない。

本書を通して詳しく述べているように、ビッグデータ警察活動は従来の活動に含まれている組織的な不平等の多くを具体化する。精査されていない犯罪統計から引き出される場所予測型システムは、警察の活動パターンは反映しても、根底にある犯罪パターンを反映しているとは限らない[2]。名門私立大学ではなく貧困者の多い都心に薬物のおとり捜査員を送り込むという選択は、金持ちの代わりに貧しい人々を薬物で逮捕すると決めたようなものである。出所者や執行猶予者が多く暮らしているために犯罪危険区域の対象になるのは、不釣り合いなほど多くの有色人種を罰している刑事司法制度の過去の決定が符号化されているからだ。容疑者に基づく予測型警察活動もまた、逮捕歴や犯罪組織との関連疑惑などが考慮されるため、従来の警察活動パターンの社会経済的影響を反映せざるを得ない[3]。まさしく現代予測型警察活動の生みの親であるジェフリー・ブランティンガムは人物型モデルについて警告している。「こうした『人物中心』のモデルは問題である（中略）なぜなら、誤差の許容範囲が広く、人種、性別、社会経済状況に基づくプロファイリングを正当化できるためだ。科学者であるなら、モデルの因果関係を明確にすべきだろう。そうでなければ、これは多くの無罪を有罪と間違えるフォールス・ポジティヴの誤検知を招く」[4]。そ

ほかにも組織的な人種の不平等が存在する。「現場尋問カード」を集めなくてはならないという

プレッシャーが、対象となる高リスク人物に疑いを抱く自己充足的体系を作り出してしまうようすは見ればわかる[5]。マイノリティ社会で積極的に職務質問をするという方針では、過去に警察と関わった回数が未来の容疑を作る一因になってしまう。人種的偏見が省かれているはずの純粋なアルゴリズムによる疑いにおいてさえ、モデルの構築やデータの収集と訓練の方法が原因で偏見の影響を受けている場合がある。顔認識、公判前リスク判定、そしてグーグル検索技術が人種に基づく不均衡な影響を避けられないのであれば、データ駆動型技術はみな偏見の可能性に気を配るべきである。

したがって、新たな一歩が期待されるビッグデータ警察活動は、実際には、人種差別の長い歴史から逃れられない。それどころか、マイノリティ社会の社会統制という苦々しい慣習に立ち向かわなければならない。サンドラ・ベースは次のようにまとめている。

人種、空間、警察活動の相互関係はアメリカ史の初期のころから社会的そして政治的に重要だった。奴隷の動きの監視は農場主と奴隷パトロール隊の主要な関心事だった。新たに解放された奴隷の行動を規制して支配下におきたいという欲望が、南北戦争後の南部で浮浪や徘徊《はいかい》を禁じる新しい法規制を作った主要な原動力だった。人種隔離政策、そして都市部の居住地や公営住宅の建設とその位置は、人種的封じ込めを介して社会統制と隔離を促進する意図的な取り組みだった。アメリカ史の大部分において、人種は公共空間の定義、建設、規制の中心となる決定要素だった[6]。

南北戦争から一〇〇年経っても、地方警察は人種差別法を執行していた。[7] 警察は逃げた奴隷を捕らえた。警察は借金返済のための経済的奴隷労働を強要した。警察は公民権を訴える抗議者を守らなかった。[8] 警察は刑事司法制度を蝕む暴力、私刑、偏見を野放しにした。[9] 一九六〇年代から現在にいたるまでのおもな都市部の暴動がみな、警察の暴力に対する怒りから生まれたのは偶然ではない。[10] ミズーリ州ファーガソンの狭量な嫌がらせ、ニューヨーク警察が繰り返した無礼な職務質問と所持品検査の取り組み、あるいは武器を持たない人物の警察勾留中の死亡はみな、現代警察の手による人種差別の歴史の再現だ。

そして、こうした暗い汚点にお墨つきが与えられている。人種的な危害は承知のうえで加えられている。一九六八年に職務質問と所持品検査を合憲としたテリー対オハイオ州の裁判で、最高裁判所はマイノリティ社会への過度な取り締まりに対するその後の人種的な影響について次のように認めた。「街頭で尋問を行うさいの一部となっている『所持品検査』の頻発は（中略）警察と地域社会の緊張をひどく悪化させるばかりである。とりわけ若者やマイノリティ集団の一員に対して『職務質問と所持品検査』を実施するときに『パトロール警官の権力を見せつける必要があるという警官の認識がその動機となっている』場合はなおさらである」。[11] 二〇一三年に憲法違反と判断されたニューヨーク警察の職務質問と所持品検査の取り組みは現代の「パトロール警官の権力」を体系化したものである。この憲法上の権利侵害には、警察の法の権威と物理的強制力を特定のコミュニティに対して用いる統制体制が関わっていた。

この社会統制の「ブラック」な現実が実際にも比喩的にも現代のビッグデータ技術の導入を色づけしている。アメリカの警察活動の歴史には、アフリカ系アメリカ人社会と公民権運動を監視する歴史が含まれている[12]。一九六〇年代のFBIは公民権運動参加者を特別に政府監視対象にしていた[13]。国の捜査官が人種の平等を訴える声を押しつぶすためにマーティン・ルーサー・キング・ジュニアを始めとする多くの人を投獄した。電話は盗聴され、生活が調査され、会合には潜入された。公民権運動家のW・E・B・デュボイスやファニー・ルー・ヘイマーからブラック・ライヴズ・マター運動まで、警察は監視を通して社会秩序を乱す脅威を見張ろうとした[14]。ならば、そのような暗い歴史から生まれるビッグデータ技術は、なぜ違うといえるのだろう？「予測ヒートリスト」は貧しい有色人種ばかりで、アフリカ系アメリカ人の活動家がソーシャルメディア上で監視され、判決時のリスク判断は人種によって差別されていることが判明し、監視航空機がウェストボルティモア上空のみを飛ぶという当初の利用方法すべてが、同じ差別をハイテク化しただけの姿を指し示しているとき、ビッグデータ監視が過去の罠に陥らないようにするためにはどうすればよいのだろう？

こうした疑問に答えることがビッグデータ警察活動の未来を形作る。幸い、これらの疑問に目が向けられるようになり始めている。二〇一六年、ポール・バトラーとアルヴァロ・ベドヤが、ジョージタウン大学ローセンターで、監視と人種の交わる部分に焦点を当てる「監視の色」という会議を主催した。学者、活動家、技術者、FBIの法律顧問、そして全米の聴衆が、テクノロジーの未来を見据えて過去の警察慣行を理解する作業を開始した。ベドヤは会議の趣旨を次のように説明している。

監視については現在、この世代でもっとも激しい議論が行われている。しかしながらその議論には、だれもが監視されているときに、だれもが同じように監視されているのではないという点がおおむね欠けている。監視の重荷は歴史的にも現在でも、アフリカ系アメリカ人ほか社会にとって危険とみなされている「その他」の人々が不釣り合いに背負わされている。監視が正当化される理由は法執行機関と国家の安全だ。プライバシーと人権を守る有意義な方法を作りたいのであれば、監視の色を考慮に入れなければならない。(15)

この種の催し、取り決め、フォーラムが行われれば、ビッグデータ警察活動はいつまでも過去にとらわれたままではなくなる。ブラックデータ警察活動への人種の影響を認識すれば議論の場が開ける。あるいはバトラーが考察しているように「刑事裁判における人種問題の危機は、警察と投獄の問題だけでなく技術的な姿をした監視の問題でもある。アフリカ系アメリカ人の意見、歴史、道徳的権限はプライバシーとテクノロジーの論考に必要不可欠だ」(16)。

警察のデータに人種が含まれていると認識するためには新しい技術力が必要である。ビッグデータ警察活動の入出力データの両方について、有色人種社会への不均衡な影響がないかどうか監視しなければならない。明らかに、あからさまな人種の使用をコンピュータモデルから排除することはできても、人種は容易に別のもので覆い隠されてしまう。人種が警察の意思決定を左右しないようにするためには選択肢を慎重に吟味しなければならないが、それは口でいうほどたやすくない。逮捕の統計は収集と評定が容易でも、ミズーリ州ファーガソンのような都市で利用されているような逮捕統計だけしか考慮しないシステムは人種的な不公平を招く[17]。そのようなシステムは実際の犯罪の原因をないがしろにして逮捕件数だけを評価することになる。そのようなシステムは、逮捕と罰金という形で、実際の犯罪と収入を得たい市町村の願望を取り違え、ゆえに、不均衡に有色人種に悪影響を及ぼすことになる[18]。入力情報を逮捕から出動要請、つまり通報のあった犯罪に変更するか、あるいは程度の低い逮捕を入力情報から除外すれば結果を変えられるかもしれない。

人種的偏見を避けるためのデータシステムの設計と検証は別の職業分野で始まっている[19]。民間企業は現在雇用の決定にアルゴリズムを利用している。大量の応募者のなかから人を選び出す作業は、過去に成功した採用情報を調べて提出された履歴書から同じようなものを探すコンピュータモデルなら比較的容易に実行できるためだ。当然、知らぬまに偏見が入り込む可能性はある。その会社の過去の採用がほとんどすべて名門大学出身の白人男性だった場合、過去の雇用との照合を機械に学習させると人種的に不均衡な雇用方針ができあがってしまう。その現実を踏まえて、イフェオマ・アジュンワなどの研究者は雇用アルゴリズムを調べて人種的偏見がないかどうかを評価するシステムを提案している[20]。そのような技法を用いれば、企業は雇用アルゴリズムに人種や性別に基づく意図せぬ差別がないと安心することができ、偏見が認められた場合にはモデルを修正できる。そうしたプロセスは入力情報ではなくモデルそのものに焦点を合わせるため、警察活動モデルにも応用できるかもしれない。都市ごとにそれぞれの予測型警察活動システムにおける不均衡な影響の排除認定を企業に要請できるかもしれない[21]。

ビッグデータ警察活動のブラックさは容易には解決できない。けれども、ひとつの重要な教訓によって未来のビッグデータ警察活動の進行方向を変えられる可能性がある。教訓は単純だ。人種をつねに頭に入れておくこと。数学、テクノロジー、未来的な文言に目を向けたい気持ちはわかるが、ビッグデータ警察活動はブラック（そしてブラウン）であり続ける。人種的偏見の恐れがあることを意識してもビッグデータ警察活動を否定することにはならない。たんに、街頭の警官に影響を与える内在的あるいは表立った偏見がシステム内のブラックデータにも影響することをつねに思い出させ、思い直させるきっかけになるだけだ。

ブラックデータと透明性

人種以外に、ビッグデータ警察活動は透明性の問題にも悩まされている。データ分析者を除けば、ほぼすべてのデータシステムはユーザーにとって不可解なブラックボックスだ[22]。所有権のある予測アルゴリズムでは秘密が保護されている[23]。自由に使えるオープンソースの予測アルゴリズムは理解できないほど複雑だ。単純なデータベースでさえエンドユーザーには容易に理解できない。警察の活動は博士課程レベルの専門分野ではない。データ科学者が警察の方針作成に参加することはあっても、警察幹部やパトロール警官の大部分はビッグデータの覆いの下を覗くためのプログラミング能力を持ち合わせていない。そしてまた、警察が犯罪行為を監視するために用いるブラックデータは、効果を得られる程度に秘密でなければならない。警察官の安全と戦術的な利益の双方にとって、データの秘密性は重要だ。

ブラックデータという概念は、この透明性の問題と説明責任の欠如を表している。もし警察、裁判所、国民がその技術を理解できないのなら、そしてもし弁護士、ジャーナリスト、研究者がそのデータを問いただせないのなら、だれがそのようなものを信用できるだろう？

ビッグデータ警察活動はこの不透明さと取り組まなければならない。秘密は暗闇に潜んでいる。秘密は公に説明する責任を負う政府機関から国民を遠ざけ、技術をめぐってさらなる混乱を招く。ゆえに、当然のことながら、ブラックデータ警察活動は、秘密のシステムが人々の生活や自由に悪影響を及ぼすのではないかという恐怖を生む。自分たちを守るために用いられている道具をなぜ説明できないのかと、国民は疑問を持ってあたりまえだ。地域社会はおそらく、先に述べたスティングレイ装置のように裁判所で明らかにできない秘密の技術が自分たちの利益になるものかと疑いを抱くだろう。

警察がブラックデータの透明性問題を克服しようとするなら、まずビッグデータ警察活動が日常生活のなかにあるほかのアルゴリズム判断とあまり違わないという事実に国民の目を向けさせなければならない。フェイスブックのニュースフィード、銀行の信用情報、求人市場における雇用機会、薬の処方、内国歳入庁の監査、保険料率、消費者クーポン、そして「日常生活のなかでアルゴリズムが支配しているもの」とグーグル検索したときの結果にいたるまで、すべてがすでにアルゴリズムに支配されている。[24] 確かに、税務署員を除けばいずれの判断も警察の訪問ほど身体的かつ精神的な苦痛を与えるものではないが、この現実を知れば人々の生活のほとんどが不透明なアルゴリズムと点数づけシステムによって支配されているという事実が理解できるようになるかもしれない[25]。

次に警察は、透明性の欠如と取り組むために必要なものが、より多くの情報ではなくより多くの説明であることを認識しなければならない。国民はアルゴリズムのもとになっている数式の情報は必ずしも必要としていないが、そのアルゴリズムがなぜ用いられているのか、作成者に説明責任を負わせるにあたってどのような仕組みが存在するのかを知る必要がある。秘密のスティングレイ装置や秘密のＮＳＡメタデータプログラムの暴露は、同じようにプライバシーを侵害しているニューヨーク市の管内警戒システムよりもはるかに大きな議論を巻き起こした。その怒りは実際の技術的な監視能力というより政府による監視の秘密主義的な性質に起因していた。

環境内の健康リスクを明らかにする公衆衛生モデルが類似例として役に立つ。ある都市が、貧困地区に設置された鉛のパイプで公営水道が汚染されている可能性に気づいたとしよう。パイプは見えない場所にあり、不規則に設置されていて、いくつかの住宅だけに限られている。市は古い工事の請負契約、出荷の領収書、古い配管地図、その他大量の不正確な変数を再調査して、住宅のリスクを割り出す。その判定プロセスは、危険のある住宅を発見し、次にそれとは別にその住宅に居住する特定の年齢の子どもについてリスクを判定する、単純なアルゴリズムを用いた推測である。鉛中毒を起こす危険の高い子どもを順位づけするために大部分が理解不能な秘密のアルゴリズムを作ることは、たとえ個人データが暴露され、子どもがターゲットになり、計算が複雑で、数式はわからず、結果が有色人種の貧しい子どもたちに人種的に偏っていたとしても、異論はないとみなされる。それでいて、暴力被害者になる恐れのある若い男性を特定する似たようなアルゴリズムは恐れと透明性に関する疑念の引き金となる。問題は実際にはアルゴリズムの透明性ではなく（両方の例で数式はおそらく理解不能）、そのプログラムがどのように一般の人に説明されているか、そして当然のことながら、その情報で何が行われるかということの透明性だ。

アルゴリズムの透明性は、要するに、ふたつの異なる理由が原因となって不適切な方向で強調されるのかもしれない。ひとつめは政治的な理由、ふたつめは技術的な理由である。政治的には、公衆衛生の例に見られるように、なぜアルゴリズムが用いられているのかという地域社会に提示される理由が重要である。問題は、数式を説明するのではなく数学的なリスク判定が必要な理由、すなわち鉛中毒の危険がもっとも高い人を見つける理由を説明することだ。不透明なアルゴリズムが用いられている理由を説明するという意味での透明性は、コンピュータモデルの実際の図式を説明するよりはるかに価値があるだろう。母親と一緒に座って、なぜ三度の逮捕歴、殺人被害者との友人関係、犯罪組織との結びつき、学校の無断欠席によって息子が暴力の対象になるのかを説明すれば、必要な透明性は確保できる。息子の「ヒートリスト点数」そのものを見せたところで何も明らかにはならず、その順位づけを決定する数式はさらに役に立たない。シカゴでは、対象者に手続きの公平性と選別システムの裏にある理由を伝えることの重要性が、個別の話し合いの計画、個別通知書、個別脅威判定に表れている。

アルゴリズムの透明性を求める方向が間違っているふたつめの理由は、技術的にそれが不可能かもしれないからである。予測型警察活動技術の多くは、所有技術の秘密を保持するビジネスモデルに頼る民間企業が所有している。[26] ソースコードを明らかにすればそれはビジネスにおける競争上の優位性を失うことを意味する。アルゴリズムによっては、意図的に過去のモデリングから学ぶ機械学習ツールを用いて構築されているため、同じ計算を繰り返すことがない。[27] 人工知能機械学習モデルでは、機械が情報を処理するたびにその結果を学ぶことになるので分析結果は毎回異なる。[28] 何百万回という計算の繰り返しで、計算のたびにひとつ前の結果とは異なるのだ。それほどまで絶えず進化し続けるテクノロジーでは、たとえ技術力があったとしても、システムが静的ではないためにそこに隠された図式を理解することは不可能である。また、モデルが絶えず変化して動く標的となるため、従来の方法でそのモデルを監査することもできない。[29]

したがって、機械のなかで何が起きているかを明らかにするという意味では、透明性を求めることは不可能だろう。しかしながら、そのような要求もまた不必要かもしれない。重要なのは数学的処理ではなく、設計と、そのモデル設計が公正で、正確で、きちんと機能するという証明だ。コンピュータ科学者と学者の一団――ジョシュア・クロール、ジョアナ・ヒューイ、ソロン・バロカス、エドワード・フェルトン、ジョエル・ライデンバーグ、デヴィッド・ロビンソン、ハーラン・ユー――は共同で、進化を続けるブラックボックスシステムに透明性を求めるという難題に挑戦して論文にまとめている。[30] 彼らはコンピュータシステムに「プロセスの規則性」を持たせて設計するという解決策、つまり、コンピュータシステムが判断を下す方法を明らかにして、そのコンピュータシステムが設計通りに働いているかどうかを検証する仕組みを作ることを提案している。[31]「暗号コミットメント」「ゼロ知識証明」「公平なランダム選択」といった複雑なコンピュータ科学の手法を用いることで、ソースコードを明らかにすることなく公正かどうかを検証できる予測モデルを設計できる。[32]本書の目的において、ここで理解すべきことは、コンピュータ科学者はたとえモデルの働きが正確にわからなくても、そのモデルが機能するかどうかを確かめることができるという点である。検証可能なモデルを設計すれば、たとえ意図的に不透明なままであっても最先端機械学習システムの説明責任を課すことができる。

結局、いかに手の込んだ数学的処理であっても最後はみな説明できるかどうかの問題に行き着く。モデルは機能するのか、それが公正だとどうすれば納得できるのか？　透明性ではなく説明がブラックデータの不透明性問題から脱する方法となるだろう。目的を持って説明責任を果たすとなると、ビッグデータ警察活動は本書で取り上げてきた偏見、恐怖、公平な適用に関する問題に立ち向かわなければならなくなる。説明の一部にはたとえば、入力情報の説明、設計の説明、人種などの偏見を回避するためのシステム設計の説明など、さらなるコミュニケーションも必要かもしれないが、完全な透明性は必要ない。実際、いくつかの予測モデルはこの基本的な要件を満たさないかもしれない。入力情報、理論、あるいは偏見を回避する方法の開示を拒む企業やプログラムはブラックデータ問題を克服できないかもしれない。けれども、難しいことを承知のうえであえて予測モデルの働きとそれが信用できる理由を説明しようとする、それ以外の企業やプログラムが出現して成功するのではないだろうか。

ブラックデータと法律

法律もまたビッグデータ警察活動の歪みに立ち向かわなければならない。データ駆動型がもたらす警察の役割、慣行、文化の変化によって、従来の法的解釈があいまいになり、現在の憲法による保護が弱まってきている。

警察の行動は最終的に裁判所に移る。警察活動技術の問題は法廷で争われる。判事、検事、被告人弁護士は近い将来ブラックデータ問題に直面することになるだろう。そして、ビッグデータを活用する監視が現在の憲法修正第四条の見解を大きく変える恐れがあるため、彼らの仕事はさらに難しくなるはずだ。

これまで論じてきたように、新たな監視技術はプライバシーに対する合理的な期待の理解を変えている。管内警戒システムが休むことなく人々の動きを記録し、いたるところでナンバープレート自動認識装置が車を追いかけ、顔認識技術が人々の位置を把握するとき、公共の場におけるプライバシーなどどうして期待できようか？[33]　アメリカ合衆国最高裁判所では五人の判事が長期（二八日間）にわたるGPS追跡監視から保護する姿勢を示したが、短期の監視については現実的な疑問が残ったままである。[34]　広範囲を監視する高高度ビデオ監視のようなものが憲法修正第四条を侵害しているかどうかについてはまさにまったく答えが出ていない。また議会も法令を明確にするところまで踏み込んでいない。

ビッグデータはまた、街頭で個人に職務質問を行うときの合理的な疑いの判断も歪める。シカゴのようなヒートリストにだれかを載せるためのアルゴリズムの判断もまた、その人物に対する憲法修正第四条の保護を弱める可能性がある[35]。そもそも、シカゴ中で「四位」にランクづけされた人物を見かけた警官が、暴力に関わっている疑いでその人物に職務質問を行った場合、判事はどうやってそれが合理的かつ明確に説明できる疑いではないといえるのか？　憲法の観点から見れば、職務質問を正当だと認めるにあたってランクづけだけでは不十分であるべきだが、実際の問題として（刑事裁判で争うときに）ランクづけが判事に怪しいと判断させる可能性は高い。個人に関する情報が増えれば、どちらかといえばもろい合理的な疑いの壁は崩れるだろう。友人関係、地区、服装、ソーシャルメディアの結びつきなど、罪とは無関係の要素が接ぎ合わされて必要に応じて容疑が作り上げられるだろう。ビッグデータの世界とは逆の「スモールデータ」方針が行き着くところは、憲法による保護の低下だ。

同様に、犯罪が疑われる場所を抜き出す予測型警察活動技術も、憲法修正第四条による保護が弱くなっている場所を抜き出しているかもしれない[36]。「犯罪多発」の指定が予測と一体化すれば、突如としてアルゴリズムによって一地区の憲法による保護の状況が変わることになる[37]。ここでも、職務質問が予測された「赤い四角」のなかで行われ、警官が部分的にその予測に基づいて疑いを抱いたと知らされた判事はどうすべきなのだろう。その情報を全体の状況に組み込めば、そうでなければ憲法に反する警官の勘に重みが加わる。予測技術は対象地域にいるすべての人々に対する憲法修正第四条の保護に影響を与えることになる。

最後に、確率論的な疑いの問題が裁判所を悩ませるだろう。正確ではあるけれども一般化された疑いをはじき出す精密なアルゴリズムは、相当な理由の判断をきわめて難しくする。メタデータは警察が即時に行動を起こしたいと考えるようなすぐに利用できる手がかりを与えるだろう。裁判所は予測に大きく依存する純粋に確率的な疑いでは十分ではないと述べることが難しくなる。発作的なソーシャルメディア上の脅しや罪の自白は、個人のオンラインコミュニケーションが相当な理由を支えるにあたって十分かどうかという新たな問題を生じさせる。携帯電話基地局、スティングレイ装置による傍受、生体認証の標本のための令状はますます日常のできごとになっていくだろう。こうした技術それぞれが、確実な法的問題と不確実な法的未来に直面する。

幸い、憲法上の問題はブラックデータ問題のなかではおそらくもっとも解決が容易だろう。裁判所はつねに新たなテクノロジーに直面してきた。自動車、電話、スマートフォンはみなかつて「新しい」ものだった。[38] ゆっくりではあるけれども、判事は古い法律を新しい技術に適用することにおおむね成功してきた。実際、裁判所は法の原理のゆっくりとした進化にこのうえなく適しており、また文句なしに経験豊富である。ときには法律の制定が法的な穴を埋めることもある。そしてわたし自身を含む法律の研究者は、憲法修正第四条のこうした新技術への適用について理論を立てることを専門としている。新しいものへの恐れが混乱を招くことは間違いないが、過去と同じように、憲法修正第四条はその難問に適応し、変化し、対応していくだろう。

ブラックデータ問題を克服する

ビッグデータ警察活動は定着する。この技術は役に立つだけでなく、無視するにはあまりに画期的かつ先進的だ。新技術を用いる解決策の魅力はわたしたちの心の奥深くに刻みこまれている。

アメリカ人は性格的にも気質的にも「次の新しいもの」に惹かれ続けている。ありとあらゆる雑誌、新聞、テレビのニュース番組で「科学や技術の次なる大発見」の見出しが大きく取り上げられている。成り上がりの反逆者、休むことのないイノベーター、前向き思考のこの国は、いつも未来に目を向けてきた。ゆえに、警察もそれ以外の国民同様、ビッグデータの考え方をいとも簡単に受け入れた。新しいデータ駆動型警察活動の視点と利点があまりに魅力的で放っておけないのである。

前途有望なその未来を手に入れるためには、警察はブラックデータ問題を克服しなければならない。ブラックデータ警察活動には新しい技術と古い慣行が複雑に絡み合って含まれていると考えられる。警察はよくも悪くも、問題を認識し、人種の偏見、透明性の欠如、法的な歪みの複雑な状況に対処しなければならない。ブラックデータ問題は、何か新しいことを始めてやみくもに出直したふりをするのではなく、その複雑な状況に正面から取り組むことでしか克服できないだろう。そうしてこそ、暗闇に光が当たり、その奥深くに恐怖感の薄まった未来が見えてくる。

しかしながら、ビッグデータの潜在的可能性はさらにその先へと進む。次章では、監視の構造を反転させて警察の違法行為と人種的偏見に関わるブルーデータを集め、ビッグデータを利用して警察の慣行に革命を起こす方法について検討する。

第八章…………

ブルーデータ

警察活動のデータ

ブルーリスク

ビッグデータ警察活動の目は通常は外に、すなわち犯罪者と犯罪行為に向けられている。しかし、ビッグデータ技術はまた貴重な内部の教訓にもなる。ビッグデータ監視からわかることを調べれば、警察は自分たちの仕事について多くを学べるはずだ。

本章では、警察の効率を上げ、警察の暴力を減らし、教育と説明責任を強化するにあたって、ビッグデータ技術が果たすことのできる役割について検討する。そうしたブルーデータ革新では、犯罪マッピング、ヒートリスト、リアルタイム監視、データマイニング、確率による疑い、予測対象化を含む、社会を取り締まるために開発された監視技術をそのまま裏返して利用する。

全米レベルでは警察のデータ収集態勢が定着しておらず、むしろ例外であるため、ブルーデータは比較的まばらである。警察の発砲に対する懸念があるにもかかわらず、ミズーリ州ファーガソンのマイケル・ブラウン抗議活動が起きた時点では、警察の致死的な暴力事件の数はアメリカ国内のいずれの法執行機関データベースにも記録されていなかった。当時の司法長官エリック・

ホールダーは「厄介なのは、現時点において、警察官に向けられた暴力と警察による暴力のいずれもその件数を包括的に追跡する手段がないことであり、(中略) わたしを含む多くの人間がそれを許容し難いと考えている」と不満をあらわにした。[1] 人種差別的な職務質問が問題になっているにもかかわらず、人種プロファイリングを調査するための政府による全米規模の警察データベースは存在しない。地方のデータ収集システムも同様に貧弱である。

多くの管区が市民からの苦情や暴力のリスクがありそうな警官を抜き出す「初期警告システム」を試験利用しているが、管区によっては本格的な内部懲戒制度がまったく導入されていないところもある。[2] 司法省の調査では、問題のあった警察組織の多くには、きちんと機能する内部調査手順がなかったことが判明している。[3] 問題が発生する前にその傾向に対処している都市はほんの数えるほどで、たいていは、警察が憲法で守られている権利を侵害してそのようなデータを収集するよう裁判所に命じられてから、ようやく腰を上げる。多くの警察署では過度あるいは違法に物理的強制力を行使する警官を追跡するシステムが本格的に導入されていない。

しかし、警察の説明責任に対するこの無関心な状況は変わりつつあるかもしれない。二〇一四年、議会は「勾留されている者、逮捕された者、逮捕される過程にある者」の死亡報告を義務づける「勾留中の死亡報告法」を通過させた。[4] 二〇一五年、バラク・オバマ大統領は、警察データの調査を始めるための奨励金と組織力を作るため、ホワイトハウス「警察データ戦略」を立ち上げた。[5] 連邦の主導力と資金、そして地方のデータ科学者が連携すれば——優先的に取り組めば——リスク判定の新しい方法を作り上げられる可能性がある。[6] 二〇一六年末、司法省は警察の暴力事件に関する全米統計の収集を開始する試験プロジェクトを発表した[7]。なおも開発段階で政治的な優先順位と資金に左右される形ではあるが、ブルーデータを重要視する考え方はたんなる希望から全米計画へと成長している。

ビッグデータの発展はブルーデータを集める新たな機会である。犯罪パターンの監視と理解に向けたイノベーションと並行して、警察はみずからの慣行について理解を深め、将来的な人員の問題を予測するために、警察パターンを地図化して追跡することができるだろう。その目標は制度化だけでなく、現代警察活動に再発する問題の解決でもある。

完全な犯罪マップ

場所予測型警察活動は地理的位置情報データを用いて犯罪を追う[8]。警察幹部は特定地域の犯罪パターンと多発地域を視覚化できる。けれども、犯罪マッピングと予測型警察活動は全体像の半分にしか注目していない。つまり、犯罪が起きた場所はわかっているが、犯罪発生時に警官がいた場所がわかっていないのだ。現在の犯罪地図は関連情報の半分しか示していない。もしある通りで強盗が発生したときに警官が二区画離れた場所にいたのであれば、そのニアミスを調査すれば将来の強盗防止やパトロール計画にきわめて有益だろう。あるいは、強盗が発生したときに警官が付近にいないなら、その大きなミスから人員配置の重大な誤りがわかるかもしれない。もしくは、いつも警官が立ち去ったあとに強盗が発生するのであれば、犯罪者が警察の手順を監視して機会を窺っていると警察幹部にわかる。

ひと昔前、警察幹部は警官がパトカーで巡回している場所をなんとなく把握しているだけだった。警察には日課と通信地点があり、犯罪現場に出動を命じる通信指令係にそれぞれの位置を知らせるために無線が用いられていた。けれども全体としては、点呼が終われば、警官はそれぞれの裁量とプロの判断にしたがって、パトロールしたり、出動要請に応じたり、必要であれば捜査をしたりと各自が思い思いに出かけて行った。徒歩のパトロールも同様で、いつどこに警官がいるのかはほとんど追跡できなかった。今日では、接触カードを通じてパトロールやその結果生じる警察と市民とのやりとりについて、以前より多くの情報を視覚化することができる。たとえばニューヨーク市では、警官はUF－250カードに市民と接した正確な場所を記入している[9]。ロサンゼルス警察の現場尋問カードと同じように、このデータは警察と市民の接触パターンを追跡するために利用可能なデータベースにアップロードされる。同様のシステムはほかの大都市にも存在し、のちに地図で示すことができるため、警官と市民が接した場所の事後理解に役立っている。

しかしながら、新しいGPS追跡技術は、警察幹部がそうした任意のパトロールについて知りうる情報をリアルタイムに変化させた。犯罪マッピングが過去に起きた犯罪の多発地域の地図化からリアルタイムで見るための地図に変化したように、警察のマッピングも変えることができる。今日ではパトカーの多くにGPS追跡装置が取りつけられ、第二世代のボディカメラにGPS追跡装置が取りつけられ、最近になって何千人もの警官に携帯装置を配布したニューヨーク警察のように、警察署はきわめて細かい位置情報レベルで警官を追跡する手段を持っている[10]。警察幹部が望めば、市内を徒歩あるいはパトカーで巡回しているすべての警官をリアルタイムで正確なデジタルマップに示すことが可能だ。警官と市民の接触もリアルタイムで追跡できるだろう。犯罪と警官を生で監視するこの完全な犯罪マップは、犯罪と警察活動の相互関係に関する価値あるデータを生む。また、警察の効率改善や地域社会への説明にもなる。

運用レベルでは、警察幹部に手の空いている警官が見えるので、必要に応じて援護に送ったり犯罪現場に出動させたりできる。すでにこれは、日々の犯罪件数と問題に基づいてパトロールのパターンを切り替える余裕のあるいくつかの警察署で実行されている。午前中に自動車盗が増加したら、午後に再配備するのだ。次世代技術では、次々に判明する環境リスクに合わせて即座に人員配置を変えられるようになるかもしれない。多発地域や環境犯罪要因情報が追加された完全な犯罪マップを用いれば、警察幹部は、銃撃事件後あるいは若者が町へ繰り出しそうな時間帯にいつもより多くのパトロールを命じることができるだろう。あるいは警察の司令官は、ソーシャルメディアに次々に流れる情報を警官のGPSと組み合わせて、抗議活動、パーティー、その他の大きな催しがある特定の場所から通信している集団のもとへ警官を派遣できる。リアルタイムの監視では見張られている者だけでなく、見張っている者も同じように監視できる。

個人レベルでは、警察幹部は効率を評価するために特定の警官を監視することができるだろう。警官が毎日まったく同じルートをパトロールしていないか、必要以上にコーヒーショップで過ごしていないか、あるいは地域社会と関わろうとせず車のなかに座ったままか？　以前から管理職はそのような最適とはいえない活動を疑っていたかもしれないが、それが今では監視できる。別の産業の労働者監視技術と同様に、警察も特定の活動目標（歩いて回る区画数、見て回る店舗数、監視する多発地域の数など）を確実に守らせる仕組みを採用できる。[11] 現場の警官にとっては明らかに覗き見されているようで、もしかするとありがたくないことかもしれないが、いずれにしても（個人用スマートフォンで）ビッグデータの追跡能力に追われているのだからたんに情報が管理者にわたるというだけのことだ。繰り返しになるが、もしグーグルが知っているのなら、警察幹部が正式なパトロール中の警官の居場所を知って何がいけないのか？

組織レベルでは、警察パトロールを時間経過とともに地図に示せば、パトロール計画の効率を新たな視点から捉えることができる。市内のデジタル犯罪マップに一か月分のパトロールを重ねると考えてみよう。パトロール警官それぞれが日々の業務で通った道筋が色別の線で表される。全員分をまとめれば、重なった各色の線によって巡回の頻度が明らかになる。警察はどこをパトロールしているのか？　一部地域が過度にパトロールされていないか？　別の地域が放置されていないか？　そして線はどのように犯罪と一致するか？　人員配置の決定に意図しない人種的偏見が反映されていないか？　警察の活動パターンと人員配置に不安を抱く地域社会に正しいと説明できるか？　予測型警察活動によって司令官が資源を効率よく活用して、少ない資源で多くのことを成し遂げられるのと同じように、この種の警官の追跡によって、司令官は警官の時間と技能をより有効に活用することができるだろう。

最後に、リアルタイムの出動監視は、九一一番緊急通報から駆けつけるまでの時間効率を測定する新しい方法も提供できる。[12] 有色人種コミュニティの多くで訴えられている不満のひとつは、警察が九一一番通報に十分早く対応しないことだ。過剰な警察パトロールへの苦情が高水準であるにもかかわらず、緊急時には警察がいないのである。[13] パトロールデータによって九一一番通報出動時間の問題を特定し、非効率な資源の使い方を減らせるかもしれない。[14]

リスクフラグ

人物予測型警察活動は、悪い行動に走るリスクが高いと予測される人物を発見する。[15] アルゴリズムは犯罪を犯す人を名指しで予測するのではないが、ほかの人々と比べてそのような行動をとる可能性が高くなるリスク要因を分析する。同じ分析を用いれば、市民と悪い関係になる、あるいは暴力を用いるリスクがほかの人より高い警察官を特定できる。

調査によれば「物理的強制力使用」に対する苦情の大半はほんのひと握りの警官が原因であることがわかっている。[16] シカゴでは、一万二〇〇〇人の警官のうちの一二四人が五年間の警察違法行為訴訟全体の三分の一で責任を負っていた。[17] 違反の多かった上位一〇人は年平均二三・四件の苦情を受けていた。[18] フロリダ州オーランドでは、三二〇〇件の警察暴力事件の四分の一はわずか五パーセントの警官が起こしていた。[19] 警察署長の悩みはいつも、どうすれば悪いことが起きる前に「問題警官」を予測できるかということである。

そこでビッグデータが登場する。一線を越えて不適切に暴力を用いてしまう前に、リスク要因をもとに警官を見つけることができたら？ 次に発砲してしまう前に、管理職が介入、忠告、再教育できたなら？ シカゴ大学データ科学公共政策センター長のライード・ガーニは、ビッグデータを用いた解決策の実験を始めている。[20] ガーニはノースカロライナ州のシャーロット・メックレンバーグ警察署と協力して、リスクのある警察官を特定する方法について実社会で実験を行っている。リスクモデルを構築するにあたって、シャーロット・メックレンバーグ警察署は一五年分の人事記録と[21]、逮捕、職務質問、現場派遣、その他の警察活動のデータを提供した[22]。研究チームは、警察と市民の負の関係を示す予測変数を見つけるために三〇〇のデータ点を処理するアルゴリズムを決定した[23]。時刻から地区、事件の種類にいたるまで、すべてのものごとが分析のために分類された。ガーニの説明によれば「狙いは、警察署からそうしたデータを受けて、悪い行いのリスクがある警官の予測を手助けすることだった。つまり、だれかが何か悪いことをするまで待ち、いざそれが起きるとその時点では介入する方法が懲罰しかない現在の制度の代わりに、われわれは、もっと前にそれを検知できないだろうか、ということに焦点を当てている。もし早期に見つけることができれば直接働きかけることができる。つまり、教育とカウンセリングだ」[24]。このプロセスはまさに、懲罰ではなくリスクと更生に重きを置く早期集中抑止プログラムの進化形といえるだろう。

この新しいシステムは、警察の過剰反応や好ましくない判断を増加させる可能性のある、隠れた変数を抜き出そうとするものである[25]。それとは対照的に、シャーロット・メックレンバーグ警察署の古い早期警告制度は、過去一八〇日間に「暴力」事件を三回起こした警官を抜き出し、その三回に合致する警官全員に追加の内部調査を指示するものだった[26]。懲罰的であり、「暴力多発警官」を特定するにあたってひとつのデータにしか目を向けておらず、パトロールの種類、事件、時刻、その他ストレスの原因になるかもしれない別の要因を無視しているという理由で、その制度は警官には嫌がられていた[27]。「また、その古いシステムは警察署の半数以上に追加調査が必要であると判断しており、あまりにも多くの人が含まれすぎていた」[28]。ガーニの予測システムは、以前は認識されていなかったパターンを抜き出すような、より対象を絞り込んだアプローチを提供している。「わかってきたことのひとつ、つまりいくつかの予測変数についての発見は、ストレスが大きな指標だということである。たとえば、もしあなたが警官で、たくさんの家庭内暴力事件や自殺の現場に駆けつけなければならなかったとしたら、それはあなたが近い将来に暴力を振るいかねないようなできごとに巻き込まれるという大きな指標になる」[29]。警官がコントロールできないようなきわめて感情的な現場の性質が原因で、家庭内暴力の現場対応の多さが警察の暴力事件につながるという指摘もある。ひとりかふたりの警官ではなく、現場を制するために三人か四人の警官を現場に出動させることで、警官が暴力を振るう可能性を下げられることがわかっている[30]。

暴力に対する公衆衛生アプローチと同じように、ブルーデータプロジェクトの目標は、環境リスクを特定し、警察が直面するストレスへの対応を強化するために方針、教育、業務を変更することだった。古い制度のような内部懲戒のための調査が目的ではない。過去の行いを戒めるのではなく、予測可能なリスクを最小限に抑えることに焦点を当てるこのシステムベースのアプローチは、ほかのビッグデータ警察活動戦略における事前対策ならびに予測型モデルとよく似ている。

このような「暴力多発警官」を見つけるためのリスク判定は新しくはない。シカゴ警察は二〇年以上も前に、警官の苦情履歴と、借金や離婚などの個人的なストレス要因を調べるアルゴリズムを思いついた[31]。しかし、プログラムの立ち上げから二年後に、警察労働組合と警察友愛会の抗議を受けてシステムは停止された[32]。問題は、皮肉にも現在の予測型技術の問題と似ており、そのような予測に基づく判断は、実際にはまだ起きていないものごとに対して処罰される警官にとって不公平であるという点だった。その早期警告システムに取って代わったシカゴ警察署の制度はまったく効果的とはいえない代物である[33]。特に、警察の違法行為に関する最近のデータ分析によれば、現在の制度は二〇一一年から二〇一五年に一〇回以上違法行為の苦情を受けた一六二人の警察官のうち一六一人を見つけ出せなかった[34]。シカゴの過剰暴力を調べた二〇一七年の司法省調査では、早期介入制度とは「名ばかり」で、管理職による行動の矯正を支援するものではないことがわかっている[35]。

ほかの警察署がシャーロット・メックレンバーグのようなブルーデータ分析を歓迎するかどうかはまだわからない。職業上の処罰ではなく、訓練、教育、共感を目標にする事前リスク判定に注目すれば、説明責任を求める声を拒む人々に対する懐柔策になるかもしれない。確かに、プライバシーの問題は生じる。ほかの労働者と同様に警察官もおそらく過度に立ち入った労働環境の監視を嫌うだろう。しかし、ほかの職業の被雇用者が身をもって知ったように、ビッグデータは、不況時に効率と改善を模索する管理者にとってあまりに魅力的で拒めないものかもしれない[36]。

リスクの高い警官を探すアルゴリズムはまた――理論上は――消費者ビッグデータと組み合わせることもできる。シャーロット・メックレンバーグのプロジェクトでは仕事上の活動から生じる警察のデータだけに焦点が絞られた。プライバシーの観点から、警官個人の経歴は分析から除外された。しかし、個人的なことに踏み込むため異論も多いとはいえ、リスクに基づいて個々の警官の先行きを見通すためにさまざまな形の消費者データを分析することは可能である。信用情報は金銭的に切羽詰まった状況になっていることを管理者に知らせる。ソーシャルメディアの投稿からは、人種や性の偏見あるいはストレスや暴力表現を調べられる。シカゴ警察署を調べた二〇一七年の司法省シカゴ調査では、イスラム教徒に対する嫌悪をあらわにしたり、アフリカ系アメリカ人に対して人種的に無神経な投稿を繰り返すなど、ソーシャルメディアへの問題のある投稿が連邦捜査官によって発見された[37]。趣味でさえ潜在的な問題の発見に役立つかもしれない。ある専門家は、総合格闘技あるいはムエタイ（格闘スポーツ）への参加を、勤務中の暴力増加の予測要因に含めている[38]。警察官がこの種のビッグデータ監視を過度に立ち入っていると感じるのは事実だとしても、それ以外の消費者監視と同じように、個人的なことに踏み込むという気味の悪い性質は必ずしも予測価値を下げることにはならない。

警察慣行のデータマイニング

ブルーデータ収集の次の段階は、警察の日常業務における効率、偏見、そして正確さと公平性を改善する方法を見つけるための、ありふれた警察データの分析である。消費者データマイニングの力と同じように、そうした隠れた相関関係と効率がわかれば警察活動の有用性が高まるかもしれない[39]。本項では、研究者によって提案されている、警察データを警察慣行の改善に用いる三つの方法を検討する。ブラックデータの議論とならんで、これらのプロジェクトは人種の偏見、誤り、不透明性の対策に焦点が当てられている。

職務質問標準成功率

職務質問と所持品検査が成功するか、それともその行動が人種的マイノリティへの差別になるかという可能性を計算する方法があるとしたら? ニューヨーク警察の職務質問ならびに所持品検査の慣行に関するフロイド訴訟では、警察による所持品検査のほとんどで武器が発見されなかったことが明らかになった(成功率はわずか一・五パーセント)[40]。そのうえ、統計データとそれを裏づける裁判の証拠から、人種的偏見がその慣行に悪影響を与えていることが証明された[41]。この新事実を受けて、多分野にまたがる研究者グループ——デヴィッド・スクランスキー、シャラド・ゴエル、ラヴィ・シュロフ、マヤ・パールマン(法学教授、工学教授、データ科学者、法学生)——が、ビッグデータによって職務質問と所持品検査の予測正確性を改善できることを示してみせた[42]。

二〇〇八年から二〇一〇年のニューヨーク警察の訴訟データを用いて、研究者は、職務質問と所持品検査の実施前に武器が見つかる成功率を計算して数値で示す「職務質問標準成功率」と呼ばれるものを作った[43]。どのような特性が武器の押収を成功させたのか、どのような特性が警察の役に立たなかったのかを把握するために、四七万二三四四件のUF−250カードデータを処理して成功率が計算された[44]。職務質問の根拠となった不審な点についてUF−250カードに記入することが警官に義務づけられていたため、正式な根拠のデータベースはすでに存在していた（不審な要素には「人目を避ける動き」「犯罪多発地域」「疑わしい膨らみ」などがある）。データ処理において、研究者は単純にどの根拠が実際に成功した職務質問の役に立ったのか、どれが役に立たなかったのかを比較した。このモデルでは人口統計上の容疑者情報、位置情報、職務質問の年月日、職務質問の背景（無線による出動要請、制服警官のパトロール）、容疑者を観察した時間が調査され、さらにそのデータに職務質問が行われた地域に関するその他の情報が加算された。武器の押収を成功させた重要な要素を見つけるにあたって、モデルには最終的に七七〇五個の予測特徴が含まれることになった[45]。

次に、研究者はその予測が実社会の成功率と一致するかどうかを見るために、できあがった予測モデルを二〇一一年から二〇一二年に実施された二八万八一五八件の職務質問に適用した[46]。データセットにあてはめてみると、全体の八三パーセントで、モデルは武器の発見に成功する職務質問を正しく予測した。さらに重要なことに、モデルはどの要因が武器押収の成功と無関係であるかも予測した。結果では、「人目を避ける動き」は統計的に最終的な武器発見の決め手になっていないと述べられている。目を引いたのは、職務質問の四三パーセントで武器が見つかる確率が一パーセントに満たなかったことだ[47]。このデータを運用すれば、警察は職務質問の数を減らしながら同じ武器押収件数を維持できることになる。さらに、データは「［武器所持の］疑いで職務質問された黒人の四九パーセントとヒスパニックの三四パーセント、それに対して白人は一九パーセントで、武器を所持している確率が一パーセント未満だった」ことを示した[48]。

職務質問標準成功率方式は、警察データを利用して警察慣行を改善するひとつの方法である。

このような方式を用いて警察データを調べれば、警察はどのような不審な行動が犯罪行為と関係しているのか、どれが無関係なのかを詳しく知ることができ、不必要な職務質問を避けるための教育や戦略を計画できる。さらにこの方式は、警官がパトロールに出かける前に職務質問と所持品検査の判断について考え抜くための予測ガイドラインに発展させることもできるだろう(49)。ブルーデータの調査によって、新たな効率が発見され、古い偏見が減少する。ブルーデータは、裁判所で人種に基づく平等の保護違反の証明あるいは防止に用いたり、組織的な非効率によって有色人種社会に負担をかけないようにするための教育目的に利用したりすることも可能である。

的中率

データはまた、どの警察官が容疑者の職務質問に秀でている(より正確)かを見きわめるために収集、利用することもできる。憲法修正第四条の違反に関する聴聞手続きのほとんどで、警察官は該当する職務質問を行うにいたった容疑について証言する。判事はその証言を聞き、証拠を吟味し、それから憲法違反かどうかを判断する。違法なものはすでに発見されており、その公判前聴聞手続きのさなかであるという、それが調査されるにいたった原因の特質から、判事は警察官の疑いを信用して証拠排除の申し立てを却下する傾向がある。何といっても、警官はその件について容疑を「正しく」見抜いている(違法なものが発見されている)。理解できなくもない、またきわめて典型的なこのプロセスには、これまでまったく考慮されてこなかった重要な事実が欠けている。つまり、当該警官はこの成功した職務質問の前にいったいどれほど疑わしいかどうかを「間違えた」のかということだ。

マックス・ミンツナーは、違法物の押収に関する警官の過去の正確さを判事が検討してはどうかと、職務質問と所持品検査についてさらに個別化したデータ駆動型検証を提案している[50]。当然のことながら、判事は過去の的中率を検討し、それを憲法修正第四条違反の分析に含めることになる。ミンツナーの説明によれば、

野球選手がヒットを打つかどうかを判断するときにはそれまでの打率を見る。証券アナリストの助言を聞くかどうか判断するときには、それまでにそのアナリストが勧めた株価が上がったか下がったかを見る。けれども、警察官が特定の場所に犯罪の証拠があると考えるにふさわしい理由があると述べるときには、その警官が過去に同じ主張をしたときにそれが正しかったのか正しくなかったのかを調べない。それは間違いだ[51]。


正確なブルーデータ収集システムがあれば、そうした確率統計の判定は難しくないだろう。都市によってすでにデータが存在するところもあれば、収集可能なところもある。判事は特定の警察部隊あるいは警察官の成功率を調べることができ、さらに「とりわけ証拠の押収が見込めない捜索や、同僚と比較して能力の低い警察官などをより詳しく調査する」ことも可能だ[52]。

ミンツナーの提案は結果的に個人と体制の両方に影響を与える可能性がある。個人においては、統計値の利用が合理的な疑いや相当な理由を判断する判事に追加の情報をもたらす。当然の

ことながらその情報はひとつの要素に過ぎず、過去の成功率は一般的な見解でしかないうえ、事件の特定の状況には直接結びつかないため重要でさえないかもしれない。ホームランを打つ強打者が三振したり、弱い打者が塁に出ることもある。けれども、全体の状況を見たときに、警官が違法なものを発見することに長けているのか（成功率八〇パーセント）、それとも不得手なのか（成功率一パーセント）がわかれば最終的な判断に影響が及ぶかもしれない。

体制への影響という点では、的中率パターンが裁判所での信用に影響を与えると警官が知っていれば、職務質問と所持品検査の実施方法が変わるかもしれない。警官と管理者は不必要な職務質問や所持品検査を減らして、正確さの水準を一定に保とうとするだろう。警官は成功率を上げるために役立ちそうな情報を調査して、自分の点数を上げようとするかもしれない。確率が高ければさらに上を目指す動機になるだろう。この種の過去の情報はまた、聴聞手続き中の警察官に払われる敬意のバランスを変えるかもしれない。現在、判事は警官が違法なものを押収した場合にのみ事件と向き合う。判事の目から見れば、警官はいつもホームランだ。すべての空振りやエラーのパターンを含む全体の統計値がわかれば、現在は事件が憲法修正第四条違反ではないかと裁判所に持ち込まれる流れからおそらく正確だろうと推定されている、その判断のバランスが変わるだろう。

変化のためのデータ

データを活用して正確さと人種の偏見を見抜く方法は、スタンフォード大学で行われた二〇一六年の画期的な調査「変化のためのデータ」に見ることができる[53]。これはジェニファー・エバーハート率いる研究チームがオークランド市と協力して、オークランド警察署の実際の警察活動データを調査したものだ[54]。このデータマイニングのプロセスは斬新であると同時に複雑でもある。まず研究者は、過去二年にわたって警察が歩行者と運転者の職務質問後に記入した二万八一一九件の「職務質問データ」を分析するコンピュータツールを用いた[55]。次に彼女らは、身体に装着されたカメラが捉えた言葉を分析する検索ツールを用いて、一か月間の職務質問三八〇件のあいだに警官が発した一五万七〇〇〇語を調査した。さらに、警察の一〇〇〇件の職務質問をもとに、書かれたコメントを分析するプログラムも用いられた[56]。目標は、集められた警察データから、だれが職務質問を受け、所持品検査を受け、逮捕されたのか、そしてそうした人々が警察からどのような扱いを受けたのかを調べることだった。

警察と地域社会の人々への取材や調査に加えて三万件近い職務質問とボディカメラの会話を調べたのち、研究者は、オークランド警察署の文化が職務質問、所持品検査、逮捕、手錠の使用において人種差別的な慣行を生んでいると結論づけた[57]。調査からは、該当地区の犯罪率や人口統計を調整してもなお、オークランド警察は一年間で白人よりもアフリカ系アメリカ人を多く職務質問していたことがわかった。実際の数値では、アフリカ系アメリカ人は人口の二八パーセントしか占めていないにもかかわらず、職務質問の六〇パーセントを占めていた[58]。ここでも、犯罪が多いという地域特性や人口統計要因を調整してもなお、人種の偏見は存在していた。さらに、アフリカ系アメリカ人は白人よりも手錠をかけられて逮捕されることが多く、用いられる言語と語調はあまり丁寧ではない傾向があった。[59]

スタンフォード大学の調査はブルーデータを発掘するモデルになる。同大の研究者は「変化のためのデータ」とそれに付随する「変化のための戦略」報告書で、まさに警察の市民との接し方を調べる画期的なデータ駆動型測定法をいくつか提示している。[60] たとえば、職務質問を行うかどうかの判断以外にも、データでは人種によって扱いが異なるかどうかを調べるために手錠の使用状況が分析された。調査の結果によれば「アフリカ系アメリカ人の男性は四回の職務質問に一回の割合で手錠をかけられたのに対して、白人男性は一五回に一回だった。地区の犯罪率、人口統計その他多くの要素を調整してもなお、分析結果は［オークランド警察署の］警官が白人よりも著しく多くのアフリカ系アメリカ人に手錠をかけたことを示した」。[61] そして興味深いことに、手錠をかけた回数の六七パーセントは警官の二〇パーセントによるものだった、つまり、すべての警察官が同じような状況に同じ対応を取っていたのではなかったのである。[62] しかしながら研究者は、調査結果は差別的な文化、すなわち組織的な問題を明らかにしたものであり、少数の腐ったリンゴの仕業であると片づけてしまわないよう警告している。

たとえば、一三か月の期間で、白人に職務質問をしたオークランド警察官の四分の三はその人物に手錠をかけることも、所持品検査も、逮捕もしなかったが、アフリカ系アメリカ人に職務質問をした警官の大部分はそうした行為に及んだ。これらの調査結果は少数どころか多数の腐ったリンゴを示す証拠でさえなく、警察署内に蔓延している人種別取り締まり方法の文化規範（すなわち、行動のあり方を示す不文律）である。その文化全体ではなく個々の警官に注目してしまうと、警察活動に潜む人種による不均衡をそのまま残してしまう恐れがある。[63]

データマイニングが可能なもうひとつの例として、研究者は車両停止のさいに用いられた言葉を調査した。ボディカメラの録画から集められたデータは自動プログラムで検索できるため、研究者は「サー」「マダム」などの敬意を表す言葉が用いられたか、また「すみません」「申し訳ありません」などの謝罪が行われたかどうかを調べられる。[64] 調査では、相手の人種によって話しかけたときに異なる言葉が用いられていたかどうかが検討された。その結果、警察は実際に有色人種に対して異なる話し方をしていたことがわかった。研究者はさらに、用いられた言葉によって該当する人物が白人か黒人かを予測するアルゴリズムを作り、六八パーセントの正確さで的中させた。人種差別や軽蔑するような言葉、そして罵り言葉の使用は見られなかったが、それとは別に、警官と市民とのあいだで説明や質問に費やされた時間について違いがあることが明らかになった。想像できるように、この警官と市民のあいだで用いられた言葉を検索する能力があれば、将来的に問題となるリスク要因を見つける、あるいはそれに対して教育を施すためにデータを活用するという、新しい可能性を秘めた世界が広がる。同様のデータマイニングシステムを用いれば警察の報告書、宣誓供述書、あるいは宣誓証言さえも調べることができる。[65] そこから生まれる未来では、捜索の言葉、根拠、あるいは理由を調べるためにビッグデータ検索ツールを利用できる。

アンドリュー・クレスポは、警察官が容疑の根拠を証明する方法に、似たようなビッグデータ活用調査を取り入れることを提案している。クレスポはハーヴァード・ロー・レヴューに収められた論文で、裁判所のファイル、逮捕令状の宣誓供述書と令状執行報告書、聴聞手続きの記録、管理事務メタデータの情報を、個々のデータとしてではなく「体系的な事実」――（まだ手をつけられていないけれども）多くのことが明らかになる情報の宝庫――として考慮することを提案している。(66)ブルーデータを検討するという目的において、これは従来の警察行為の説明と透明性を測る新しい方法となりうる。

たとえば、通常、相当な理由を判断する判事は捜査や逮捕の令状を得るための宣誓供述書を審査する。宣誓供述書にはたいてい定型パターン、つまり「書式」に沿った供述文が含まれている。(67)この書式は違法なものの押収につながることの多い、よくある事実のパターンだ。たとえば、薬物売人の部屋を捜索する令状の宣誓供述書なら「情報と信念に基づき、宣誓供述者は薬物の売人が通常自宅に現金と武器を隠していると考える」という具合である。クレスポが提案しているのは、データマイニング技術を用いてこうした書式を調査することである。ひとつの司法制度には何万件ものこうした書式が存在しているが、正確性や一貫性の判断目的で調査されることはまったくない。クレスポは次のように説明している。

「警察官が憲法修正第四条を遵守しているかどうかの判断」を任された判事は、たいていの場合「その警察官が当該事件について述べる話を聞いて」から「その警察官が対象者のプライバシーと自由を侵害するに足る情報を持っていた」あるいは持っている「かどうか」を決定する。しかしながら、先に述べたような体系的な事実情報を検索できるデータベースを備えた判事なら、はるかにそれ以上のことができる。具体的には、裁判所管轄区域内で警察官が実行した標題の憲法修正第四条に関する事象が正当であることの根拠として型通りに提示される、相当な理由を示す文書の一貫性、説明の正確性、さらには予測の正確性さえも精査することができるのである。[68]

データの調査からは、現在の慣行における特定の省略や矛盾が明らかになっている。クレスポの指摘によれば、コロンビア特別区（ワシントンＤＣ）の警察官は捜査令状を正当化するためにたびたび宣誓供述書で、薬物で逮捕される容疑者は日常的に自宅に記録、収益、銃器を置くと述べている。[69] ところが警察は、別の供述書ではたびたび、薬物で逮捕された容疑者は日常的に自宅には記録、収益、銃器を置かないで、隠れ家、友人の住居、親戚の住居に置くと述べていることが判明した。[70] 概念的には裁判によってこの選択肢のどちらかがあてはまるのだろうが、所定の書式としては矛盾する事実を述べていることになる。薬物で逮捕された容疑者は日常的に自宅に薬物を置いていると主張しながら、その一方で日常的に自宅に薬物を置いていないと主張する宣誓供述書が存在するのだ。個々の事例を見るだけでは判事にその矛盾はわからない。データマイニングによって矛盾する主張を掘り起こさない限り、体系的事実は明らかにできない。

同様に、令状データベースを調査すれば、法的に認識可能な「犯罪多発地域」を見つけられる可能性がある。[71] 多くの令状では該当地区が犯罪多発地域だと主張されているが、その主張の一貫性が追跡されることはないため事実は定かではない。特定の住宅が犯罪多発地域にあると断言する宣誓供述書を調査すれば、裁判所が認めた犯罪多発地域を地図化するプロジェクトが可能になる。[72] 判事は宣誓供述書が実際にそのパターンに沿っているかどうかを見るために、過去の地域状況に目を通すことができるだろう。ブルーデータの目的からすれば、矛盾や誤りは修正可能だ。令状を事実に基づいて一貫した供述書を徹底して裁判所に提出するよう教育することもできる。令状をとるための相当な理由として効果のあった主張とそうではなかった主張を見きわめるために、書式を見直すことも可能だ。実際、職務質問標準成功率と同じような実験を逮捕令状成功率で行うこともできるだろう。要するに、警察慣行の改善を目的として警察行動のパターンを明らかにするために、体系的な事実のデータマイニングを行うことができるのである。

警察警戒システム

将来的には、リアルタイムの都市監視機能を用いて、警察幹部は街頭の警官を監視できるようになる。ニューヨーク市の管内警戒システムがテロリストの計画阻止ではなく、警察の職業にあるまじき行為、憲法に違反する職務質問、暴力行為の責任追及に焦点を合わせると考えてみよう。

そのような警察警戒システムには、途切れることのないリアルタイムビデオ監視、コールバック機能、警察車両のリアルタイム監視、ボディカメラの映像、携帯装置による個人のGPS位置情報などが必要となるが、それはまさに管内警戒システムとニューヨーク警察の警官に配布された三万五〇〇〇台のスマートフォンを通して現在利用可能な機能と同じである[73]。こうした機能を利用すれば、警察幹部は常時すべての警察官を監視して、物理的強制力の使用を調査し、市民の扱い方を検討し、教育手順を評価できるようになる。

地域社会との貧弱な関係、憲法違反、暴力、人種の偏見、透明性の欠如、データの欠落といったアメリカの警察活動を揺るがす問題はみな、皮肉なことにまさに街に秩序を作るために設計された監視機能によって解決できる。ニューヨーク市ほど迅速に、あるいは幅広くビッグデータ警察活動を取り入れた管区は数少ないが、同市は——おそらく思いがけなく——ブルーデータによって説明責任を果たす新しい形のモデルになれる。

ファーガソン事件前、そして事件後の警察活動に対する抗議活動の火種は、日々行われる警察の職務質問と所持品検査に関わっている。その行為は人々から力を奪う。警察は身分証明書を求め、武器がないか身体検査を行い、あるいはただ日常生活に踏み込んで、恐怖、敵意、不信感を作る[74]。恐怖の一部は、物理的強制力を含めて、とがめることなど不可能であるかのような国家権力を警察が持っているという事実から生まれる。抵抗すれば暴力を振るわれるかもしれない。職務質問を受けた人間はその行為に反論できず、扱いに抗議できず、あるいは自分の側からの状況説明もできずに、孤独感に襲われる。この理由から、警察と衝突したあとの市民による携帯電話映像の公開や警察へのボディカメラ装着要求は、力のバランスを変える手段だと考えられている。けれども、管内監視システムの世界にカメラの偶然性は必要ない。警察幹部はリアルタイムで警察と市民のやりとりを監視することができる。

ニューヨーク警察で職務質問と所持品検査が盛んに行われていたときの慣行について考えてみよう。ニューヨーク・タイムズ紙で詳しく報じられたように、比較的経験の浅い警官は対象地域で攻撃的なパトロールを行い、意図的に有色人種の若い男性を呼び止めて身体検査を行った[75]。こうした日常の「突撃パトロール」はおそらく違法の側に入るだろうが、それでも政治的権力のない人間に対してあまりにも頻繁に繰り返されたため、職務質問が地域社会と警察の摩擦の大きな原因になった[76]。ブルックリン区ブラウンズヴィルの八区画では、警察が四年間で五万二〇〇〇人に職務質問を実施した[77]。ある二六歳の弁護士助手は三〇回から四〇回ほど呼び止められたと報告している[78]。けれども、リアルタイム管内監視システムを用いれば、警察幹部は経験の浅い警官が何をやっているかを見ることができる[79]。管理者は次から次へと職務質問を観察できる。どの警官が職務質問を行ったかを評価できる。職務質問の法的な正当性について尋ねられる。違法行為が見つかれば個人あるいは集団単位で指導できる。ボディカメラの映像を調べれば、言語、語調、敬意や敵意の水準を確認できる。

この種の警察監視はデータ収集にもきわめて有用だ。警察は不均衡に有色人種を呼び止めているか？　どれほどの頻度か？　警察の目から見た「人目を気にする動き」、銃を意味する「膨らみ」、「逃走」は視覚的な証拠に裏づけられているか？　赤いシャツをきた人全員を見つけるデジタル呼び出し検索技術と同じものを利用すれば、警察が武器を構えるたびにそれがわかる。職務質問の法的根拠を記録する電子データ収集カードは、携帯装置で記入してリアルタイムでアップロードできる。警察幹部は召喚状や罰金で生産性を測るのではなく、実際に警官が業務をこなすようすを観察して生産性を監視すればよいと提案することはまったく突拍子もないことではない。ニューヨーク警察の初期コンプスタットにおける誤った動機づけのひとつは、犯罪防止の有用性には見向きもせずに、生産性を上げる方法として召喚状の数を増やそうとしたことだった[80]。したがって、召喚状のような代理測定基準ではなく、実際の警察活動の観察に焦点を合わせれば、動機づけを変えることになり、ひいては警察の市民との関係も変えることになる。

そうした管内警戒システムによる警察の監視は、警察活動の合憲性を高めることにもなるだろう。裁判所命令で警察の職務質問に関するデータの保存が義務づけられているいくつもの都市で、警察活動の憲法違反という同じ問題が明らかにされている。ペンシルヴェニア州フィラデルフィアでは、デヴィッド・ルドフスキー率いる法律家チームが、警察が行う職務質問の三分の一から半数が、警察官自身が述べる関係事実に照らしてさえ合理的な疑いの基準を満たしていないことを発見した[81]。ニュージャージー州ニューアークでは、地元の警察が七五パーセントの職務質問で合理的な疑いを十分に説明できていないことが司法省によって明らかにされている[82]。ニューメキシコ州アルバカーキでは、三年間で用いられた致死性ならびに非致死性物理的強制力の半分以上で、警察が憲法に違反する過度な暴力を用いていたことが司法省の調査で判明している[83]。こうした裁判所命令にしたがったデータ収集はみな、警察活動（すなわちデータ）が即座に目に見えれば、はるかに効率的かつ迅速に実施できるはずだ。職務質問が行われたその日のうちに評価できれば、管理職は事後に警官の法的正当性を再現する必要がなくなる。憲法違反が疑われるようなデータにアクセスできれば、警察署は組織的な問題になってしまう前にそれを正す機会を得られる。検事と被告人弁護士も録画された職務質問場面にアクセスできれば、警察活動の説明水準がさらに高くなる。警察官が街頭で見たものごとについて法廷で争う場合にも、警察が行った職務質問の事実を法廷で実際に映像として見ることができれば、議論がはるかに容易になる。

職務質問と所持品検査が違憲だと考えられることについて警察幹部に見解を求めると、多くは正直に、管理職はできる限りの教育を行っているが、警官の仕事中に一から十まで面倒を見ることは不可能だと答えるだろう。しかし、管内警戒システムとリアルタイム警察活動を使えば、管理職が現場にいるようなものだ。急を要しない状況であれば、街頭の警官は中央司令部の上官から（あるいは弁護士からでさえ）法的な許可を得ることができるだろう。ある家を見張っている警官が、その家を訪れた人は薬物を購入した可能性が高いと考えているとしよう[84]。警官は次に家から出てくる人間に職務質問を行いたい。ならばその場で中央司令部に連絡を取って助言を求めることができる。司令部の人間は警官が見たものを映像を通して見ることができる。警官には十分な法的根拠があるだろうか？　それとも、さらに情報が必要だろうか？　法執行機関あるいはデータブローカーの記録から、不審な家とそこを訪れた人間について追加で詳細がわかれば、合理的な疑いにさらに近づくかもしれない。もしくは、管理者が「憲法修正第四条違反になるので職務質問をしてはいけない」というかもしれない。管内警戒システムとリアルタイムのコミュニケーションがあればすべての選択肢に道が開ける。

同じようなリアルタイムの説明が警察の暴力に絡む緊張を緩和するかもしれない。市民の携帯電話映像はそうしたできごとを知るきっかけにはなったが、実際には毎年多くの死が公の議論にのぼらないままである。不信感が広がっているため、客観的な証拠がなければ、法に則した警察の物理的強制力行使まで警察の誤判断や犯罪とひとまとめにされてしまう。透明性の欠如が原因で、警察機関は自己弁護に走り、市民は不信感を抱えたままだ。けれども、管内警戒システムネットワーク内であれば、すべての警官の物理的強制力行使を捕捉できる。ボディカメラの映像だけでなく、できごとの「前」と「後」を見ることができるため、暴力が発生するまでの時間と直後の時間をたどることができる。警察側も市民の側も、もはや自分の立場に合う話を作り上げられなくなる。被害者は「両手を上げていた」という主張（警察がマイケル・ブラウンを撃ったときの当初の報道）について、リアルタイムで（何か月も待たされ、公平な立場からの徹底的な連邦捜査ののちにではなく）その誤りを暴ける可能性がある。[85] 映像から全容が解明されるとは限らないが、手続きの透明性は大きく改善される。管内警戒システムを利用すれば、こうしたことすべてが技術的に可能だ。

地域社会のデータ収集

ブルーデータは法執行機関から生まれなくてもよい。従来にない方法で不特定多数からデータを集め、ひとつにまとめて検索できるビッグデータ技術を利用して、学者、記者、活動家が警察の行動に関する情報を集め始めている。

警察活動衡平法センター代表フィリップ・アティバ・ゴフなどの学者は現在、職務質問と所持品検査、そして警察の物理的強制力行使に関する全米統計を追跡して標準化するための新しい「全米司法データベース」を監督している。[86] 全米科学基金から資金を提供されたこのプロジェクトは、データ収集のために数十の法執行機関管区と連携している。プロジェクトはまだ始まったばかりだが、法執行機関界からは協力の確約を得ている。警察活動衡平法センターの最初の報告書「司法科学――人種、逮捕、そして警察の物理的強制力行使」では、警察の物理的強制力行使における人種差について一二の管区が調査され、[87]「逮捕の人口統計を調整してもなお、参加警察署にさまざまな水準の人種的不均衡があることが明らかだ」とわかった。[88] スタンフォード大学の工科研究科は警察活動パターンの調査に大がかりな計算を用いる「法、秩序、アルゴリズムプロジェクト」を立ち上げている。[89] シャラド・ゴエルとそのチームはすでに一一州から五〇〇〇万件の車両停止データを集めており、一億件を超える車両停止データベースを構築したいと考えている。[90] このプロジェクトの目標は、ビッグデータ戦略が警察の慣行に潜む体系的な人種その他の偏見を判定できるかどうかを見ることである。

ワシントン・ポスト紙やガーディアン紙の記者は、問題の範囲を理解しようと、警察の発砲データを集め始めている。[91] 記者はウェブサイトを作り、発砲の背後にある人間的な物語に光を当てて、一般市民の啓蒙キャンペーンに着手している。[92] それ以外のジャーナリストや、マーシャル・プロジェクト、プロパブリカ、著名な統計学者ネイト・シルヴァーのファイヴサーティエイトなどのニュース配信組織は、警察暴力その他の刑事司法問題の裏に実証可能なデータが欠けていることを明らかにしている。[93]

さらに、ロサンゼルス警察スパイ行為阻止連合のような全米各地の支援団体と小さなベンチャー企業が作成したさまざまなモバイルアプリを使えば、市民はスマートフォンを用いて警察の職権乱用を報告したり、動画をアップロードしたり、憲法で保障されている権利について知識を得たりすることできる。ロサンゼルス警察スパイ行為阻止連合の「職務質問と所持品検査監視」アプリでは、市民が市の警察職権乱用記録に参加できる[94]。そして情報がデジタルで、ひとつに集約できるため、そのシステムを用いて全国地図で警察事件を追跡することが可能だ。警察と市民の衝突が次々にアップロードされるにつれて、警察データと並行してこうしたコミュニティ型ブルーデータが作成できる。この種の並行データ源は地域社会の資源となるだけでなく、それが間違っていると考えられるときに警察側の主張として用いることのできるデータを警察が収集して保持するきっかけにもなる。

警察活動については、査定方法を再検討するための新技術さえ模索されている。犯罪統計を集めるコンプスタットの代わりに、シカゴなどの都市では、警察の態度に関する市民調査から地域社会の感情を拾い上げるリスペクトスタット（RespectStat）が実験されている[95]。リスペクトスタットの背後にある発想は、警察官の査定で敬意の程度、役立つ度合い、能力水準を評価することである[96]。それによって警察の管理職は部下の警官の仕事具合を判断する新しい方法を得ることになり、そうやって敬意に注目すれば「生産性の目標」が職務質問と逮捕からもっと地域社会に役立つものに変わるかもしれない。

ブルーデータ体制

こうしたブルーデータ革新すべてに共通する点は、警察慣行に対する体制志向型アプローチであることだ。警察官の地図化、追跡、検索と分析、勤務中の監視は、警察の暴力と憲法違反の職務質問という繰り返し起きている問題が少数の腐ったリンゴによるものではないと考えるきっかけになる。そうではなく、そうした過ちは、本質的にリスクの高い仕事においてさらに「事故」のリスクを高めるような、未対策の体系的な問題によって生じるものである。警察の体制が誤判断と違法行為につながる予見可能な環境リスクを作り出しており、ブルーデータはそうしたリスクを明らかにして改革の機会を提供する。

ものごとを体系的に捉えると、警察の仕事を見る目が変わる。警察官というものは混沌としていて、不確かで、整然としておらず、データのない職業に見える。あまりにも多くの種類の警察活動があり、あまりにも多くの一日の過ごし方があり、あまりにも異なる急展開や異常な事件があるため、体系的な思考など不可能に見える。パトロール中の警官は都市部にいることもあれば地方の砂漠にいることもあり、殺人犯人を逮捕することがあれば赤ん坊を取り上げることもあり、命を救うことがあれば奪うこともある。その成り行き任せの状態が原因で、警察活動は局所的とみなされ、データ駆動型システムによって調査されることもほとんどなかった。だからといって、警察活動理論、警察活動慣行、訓練マニュアル、任務規則に関するさまざまな書籍がないというわけではないが、それでもすぐれたデータを見つけることは難しい。仕事のやり方についての情報はあるが、どうやってそれを成し遂げるかという情報がない。

見たところデータのない世界にいるという点で、警察は、混沌とした環境で働き、当初はデータ収集と分析を拒んでいた医師やパイロットなどの高リスク職業に似ている[97]。手術はひとつとして同じではなく、ひとりひとりの患者に異なる病歴と診断があり、したがって、組織全体が専門家としての医師の判断を向上させることなど不可能だと医師は主張した[98]。パイロットは、フライトごとに異なる天気、技術、飛行計画に対応しなければならないため、組織全体で特定の飛行計画に対処するなど不可能だと主張した[99]。医師もパイロットも自分たちを科学者ではなく芸術家として、みながほとんど同じことをしているより大きな体系の一部としてではなく、みずからを体系の支配者として捉えたがった。その結果、手術台の上での失敗や飛行機事故にいたったミスなどものごとがうまくいかなかったときには、その原因はそれぞれがばらばらのエラーであって組織全体の問題ではないと考えられていた。だがそれは間違いであることがわかった。失敗は単独の誤判断ではなく、小さなミスがたくさん重なったために重大な手術ミスや事故にいたったのだ[100]。専門的職業にありがちな芸術家気質や自惚《うぬぼ》れが避けることのできた小さなミスの繰り返しを覆い隠し、避けることのできた悲劇を招いたのである。

ときとともに、外科医やパイロットのような高リスクの職業はエラーの「体系的な分析」を受け入れるようになった[101]。そうした職業は、手術室やコクピットで起きているものごとのデータを集め、その後その組織内のほかの参加者（看護師、機械工、管理職、監査人）を招き入れて体系的なリスクの解明と繰り返し起きるエラーの調査を行う方向へと変化した。そうすることで、有害な、ときに死を招く危険が最小限に抑えられ、組織全体が改善したのである。今日、医師とパイロットは両方とも、エラーが起きる前にリスクに対処して積極的に回避しようとする安全文化を共有するようになっている。[102]

弁護士で刑事司法の専門家であるジェイムズ・ドイルは、その体系的アプローチを刑事司法制度の改善に適用している。[103] 彼は二年にわたって、司法刑事制度内の誤りを調査し、そこから得られた教訓について検討する国立司法研究所のプロジェクトを率いた。当時の司法長官エリック・ホールダーと多数の刑事司法の第一人者から支援を受けたその国立司法研究所プロジェクトは、不当な有罪判決などすでに判明している権利侵害の誤りを「警鐘事例」として検証するという発想を初めて作った。[104] そうした警鐘事例では関係者全員が集まって客観的に誤りの原因を評価したうえで、将来のリスクと脅威に備えて体系的な方法で戦略を練る。その中心となる発想はここでも、致命的なひとつの誤りは実は小さな体系的な誤りがたくさん重なったために生じるという考え方である。[105] 失敗は個人的な問題（刑事がしくじった）ではなく体系的な問題、すなわち組織的な事故（チェック機能と説明機能が働かなかった）だ。誤りを多数の異なる関係者と構造的なリスク要因とが重なった集合的な失敗と考えれば、体系的な問題の解決は容易になる。集められたデータを調査することで、「警鐘を鳴らす見張り役」は、医師が間違いを犯したのではなく欠陥のある体系のなかに作られた状況の組み合わせが誤りにつながったとわかる。投薬ミスや間違った患者に手術をしそうになった「ニアミス」を調べるために警鐘事例が用いられている医療専門職から拝借して、ドイルはその教訓を誤った有罪判決や警察のエラーに応用している。[106]

国立司法研究所の取り組みと似ているが、ペンシルヴェニア大学法科大学院クワトローネ公正司法行政センター長のジョン・ホールウェイは体系に基づく刑事司法制度改革について一連の全米討論会をスタートさせた[107]。警察活動の誤りを含む刑事司法制度の誤りは「根本的な原因の分析」を用いて解明できる。警鐘事例に似ているこのプロセスは、リスクの高い体系のなかでどのようにエラーが起きるのかを理解するために、だれにも責任を追わせない空間を作ろうとするものである。問題の「根本的な原因」を探そうとするなら、目標はつねに学習を促すことであって、罰することではない[108]。問題のすべての要素（体系）をばらばらに分解して、どの部分が失敗したかをチームが調査し、最終的な目標は同じエラーが繰り返されるのを未然に防ぐような変化、訓練、改善方法がないかを検討することである。

警察の失敗を体制の問題として考えれば、不必要な物理的強制力行使といった問題が繰り返されるリスクを減らす方法について意見交換するきっかけが生まれる。すべて比較的ささいな悪事が悲劇的な結末に転じたマイケル・ブラウン、タミル・ライス、あるいはフィランド・カスティールの射殺は、人種的な憎悪に煽られたひとりの悪人によるひとつの悪い行為に単純化できない。その誤りはもっと日常的なことで、重なり合い、繰り返されている。外から見えるものも見えないものも含めて、人種の偏見が一因になっていたかもしれない。けれども、それに加えて、警官は部分的で不完全な犯罪行為の情報を無線で受けていた。警官は孤立し、十分な応援もないまま容疑者に近づいた。警官は自分の身に危険を及ぼしそうに見える男たちに、身元も脅威の度合いもわからないまま立ち向かった。警官はほかに使えるような非致死性の武器を持っておらず、自分が感じた危険度に見合った対応を取れなかった。こうした誤りは構造的なリスク要因（通信、警戒、偏見、教育、採用）として説明し直すことができ、改善しなければ死亡事件につながる。

警察の慣行を調査し、データを集め、できごとを単独のミスではなく欠陥のある体制の一部と考えることで、危険度の高い現場と組織的に取り組むための新しい方法が作れるかもしれない。

同様に、ニューヨーク市の攻撃的な職務質問と所持品検査をめぐる争いは、意図的に人種差別をして有色人種の若い男性に嫌がらせをするつもりで出かけた個々の警官によって生じたのではない。そうではなく、体系的な警察「文化」の問題があったのだ。テリー裁判以降、最高裁判所は不確定かつ漠然とした憲法修正第四条の原則に基づく職務質問を容認しており、それはつまり思慮分別のある人々が「合理的な疑い」の定義に異議を唱えることができるという意味でもある。一方で、警察は明確な指標を与えられておらず、実際、その基準に基づく教育がまぎらわしい、あるいは間違っていることさえある。ニューヨーク警察の付随訴訟のひとつでは、憲法修正第四条に則った押収に関する警察の教育ビデオが法的に誤っていると裁判所に指摘された[109]。この教育ビデオはほぼすべての警察管区で、すべてのパトロール警官に見せられていた[110]。ニューヨークではさらに、召喚状と逮捕という形で「生産性」を示す体制の圧力が不必要な対立を促し、人種、階級、地区、警察暴力の歴史が反感の種を蒔いた。もっとも重要なことに、警察が街頭の社会統制を行う必要があると考えたために、公然とまた秘密裏に、攻撃的な警察活動の文化が促進された[111]。新たに職務質問と所持品検査が行われるたびに組織的な偶発事故が起きる可能性が高まるような、こうした潜在リスクのリストは果てしなく続く。このような環境で、ひとりの警官が攻撃的かつ憲法に違反する行為を行ったのはその警官の単独の判断ミスだと述べてしまうと、根底にある体系的な欠陥を見逃してしまう。データを通して発見された攻撃的な警察活動の体制と文化からは、不必要に高い水準で憲法を侵害する危険性が明らかになっている。

ブルーデータを用いてこうした体系的な弱点を明らかにすれば、リスクに対処する機会が生まれる。起こせる変化は三つある。第一に、本章を通して論じてきた類いのブルーデータを収集して分析する。データが収集できなければ、体系の構成要素は調べられない。第二に、組織の文化を改善して隠れたリスクを軽減することに焦点を合わせる体系的アプローチを採用しなければならない。ブルーデータは組織全体を見るための視覚化手段にはなるが、警察幹部やその他の関係者は必ず文化的変化を望まなければならない。最後に、組織的な事故が起こったときには――それは必ず起こる――収集されたデータを用いて問題を調査するために、関係者はそれを警鐘事例として率先してオープンかつ客観的な検証を行わなければならない。

ブルーデータの未来

ブルーデータの未来には伝統という逆風が吹いている。警察もほかの専門職同様、細かく管理されたり監視されたりすることを嫌うだろう。警官もほかの人々同様、アルゴリズムによる「リスクあり」診断が原因で、私生活を侵害されたりプロとしての判断を分析されたりすることは望まない。警察官を代表する組合や組織は必ずこれまでと同じように監督強化に反対する。

しかし、監督が有効であることは過去に証明されている。警察データを収集するという発想はとりたてて新しくはない。[112] 司法省はいくつもの警察署を監督、調査してきた。[113] 法執行機関の職権乱用に関する合衆国法典第四二編第一四一四一条に基づく公民権差止命令は何十年にもわたってデータ集約型の捜査につながってきた[114]。示談による正式な同意判決には通常、改善策としてデータ収集が求められる[115]。権利剝奪を求める民事訴訟に関する合衆国法典第四二編第一九八三条に基づく警察に対する民事訴訟でもまた、改善策として警察慣行のデータが収集される[116]。こうしたデータ収集の仕組みをビッグデータ技術に適用すれば、広範囲にまたがり地理的にまったく異なる問題管区を監視しようとしている公民権擁護者や執行機関の力を簡単に増大させられるかもしれない。ビッグデータによる監督は――政治的な意向があることが前提だが――警察活動改善のための既存の体制に新たな価値を付加できるかもしれない。

たとえ抵抗されても、データ収集と分析はほかの職業と同じように強行される可能性が高い。それを押す力、そしてブルーデータを押すさらに大きな力は、オバマ政権によって助けられている。先にも述べたが、オバマ大統領のホワイトハウス「警察データ戦略」は政府、大学、民間セクター間の大がかりな協力を構想していた[117]。五〇を超える地方管区が調査のために九〇のデータセットを開放した[118]。連邦政府は司法省地域社会志向警察活動局を通して、警察データ戦略への参加を望む地方警察に対して教育と技術支援の資金を提供することに同意している。さらに、民間企業や警察財団、国際警察署長協会、サンライト財団などの非営利団体が、より多くの人がデータにアクセスして利用できるよう追加で技術的なデジタルツールを提供することに同意している[119]。警察活動にとって重要なのは正当性である。そして体系的な問題について理解を深めることは問題解決にも正当性の向上にも役立つはずだ。警察署長は透明性と信頼の必要性を認識している。そしてブルーデータがその道を切り開くことが期待されている。

第九章…………ブライトデータ　リスクと対策

リスクに光を当てる

すべてのビッグデータ警察活動技術には共通点がひとつある。それは犯罪行為と相関する予測リスク要因の特定だ。本書を通して述べてきたように、リスク特定技術は犯罪と取り組む警察の画期的な戦略を数多く導いてきた。けれども、この新しいデータ駆動型のリスク特定能力は必ずしも警察活動による対応策を必要としていない。リスクは対策から切り離すことができる。ビッグデータが示す見通しに警察が対処しなくてもよい。直感に反するが、予測型警察活動のアプローチは警察が直接関わらなくても同じように効果がある可能性がある。

本章では、リスクと対策に向けたビッグデータ活用アプローチについて検討する。ここでは、犯罪の問題には警察活動の解決策が必要だという自動的な前提から離れることが提案される。ビッグデータ警察活動はおもに法執行機関から資金を受けて促進されているとはいえ、警察が管理しなければいけないわけではない。本章では、賢い（正確かつ目的意識がある）という意味での「ブライト」、そして明るい（隠れた問題やパターンを明らかにする）という意味での「ブライト」から「ブライトデータ対策」と名づけた方法に光を当てたい[1]。ブライトデータ対策は意図的に警察の役割をはっきりさせないという点で、ビッグデータ警察活動とは対照的である。判明したリスクに警察の対応が必要な場合もあるかもしれないが、警察以外の対応のほうがよりすぐれた、そして長続きする解決策を示すこともある。どのような場合でもビッグデータはリスクを特定するが、対策は必ずしも特定しない。

ブライトデータと場所

予測型警察活動アルゴリズムは特定の場所で特定の犯罪が起こりやすいと予想する。けれども、リスクの高い場所の特定は犯罪問題に対する適切な対策の決定ではない。

たとえば、第四章の場所型予測で取り上げたリスク地形モデリング（RTM）によるコロラド州の自動車盗の事例を修正してみよう。冬の朝、アルゴリズムが、ある集合住宅で自動車盗が起きる可能性が高いと予測したとする。原因は前にも述べたように、寒い冬の朝に部屋から見えない場所で車のエンジンをかけたまま放置しておく「かけっぱなし」問題だ。予測アルゴリズムは特定の寒い朝に特定の駐車場で自動車盗のリスクが高まると予測する。

そのような予測に対してプレドポルあるいはハンチラボなら、窃盗を抑止するために、リスクの高い朝の時間帯にその地域のパトロールを指示する形で対応するだろう。ＲＴＭは、警察のパトロールを集中させるけれども市町村の既存の条例（交通違反、住宅建設違反）も強化するという具合に、それよりは包括的なアプローチを提案する。それらはみな、その場所を犯罪者にとって魅力の劣る場所に変え、リスク要因を減らすと考えられている。予測企業によっては、駐車場の徒歩パトロールや、リアルタイムビデオ監視システムを導入して警察本部に映像を流すことを提案するかもしれない。けれども、そうした対策にはみな警察が関わっている。予測型警察活動が法執行機関を土台に生まれ、警察機関がその技術を管理しているために、解決策は警察がもっとも得意とするもの、すなわち警察活動に集中してしまう。

しかし、ブライトデータの観点から見れば駐車場に警察を増やす必要はない。また、リスクの高い場所で召喚状の発行を増やす必要もない。そうではなく、この技術の考え方では、家から駐車場まで距離がある、たむろできる、警備が整っていないなど環境上狙われやすい特定の場所における人間の行動パターン、つまり寒いなかで車のエンジンをかけることに目を向ける。エンジンのかけっぱなしにつながるような環境脆弱性への対策としては、右記以外にも警察に頼らない多くの方法を取ることができるだろう。ゲート、錠前、出入許可証の導入など駐車場に物理的な変更を加えることから、エンジンをかけたまま車を離れることの危険性を説明する地区住民への啓蒙活動、民間あるいは地域住民による朝の見守り活動、短時間で温まる車載ヒーターなどの技術的な改善、地下駐車場に改築するといった構造的な改善にいたるまで、すべて警察の手を煩わせることなく判明した特定リスクに対処する方法となりうる。

次にビッグデータの目を外側に向けてみよう。特定の犯罪現場に関する既存の消費者データについて考えてみる。[(2)] データブローカーは集合住宅にだれが住んでいるのか、どのような車を運転しているのかを知っている。どのような車が盗まれやすいのか、あるいは容易に盗めるのかという犯罪パターンとそれを照合すれば、特定の車種の所有者を抜き出してリスクについて注意を促すことができるだろう。車によっては地理的位置情報を発信するスマートセンサーが装備されている。そのような車であれば盗難前の抑止力、盗難後の捜査として役に立つかもしれない。ソーシャルメディア追跡システムは、その地域からだれがいつ通信しているかを把握しているため、頻繁に朝その場所にいる人物に地域パトロールを兼ねてもらうこともできるだろう。リストサーブのような地域の自動メーリングリスト配信システムでは情報共有が可能だ。賃貸住宅会社に監視カメラを購入してもらうこともできる。こうした技術的介入あるいは地域ベースの介入は、警察による同じ環境リスク対策支援の有無に関係なく実施できる。

対策に警察の存在を使うのであれば、それは予測データに駆り立てられたものではなくひとつの選択肢——政策の選択肢——とみなされなければならない。実際、犯罪解決の体系においては警察が主要な行為者かもしれないが、リスクを減らす体系において主要な行為者となる必要はない。警察が介入しなくてもそれ以外の組織、機関、地域団体の力でリスクを減らせるかもしれない。要するに、予測警察データが問題を特定できるからといって、対策の選択が決められているわけではないのだ。

それより大きな疑問は、警察に焦点を合わせる対策が犯罪を助長する環境の脆弱性を減らすというひとまわり大きな目標の役に立つのか、それとも害になるのかということである。警察による抑止が一、二週間うまくいったとしても、それは一時的な解決策にしかならない。翌月、あるいは次の冬になれば、また同じ問題が起こるかもしれない。交通の取り締まりで警察の存在感を高めたり、区画法を施行して放置建物を減らしたりする包括的な計画なら、それよりは長期の影響を与えるかもしれないが、いずれも物理的な環境改善ほど恒久的な影響は与えられないだろう。危険なのは、データにしたがって警察が問題を解決できると考えて、地域社会が長期の解決策を探さなくなってしまうことである。結局のところ、犯罪の本当の原動力は、だれかが車を盗まなければいけなくなるような構造的な貧困に関わっている。予測型警察活動をたんなる警察の手段と考えてしまうと、明らかになった環境リスクに対するほかの解決策を地域社会が見逃す恐れがある。

ブライトデータとパターン

ビッグデータのパターンは犯罪を助長する社会的リスク要因の視覚化に役立つ。現在の犯罪マップには報告のあった犯罪が記録されているが、ビッグデータ技術を用いれば社会的ニーズを示す高度なリスクマップも作成できる。

ビーウェアのようなデータブローカーサービスが提供する消費者データすべてをデジタルマップに取り入れると考えてみよう[3]。ただし、危険な住宅を表示する代わりに困窮している住宅を表示する。教育支援、金融支援、精神あるいは身体的な健康支援を必要としているのはどの家族だろうか？　そうした家族のなかのだれにもっとも大きな支援が必要か？　食べ物が十分にないすべての子どもを表示するリスクマップがあったらどうだろう？　そうすれば、現在利用可能な福祉の地図を重ねられる。最寄りの食糧支援団体の位置を示したデジタルマップを母親に見せることができたら？　社会福祉人員を特定の父子家庭へ正確に配置できたら？　地図を見てわかることのひとつはおそらく、社会福祉制度の提供者がそうした人々の近くにいないことだろう。さらに、困窮者が利用できる資源があまりにも少ないこともわかるだろう。だが、不均衡を示すマップなら、資金と資源がもっと必要な場所が効果的に強調される。市内全域のリスクマップでは、犯罪に加えて社会問題のパターンを視覚化できる。

視覚化は重要である。犯罪の地図化が可能になる前でも、警察は犯罪が起きていることは知っていた。市長も知っていた。地域社会も知っていた。地図化は犯罪を止めもしなければ解決もしなかったが、特定の犯罪多発地域に焦点を絞れるようにした。同じ視覚化は社会的困窮に対しても実施できる。ブライトデータリスクマップの発想は、社会的困窮を可視化して、対象として捉え、それによって対策に焦点を絞れるようにするものである。警察の管理職が犯罪数を引き下げるために具体的な数値の改善を求めて絶え間なくデータを利用しているように、行政の管理職も同じように対象を絞る方法で貧困の数字を引き下げられる。コンプスタットのようなデータ収集を社会と行政の責任範囲であるブライトデータ戦略に利用するというこのアイデアは、ハーヴァード大学ケネディ行政大学院のロバート・D・ベーンが開拓したものである。ベーンはデータを中心に据えたガバナンスの潜在的可能性を示すために、データ駆動型リーダーシップ戦略として「パフォーマンススタット」（PerformanceStat）という構想を作った[(4)]。若干簡略すぎる説明になるが、犯罪の減少を追跡するために用いられている、データに基づく説明責任の仕組みと同じものを、街灯からホームレスにいたるまでの地域の問題追跡ならびに改善に向けるのである。

社会問題のリスクマップはまた警察官の仕事を助けることにもなる。警察は日々、路上排尿、不法侵入、治安紊乱《びんらん》行為など貧困が原因の犯罪から、公共の場での逆上や精神錯乱など精神的な健康が原因の事件、無断欠席、落書き、校内暴力などの少年犯罪にいたるまで、一連の社会問題に直面している。このような軽微な事件の多くは刑事訴追のレベルはおろか召喚状にさえ発展することはないが、寄せ集めの都市生活の一部として存在している。そうした社会問題を地図化すれば、問題点を特定して警察の日々の仕事を分類するためにおおいに役に立つ。対処の必要な反復パターンと実際の制度とのずれは、コールドデータ、ハードデータを用いて視覚化できる。犯罪の多発地域を見るのと同じ方法で、社会的困窮（あるいは社会的崩壊）の多い地域が見えるようになり、適切な事前介入を実施できる。繰り返しになるが、視覚化が重要だ。そうした社会的困窮の多い地域は、自分の担当区域をよく知っている警察官全員の心に刻まれている。警官はホームレスの退役軍人、犬を連れて物乞いをしている家出人、精神を患っている人々を知っている。けれども、警察と人々とのそうした関係は評価もされなければ監視もされない。なぜなら、警察のデータ収集は犯罪に集中しており、毎日のように警察が関わっているあまたの公衆衛生の仕事には向けられていないからである。データを使って社会問題を地図化すれば、日々真っ先に現場に駆けつける人々が何をしているのかについてもっとよくわかるようになるかもしれない。

ブライトデータを地図化した事例として、コロンビア特別区消防救急医療隊と行動保健局が日毎に健康関連データに関する多くの情報を交換した例がある。(5) 薬物の過剰摂取はみな、救急出動、病院の受診、精神の健康や薬物乱用の専門医への紹介、逮捕、社会福祉制度の要請と関わっている。典型的な過剰摂取の場合、九一一番通報によって警察と救急が現場に駆けつける。患者は処置を施されて病院に搬送される。書類が記入され、福祉担当者に連絡が取られ、事件は解決済みとなる。同じ薬物使用者がたびたび過剰摂取してもこの手順は変わらない。さまざまな機関の初動対応者全員が、そのパターンがまた繰り返されるとわかっていても変わらない。何度も救急出動を要請して体制に負担をかけている少数の人間を特定して支援することができるにもかかわらず、変わらない。

二〇一五年夏、消防救急隊は薬物過剰摂取のデータを地図化して現状を変えようと決めた。当時、消防救急隊は毎日平均して一五件の合成大麻過剰摂取疑いと六件のヘロイン過剰摂取疑いに対応していた。試験的取り組みで、消防救急隊はヘロイン過剰摂取の疑いがある各患者の名前、場所、過去の薬物過剰摂取状況について、リアルタイムで行動保健局に情報送信を開始した。このふたつの組織は、市内でヘロインを過剰摂取したと思われる人のうち身元を確認できる人全員に対して、過剰摂取から七日以内に薬物乱用カウンセリングの訓練を受けた専門家チームを必ず派遣するという目標を定めた。チームは過剰摂取者に自主的な検診、短期間の介入、薬物治療の紹介を行う。無料で治療施設へ車で送り届けることを含む治療の選択肢はその場で提示される。二か月の試験運用期間に、八四人が治療措置のため行動保健局に回された[6]。それらの人々は過去八年で合計一〇〇〇回を超える救急出動を消防救急隊に要請していた。行動保健局の派遣チームは三九人の住居を特定することができ、半数を超える二一人が自主的に検診を受け、薬物乱用治療を受けることに同意し、そのうち八人はその場で車に乗って直接治療施設へ向かった[7]。

おそらくそれと同じくらい重要なことに、消防救急隊と行動保健局のデータ共有によって、コロンビア特別区の公衆衛生担当者はアヘン由来の催眠鎮痛用薬剤を過剰摂取する危険の高い住民を想定し直すことができ、それによって以前より効果のある公衆衛生戦略を立てられるようになった[(8)]。薬物過剰摂取者が発見された住所の分析から、過剰摂取の繰り返しといくつかの特定のホームレス収容施設とのあいだに強い相関関係があることがわかったため、特別区の官僚は派遣と介入の取り組み対象をもっともその影響が大きい場所に絞ることができた[(9)]。

当然のことながら、公衆衛生と法執行機関の境界線があいまいになると深刻なプライバシーの問題が生じる。試験プロジェクトでは、コロンビア特別区の消防救急隊は薬物過剰摂取者の氏名や住所を法執行機関には知らせなかった。出動時の位置と過剰摂取の種類に関する情報は身元をわからなくして区画などの地理的な単位にまとめられたうえで、地図化され、法執行機関に渡された。プライバシーの問題があるため、人間ではなく場所を対象にしたのである。

最後に、管内警戒システムのような強力なビデオ監視システムをテロリストだけではなく困窮者にも利用すると考えてみよう[(10)]。現在の追跡システムは放置荷物、手渡しの取引、逃走といった不審な行動パターンに焦点を合わせているが、同じ技術手法は貧困や社会的困窮のパターンを追うために利用できる。管内警戒システムはホームレスの若者を探し出して住宅支援を提供するために利用できる。管内警戒システムは精神疾患を抱える人を見つけ出して精神的な援助を差し出せる。管内警戒システムなら泥酔してバーから引きずり出される人や薬物過剰摂取で意識を失った人のような特定パターンについて自動的に警告を発することができる。唯一の変更点は、犯罪の特定ではなく犯罪の温床となる社会的原動力を警告するシステムへと視野を広げることだけだ。

こうした人間のパターンはすべてデータに変換できるため、市のその他のデータと関連づけて調査できる。鉛のパイプ、違法建築、立ち退き、放置建物、公共交通機関、経済投資、通行パターン、街灯の明るさ、娯楽スペース、図書館利用、医療、あるいは登校水準のデータはみな地図に示して追跡できる。社会活動パターンと地域社会の機能不全（あるいは活気）を比較すれば、経済社会の発展を妨げている相関関係について新しいひらめきが生まれる可能性がある。もしかすると、図書館と若者の暴力削減、あるいは公園と精神的な健康の改善に関係があることが発見されるかもしれない。こうしたブライトデータの調査と追跡によって、法執行機関だけでなく市全体が、その後の計画推進に役立つような、リスクの高い場所や健全で合法な行動パターンについての理解を深められるだろう。

ブライトデータと人物

シカゴのヒートリストのような新しい取り組みは、リスクと対策の組み合わせを示す最良の例となる[11]。もともとヒートリストは被害者になりそうな人物と加害者になりそうな人物の両方を予測する。つまり、仲間のネットワークや過去の犯罪との関わりから被害者はすでに割り出されている。そうした若い人々に手を伸ばして注意を促すことには大きな意味がある。リスク要因を探し出すアルゴリズムの開発こそがブライトデータの本質だ。けれども、リスク特定後に、（たとえ社会福祉士が同行しても）個別通知書を手にした警察官が訪問するという対策を取る必要はない。若者に人生を変えろと告げるために警察が関わらなくてもよい。歴史を見ればそうした介入は警察の存在がなくても多かれ少なかれうまく行われてきた。何といっても社会は、鉛含有塗料、喫煙、飲酒といったそれ以外の公衆衛生リスクについて対策を取ったり市民に説明したりするときに、その仕事を警察官に委ねたりはしていない。ならば、暴力という公衆衛生リスクだけなぜ警察の仕事なのか？

答えは単純だ。その技術が、おもに警察が始め、警察が資金を投じたものであり、警察がリスクのある人々との関係と社会統制を維持したいと考えているからである。だが、警察を抜いてはどうだろう？　本物の公衆衛生ヒートリストを作ってもよいのではないか？　明らかなプライバシーの問題を除けば「社会的困窮ヒートリスト」は社会的支援をもっとも必要としている人物に正確に的を絞ることができる。若い男性も女性も一様に教育、金銭、健康の支援対象にできる。ビッグデータと適正に設計されたアルゴリズムを使えば、どのような大都市でも、もっとも支援の必要な、ヒートリストの人数と同じ一四〇〇人の子どもリストを作成できる。そのリスクのある若者を仕事、メンター、福祉支援、カウンセラーにつなぐことができる。その進捗度を追跡することができる。根底にある問題の一部が改善したときにはリスク要因を見直すことができる。

もう一歩先へ進んで、社会福祉制度との接触を、すでにあるパランティアのような追跡システムと統合できるかもしれない。[12]加害者になるリスクの高い人物が現場尋問カードを通して警察と接するたびに点数を加算する代わりに、困窮度の高い人物が社会福祉制度を利用するたびに点数を加算する。社会福祉士が子どもを支援するたびに、データを市内全域のシステムに入力する。

カウンセリングを受けるたびにシステムに入力する。何の接触もなければ、自動警告システムがその人物が放置されていると注意を促す。社会ネットワーク技術が、支援の必要な次世代の若者予備軍になりかねないリスクの高い子どもたちを特定する。犯罪仲間のネットワークではなくネグレクトのネットワークを追跡する。突き詰めれば、現在社会統制のために作られている監視構造全体を、社会を改善するために作り直すことができる。

ブライトデータの世界では、実際に公衆衛生の問題として暴力に対処することが可能だ。社会を汚染する毒を取り除きたければ、毒を吐き出す者だけを逮捕すればよいのではない。毒そのものも浄化しなければならない。有毒な環境に住んでいると市民に告げるだけで、家族がそこから移転したり若者が犯罪組織から抜け出したりするための資源、あるいは薬物遊びの病から逃れるための経済支援がないのであれば十分とはいえない。

失敗はいつも、こうしたより大きな社会の病を治す方法を見つけ出せないことにあった。刑事に医師の役割を課す、つまり病気の患者に個別通知書で知らせるのでは、警察にとって最適な役割を理解しているとはいい難い。公衆衛生にたとえるなら警察は医師ではなく、どちらかといえば次々に緊急事態に対応して救急治療室のドアの前まで苦しむ人を運ぶ救命救急士のようなものだ。治療をもたらす仕事が課されているのは市の行政である。暴力という公衆衛生の危機に対する治療方法を見つけるために、市はそうした環境リスクの根本的な原因に対処しなければならない。そして治療には、効果のある薬と同じように、費用がかかる。職業訓練、荒れる学校、安全の問題、そして貧困、精神病、中毒の根底にある問題に対処するためには資源が必要だ。シカゴ、カンザスシティ、ボルティモア、ニューヨーク各市の一部では、何世代にもわたってこうした環境リスクへの改善策が取られてこなかった。したがって、警察に治療優先順位を決めるトリアージの仕事を要請したところで——たとえもっともリスクの高い人物が判明しても——根底にある社会問題の解決にはならない。ところが、現時点ではそこに資金が注ぎ込まれている。予測型警察活動計画ではリスクの特定に投資されているが、そのリスクの改善に向けた同様の投資は行われていない。

しかしながら、社会福祉改善策への投資は難しい。あるいは、少なくとも警察への投資よりは難しい。その資金力がないために、市はますます法と秩序の改善策に力を入れている。治療があまりにも難しいため、情報駆動型起訴のような戦略がいっそう魅力的に見えてくる。(13) 何しろ、社会から対象者を排除すれば、少なくとも短期間では暴力の広がりを抑えることができる。伝染病を隔離するように、あるいは古くは患者を追放したように、無力化に焦点を合わせたこの種の解決策は根本治療よりも容易なのかもしれない。

けれども、ブライトデータが発達すれば、同じ社会問題と取り組むための非懲罰的方法を論じることができるようになる。リスク判定システムは同じで、対象となる人物も同じだ。唯一の違いは判定されたリスクと取り組むために選択される対策である。ブライトデータは非警察中心のビッグデータ戦略の扉を開く。ただし、市の行政にはその扉を通って、その先の未来へと進む覚悟が必要だ。ブルーデータ警察活動と同じように、既存のビッグデータの能力を眺める視点を少し変えれば、根底にある同じ社会問題に対処するための新しい発想、新しいアプローチが見えてくる。ビッグデータ、ブルーデータ、ブライトデータはみな、さまざまなデータ源の大きな流れのなかからリスクを見つけ出すことに関わっている。いずれにしても難しい部分は、その情報を用いて何か建設的なことを実行するという点にある。

もうひとつ別の難点は、そのデータの流れが弱くなったり、あるいは存在しなかったりするときに生じる。ビッグデータの世界では、データが存在しない場所や空間は放置されかねない。次章では、データの欠落が歪みを作る「データの穴」問題を検討する。

第一〇章……………データなし　データの穴を埋める

データの穴

一八歳にして、ジョンはすでに十分すぎるほど厳しい人生を送ってきた(1)。非行少年の入所施設を出たり入ったりで、実質的に母親に捨てられたネグレクトの家庭で育ち、高卒資格しかなく、決まった家もないジョンは、ガールフレンドの長椅子で眠りながら寒々しい未来に思いを馳せていた。刑事司法制度と関わるリスク要因を評定する人間ならだれでも、ジョンはリスクがあると考えるだろう。そして、悲しいことに、それから一年も経たないうちにジョンはコカインを売った罪で起訴されることになり、その評定が正しかったことが証明された。ジョンの事例、そして何千件もの似たような事例が次から次へと、ほとんどの都市の刑事裁判所に送られ、刑事司法のデータシステムを埋めている。

町の反対側ではもうひとりの一八歳、チャーリーが大学進学の準備をしていた。裕福な家庭出身のチャーリーは大切な持ち物を引っ越し荷物に詰める。タブレット型端末のアイパッド、スマートフォン、ノート型パソコン、家庭用ゲーム機Xボックス、ブルートゥース対応スピーカー、活動量計のフィットビット、ヘッドホン、清潔な洋服、そして小瓶に入ったコカインを少々。情報時代の申し子であるチャーリーはデジタルな世界のなかで暮らし、働き、遊んでいる。比較的裕福な家庭の子どもである彼は、時代に適したメディア、音楽、スタイルを消費している。裕福な薬物の売人である彼に逮捕歴はなく、刑事司法システムにその人物情報は入っていない。

データに変換するとジョンとチャーリーはまったく異なる人物像を象徴している。消費者データブローカーは、金がなく、定まった住所もなく、経済的な将来の見通しが暗いジョンのような人間はおそらく無視するだろう。影響力のある消費者になりそうもない人物を消費目的で追跡することには経済的な意味が見出せないため、そこにはデータの穴ができる。ビッグデータマーケティング企業は、ジョンの好みを知りたいと思うほど彼に興味は示さない。その一方でチャーリーは、消費者支出と広告にとって完璧な人口統計プロフィールを示している。マーケティング企業にとってはチャーリーこそが現在であり未来であり、念入りに監視する必要がある。

同様に、両者とも一八歳で、成人してからの犯罪歴はなく、両者とも違法な薬物の流通に関わっているにもかかわらず、法執行機関のデータ収集システムはチャーリーよりもジョンに目をつけるかもしれない。データ駆動型警察活動システムはチャーリーではなくジョンを監視する。ジョンは警察の監視対象となり、接触を重ね、長年にわたって見張られる。そして、コカインを売るという危険な行動を繰り返しているにもかかわらず、データの穴はチャーリーの側にできる。裕福であるという事実と環境が、プライバシーを侵害する警察の監視に対して緩衝地帯を作る。

こうしたデータのギャップは問題を生む。ビッグデータ警察活動の成功は分析されるデータの規模と範囲に左右されるからだ。けれども、収集されるデータの種類に組織的な圧力がかかっているため、データの穴はなくならない。社会がますますデータに依存する警察活動システムへと進んでいくなかで、こうしたデータの穴を埋める、あるいは最低でも穴の存在を認識すれば、数字で示される確率的な疑いをやみくもに信用しないようにできる。消費者データは収入のほとんどない人を少なく数える。犯罪データは特定の犯罪を少なく数える。本章では、ビッグデータの数字を信用するにあたって注意すべきふたつの大きなデータの穴を取り上げ、完璧なデータセットを入手することの難しさについて説明したい。

データに値しない

相互に関係する三つの金銭的な現実が、貧しい人々の消費者データギャップを作っている。第一に、ビッグデータシステムが集めるデータの多くは、個人用電子機器を通してデジタル的に集められている。個人用電子機器を使わなければ、データの痕跡も残らない。ジョナス・ラーマンは次のように記している。「ビッグデータはそこに吸い上げられない人、すなわち情報がたびたび刈り取られたり耕されたり掘り出されたりすることのない人に対してもリスクをもたらす（時代錯誤の比喩だが好きなものを選んでほしい）。ビッグデータの賛成派も懐疑派も等しくこの革命が全体に及ぶ普遍的なものだと考えがちだが、実際にはビッグデータなどの高度な解析学が設計上捉えることになっている活動に日常的に従事していないことが理由で、何十億もの人々が範囲外に残ったままである」[(2)]。スマートフォンを持たず、オンラインショッピングをせず、クレジットカードを使わず、車がなく、定住所すらなければ、消費者データ収集の蚊帳の外に置かれ続けるだろう。ケイト・クローフォードは「すべてのデータは等しく作られていないどころか等しく集められてさえおらず」そして「ビッグデータセットには『電波の問題』、すなわち一部の市民と地域社会が見過ごされる、あるいは過小評価されるような暗い部分、影の部分がある」という認識を示している。[3] ビッグデータ収集は見えないものは数えないのである。

第二に、従来の非デジタルデータ収集点の多くもまた範囲外にいる人々には適用されない。運転免許証、税金、投票といった基本的な行政サービスにはみな郵便物の宛先が必要だ。専門職の資格や雇用記録にはそうした仕事に従事できるだけの安定した生活が求められる。貧困、ホームレス、渡り労働者は刑事司法制度においてさえ、個人を追跡しにくい。さらに、データが行政サービスを動かすようになるにつれて、この見える範囲外という問題は、そうした忘れ去られた集団が利用できるはずの行政による救援制度にもひずみを作っている。「ビッグデータとそれが可能にする予測が行政と市場を根本から整理し直す未来において、貧困者と社会から取り残されている人々がデータセットから除外されれば、経済機会、社会移動、民主主義的参加にとって大きな問題になると考えられる。こうした技術では、力のある行為者が商品やサービスの流通方法と官民機関の改革方法を決定するときに、特定集団の選択や行動がほとんどあるいはまったく考慮されないという、新たな種類の沈黙が生まれる可能性がある」[4]。この沈黙は、データ駆動型システムがデータから除外された人々を考慮しなかった結果、データ収集網に捕捉されない人への資金とサービスが減らされるという負のフィードバックループを作り出すかもしれない。ビッグデータに見えない人々は、ビッグデータに頼るシステムから忘れ去られてしまう可能性がある。

第三に、経済的な観点から大きな金銭的な見返りが期待できないため、消費者データブローカーはデータを修正しない。(5) 消費者データブローカーは企業に情報を売りつけて利益を得ている。経済系の枠外にいる人々は有益なデータを集めるために必要な時間とエネルギーを費やすに値しない。(6) これは企業が各住所や人物に関する一部の情報を欠いているという意味ではなく、詳細の水準すなわち正確さが損なわれているという意味である。もし警察がリスク判定用の情報としてビーウェアシステムのような商業システムに頼り始めたら、貧困地域におけるそのような不正確性はよくないどころか死を招く恐れさえある。

このデータギャップは外部のデータ収集業者への依存度が高まっている警察システムに対する警告でもある。犯罪行為のリスクがもっとも高い人物はデータ収集業者に拾われない。ジョンや彼が居候している高卒無職のガールフレンドは消費者ターゲットに適していないため、ビッグデータシステムには含まれていない。犯罪行為のリスクがもっとも高い人物は消費者ビッグデータシステム内では目に見えない。皮肉なことに、このデータギャップは政府の監視から逃れたい犯罪者にとってプラスに働きかねない。なぜなら消費者ビッグデータへの過度な依存が、そうした人間を除外するからだ。ただし、これまで述べてきたように、それ以外にも警察中心のデータ監視システムは存在する。そちらの監視網がジョンを捉える可能性は高いだろう。

裕福なデータと貧しいデータ

法執行機関のデータ収集システムは消費者データシステムと正反対の問題を生む。たとえ犯罪行為に関わっている可能性があっても、大部分の人は追跡も監視もされない。階級、そして階級に影響される警察の判断は、法を犯す多くの人を守っている。[7] シカゴでヒートリストの対象になった多くは一八歳から二五歳の若い男性だった。それは多くの若者が大学で学士や修士の学位を取ろうとしている年代と同じだ。シカゴの都市部でも名門私立大学のキャンパスでも、残念ながら薬物の使用、薬物の売買、窃盗、脅迫、暴行、性的暴行は頻繁に起こる。[8] どのような経済的背景でも——たいていは薬物やアルコールの影響下で——若者は馬鹿げた、危険な、衝動的な行為に走るが、刑事訴追は平等ではない。酔っ払って喧嘩をしたり、盗んだり、脅したり、レイプさえしても、キャンパスの警備員が呼ばれれば大学の規律違反で調査されるが、警察が呼ばれれば刑事訴追につながる。そして市の刑事司法データベースに容疑者の犯罪歴として恒久的な記録が残るのは後者だけだ。

金持ちを法執行機関のビッグデータ収集システムから隠すような、階級に基づく保護はそれ以外にもたくさんある。私有地に物理的な仕切りを設ければ、その塀のなかで起きている活動を監視の目から守ることができ、経済的に移動可能であれば監視の目が大きい犯罪多発区域から離れることができる。[9] 社会的地位は、職務質問、所持品検査、逮捕を行うかどうかの警察の判断に影響を与える。[10] 裕福なチャーリーが大学へ向かう途中で車を停止されても、ナンバープレート自動認識システムは令状が出ていないことを示し、コンピュータシステムは過去に警察との関わりがないことを示し、データの痕跡はいっさい見つからないだろう。チャーリーが違法薬物を持っているにもかかわらず、データに基づく無実の推定が警察の態度を決める。

階級差とは別に、警察のデータもまたきわめて断片的である。ロナルド・ライトの説明によれば、「アメリカでは州ならびに地方の一万七八七六の法執行機関が活動している。そのなかで一〇〇人以上の正規警察官を採用している組織は六・一パーセントにすぎない。七四パーセントの組織では警察官は二四人未満である」[11]。そうした小規模組織には、ほとんどのビッグデータシステムに必要なデータの品質管理と収集は不可能だ。つまり、地域警察データは犯罪データベースとして利用するには不完全かつ小さすぎる[12]。この断片化がさらなるデータの穴を作る。

同様に問題なのは、現在の刑事司法制度が完全な犯罪データの収集ができていないことでよく知られていることである。特定の犯罪はたいていの場合報告されずに終わる[13]。家庭内の身体ならびに性的暴行は個人的な人間関係が関わっているため通報されない[14]。性的暴行は社会的不名誉や法律上の難しさが原因で実際の数より少なく報告されている[15]。犯罪組織の暴力は警察への通報より非合法な報復に終わる。ほとんどの薬物使用者はみずから通報することはない。ほとんどの違法な銃器所有者は自分から出頭してくることはない。ホワイトカラーの窃盗は依然として捜査が困難だ。偏見に満ちた警察活動の慣行に嫌気がさした、あるいは警察に通報すると悪い結果を招きかねないと不安を感じる地域社会はあえて犯罪の通報などしない。暴力犯罪でさえデータシステムから漏れることもある[16]。司法統計局はほぼ半数にあたる年間三四〇万件の暴力犯罪が通報されていないことを突き止めた[17]。司法統計局の調査では、さまざまな原因とならんで、暴力犯罪被害者が加害者を恐れて、あるいは加害者が顔見知りで、あるいは状況に対処する別の方法を選んだために報告されなかったことがわかっている[18]。

階級に基づくギャップと犯罪に基づくギャップを合わせると、ビッグデータ警察活動システムはすべて、入手できるはずの犯罪データのよくても半分で作動していることになる。このような歪みはデータ駆動型システムの大きな限界を表すもので、もっとも基本的なレベルでデータ駆動型戦略に基づく結果の信頼性を損なう。警察資源と技術的投資は目に見える犯罪と戦うが、それは必ずしも存在しているすべての犯罪ではない。不完全なデータしかないデータ駆動型警察活動システムでも成功しているように見えるため、性的暴行、人身売買、薬物中毒など報告されにくい、すなわち測定されにくい犯罪の被害者に対して、こうした放置が実際に悪影響を及ぼす可能性もある。

その次の段階では、こうしたデータの穴が未来のデータ解析を歪める。不完全なデータで学習したデータ駆動型システムは不公平な結果を生む可能性がある[19]。少数派社会を反映するデータの穴がコンピュータにエラーとみなされ、その後のアルゴリズムで無視されるかもしれない[20]。アルゴリズムがモデルにそぐわない特定データを軽視することを選べば、データの穴がさらなるデータの穴を作ることになる。

そうはいっても、すべての犯罪で除外が起きているのではない。先に述べたように、殺人、見知らぬ人への性的暴行、自動車盗や不法目的侵入のような保険と関連する窃盗犯罪、その他重大な傷害を負わせる暴行などの犯罪は比較的正確に報告される傾向がある[21]。そうした事件で警察がデータ駆動型システムに頼ることには意味がある。データの穴はどこにでもあるわけではないが、そこに生まれる暗い空間は、たとえ明るみに出すことはできなくても、しっかりと認識する必要がある。

費用のかかる収集

データの穴は、ビッグデータ技術にはみな費用がかかるというきわめて単純な理由からも生じる。しかも多額の費用だ。多くの警察管区にとってまったく支払えない金額である。固定ビデオ監視カメラの基本的な装置はカメラ一台あたり二万五〇〇〇ドルである[22]。ナンバープレート自動認識装置をつけ加えると一〇万ドルに達することもある[23]。ナンバープレート自動認識装置の費用は会社や性能によって異なるが、車載カメラは一台二万四〇〇〇ドルほどで、それに年間維持費がプラスされる[24]。警察のボディカメラは一〇〇〇ドルほどの価格だが、何千時間分もの保存容量を持つデジタル記憶装置には年間数百万ドルかかる[25]。それらすべてが加算される。

ハンチラボやプレドポルなどの魅力的な予測プログラムは管区の規模によって三万ドルから二〇万ドルの範囲にわたり、それにも年間維持費を支払わなければならない[26]。ビーウェアシステムは年間二万ドルほどだといわれており[27]、スティングレイ装置一台で警察は一三万五〇〇〇ドルを請求される[28]。これらはみな、構築に三〇〇万から四〇〇〇万ドルかかったといわれるニューヨークの管内警戒システムや、建物の建設を含めて一億七〇〇万ドルを要したロサンゼルス警察の即時分析緊急対応司令部に比べればたいした額ではない[29]。いずれ技術のコストは大幅に下がり、保存と分析の能力は需要に合わせて伸びていくだろうが、ビッグデータシステムを購入するさいの固定費用は恐ろしく高額である。

物理的にビッグデータ技術を導入するコストに加えて、運用と維持に携わる人間を雇用するコストもかかる。警察は犯罪分析者、データ技術者、そして山ほどの情報技術支援者を採用しなければならない。データの信頼性、安全性、有用性を確実に保つために、ときにはコンサルタントに相談する予算も必要だ。リアルタイムのデータ駆動型システムを運用するなら、システムを正常に機能させるためのフルタイムサポートを必要とする。緊急に対応するためには、システムは一日二四時間稼働していなければならない。法執行機関の公正さを守るために、システムはハッカーなどの犯罪要素を防衛しなければならない。そうした人員とシステムにはみな、街頭をパトロールする警察官とは別に費用がかかる。

きわめてもっともな理由で、採算を考慮する警察幹部がシステムを維持できない恐れから新しい技術の導入を断念することもあるだろう。維持できないシステムへの依存に市が関心を示さないかもしれない。何しろ、小さな管区のなかにはスマートフォン計画はおろか、パトカーのガソリン代にも苦労しているところがあるほどだ。けれども、それはつまり、データの穴が広がり続け、データ収集の断片化が進むことを意味する。データの収集も維持もできないということは、特定の犯罪パターンを知らないままでいるという選択をすることと同義であるかもしれない。

プライバシーの懸念

広域監視から逃れたり、抗議したりと、ビッグデータ監視に市民が抵抗することによってもデータの穴が生じる。[30] ビッグデータ監視について全米で名を知られる専門家、エリザベス・ジョーは、警察の監視に対するこの反応を「プライバシーの抗議活動」と呼んでいる。[31]

顔認識をぼやけさせる、ナンバープレートを読み取らせない、電子的な監視から隠れるための技術はすでに存在する。[32] ある企業は付近に録音装置があると振動してそれを知らせるレーダーのような腕時計を作っている。[33] 芸術家のアダム・ハーヴィーは「ステルスウェア」と名づけた一連の衣類を作り、「そのコレクションには［ドローン］で広く用いられている熱画像技術を妨害するための対ドローンパーカーやスカーフが含まれている」。[34] 国内ドローン対策を意味するドメスティック・ドローン・カウンターメジャーズという名の会社は「搭載カメラ、ビデオ録画機、マイクで音と映像を捉える小型空中ドローンの能力を無力化する」ような「対ドローン防衛システム」を販売している。[35] ビッグデータの監視が発達すれば、こうした監視の対抗措置も発達する。

犯罪データの収集にとってさらに重要なことに、犯罪行為を行う人間も新たな警察の監視を出し抜く方法を学ぶ。車両がナンバープレート自動認識装置で監視されれば、犯罪者は自家用車を使わなくなる。携帯電話が傍受されれば、犯罪者は使い捨て電話を使う。警察と泥棒の追いかけっこはその技術の如何《いかん》にかかわらず続けられ、ビッグデータ収集に対してそれが行われれば収集データの信頼性が損なわれる。データの穴は破壊行為によって残り、その穴も埋める必要が出てくる。

最後に、プライバシーの擁護者が特定の場所におけるデータ収集に反対して団結する場合もある。シアトルでは地域住民がドローンの飛行に反対して、警察のドローン使用を禁止した。[36] オークランドでは地域社会の反対で予測型警察活動の採用が見送られた[37]。ボルティモアの持続監視システムの利用についても同様の問題が持ち上がっている[38]。このパターンは繰り返し発生しているが、すべての地域社会に団結して反対する政治的な意志があるわけではない。反対する団体も能力もない地域では監視をうまく防げないだろう。結果として、力を奪われた地域で監視が強まり、団結力のある地域では監視が弱まって、監視がつぎはぎになる可能性がある。そうした保護された地域にできるデータの穴は、データの収集と利用の公平性をさらに蝕む。何といっても、警察がデータの存在する場所にしか対応しなくなれば、力を奪われた地域社会ばかりが対象になってしまう。ひょっとすると偶然の一致かもしれないが、持続監視システムが最初に空中カメラを試験運用したのは、カリフォルニア州コンプトンとメリーランド州ウェストボルティモアというアメリカ国内でもっとも貧しく人種的に隔離されたふたつの場所だった[39]。

データの穴はビッグデータ監視の未来にも問題を投げかける。断片化、コスト、プライバシーの問題に加えて、消費者データ収集と法執行機関による監視の限界はすべて、そうした技術の完全利用を阻むことになる。ビッグデータに依存するリスク判定技術の課題は、データが間違っているとはいわないまでも不完全であることだ。現段階での対策は危険を認識することである。データの穴は当然発生する。したがって、データに依存する体制はそのギャップを見きわめ、そこから生じるひずみを説明できなければならない。最終章で論じるが、データ駆動型システムを絶えず問いただすことが、絶え間なく進化を続ける環境に最適な説明メカニズムのひとつとなるだろう。

終章…………今後のための問い

止めることのできない最先端技術の勢いと警察と市民の緊張から生じる解決不能な衝突は、一般に考えられているよりも頻繁に、すでに多すぎる仕事に追われている警察署長のデスクの上にたどり着く。

人員のスケジュール管理、病欠、教育マニュアルといったずっとありふれた問題に囲まれた官僚的な空間で、将来に関する重要な判断が下されなければならない。警察署は新しい高性能データマイニングツールを購入するのか？　署は未来的な事前対策パトロールを取り入れるべきなのか？　警察はボディカメラを受け入れるべきなのか？　だれが支払うのか？　だれが警官を教育するのか？　地域社会や警察労働組合の反応はどうだろう？　たいていの場合、そのひとつのデスクだけでは過去の人種差別の重みを支えきれない。また機械学習の細かい条項や「アルゴリズムを教育する」方法の調査も支えられない。そのデスクは溢れんばかりの政策とビッグデータによる変化から生じる法的な結果を支えるにはあまりにも小さすぎる。

けれども、判断は下されなければならない。本書では新技術、警察活動戦略、そして地域社会への影響に関するそうした大きな決断と取り組んできた。そこから明らかになったのは、ビッグデータ警察活動の中心にあるほとんど目に見えない問題、すなわち警察活動に伴う人種、説明責任、憲法が複雑に絡み合った「ブラックデータ」の問題だった。本書ではまた、ビッグデータ技術を用いて警察の慣行と社会のニーズに光を当てられる可能性についても検討してきた。

この最終章では、多すぎる仕事に追われる警察幹部に宛てるつもりでアドバイスを送りたい。これはまたビッグデータ警察活動に直面してどうすべきかと悩んでいる地域社会の人々、活動家、判事、あるいは、立法者に向けたアドバイスでもある。このアドバイスは五つの要素、すなわちビッグデータ警察活動戦略の購入あるいは採用に青信号を灯す前に満足な答えを出すべき基本的な問いに要約できる。それらの問いは人種的偏見、誤り、説明責任の問題に合わせてあるが、データ駆動型警察活動によって脅かされている基本的なレベルの人間性も視野に入れている。問いという形をとってはいるが、実質的にはブラックデータ警察活動問題に対する答えだ。

一　ビッグデータ技術で対処しようとしているリスクを把握しているか？

二　システムに入力される情報は正当だと弁護できるか？（データの正確さ、方法論の健全さ）

三　システムから出力される情報が正当だと弁護できるか？（警察慣行と地域社会との関係への影響）

四　その技術を検証できるか？（説明責任、ある程度の透明性）

五　警察の技術利用はその影響が及ぶ人々の自主性を尊重しているか？

こうした問いには答えが必要だが、答えを論じる場も必要である。新しいビッグデータ監視技術の採用と利用について討議する時間、場所、協力的な環境を作らなくてはならない。わたしは、地域、州、連邦の「監視サミット」、すなわち地域社会で用いられているビッグデータ警察監視技術を監査、評価、説明する年に一度の会合を提案する。そうした会合には警察、地域の代表、選挙で選ばれた指導者、技術の専門家、人権擁護団体が参加して、将来的な監視技術の導入や過去の利用について公の場で率直な情報交換を行う。技術を正式に評価する役割を果たすそのようなフォーラムで、先に述べた五つの問いについて討論や議論を行うのである。

一　リスク——ビッグデータ技術で対処しようとしているリスクを把握しているか？

ビッグデータ警察活動はリスクに基づく警察活動である。どのようなデータ駆動型システムであっても、最初の課題はリスクの特定を方程式の一部として必ず組み込むことだ。直面している犯罪の問題にはどのビッグデータ技術が適しているのか？　場所を特定する「予測型システム」か、それとも犯罪が疑われる人物を特定するものか？　リスクのある地域を見張る「監視システム」が必要なのか？　データから調査の手がかりを掘り起こす、あるいは複数の集団や地域にまたがって役立つデータの情報網を作る「検索システム」が必要なのか？　すべての警察署にこの三つ全部は必要ないだろう。

選択されたリスクは地域内にある現在の犯罪問題に合わせて修正される。プレドポル、ハンチラボ、リスク地形モデリングのような予測型システム、あるいはヒートリストのような対象者に焦点を合わせる予測型技術は、比較的どこの管区にも合わせやすいかもしれない。ほぼすべての地域で、警察はどこでだれが犯罪を犯すのかを知りたいはずだ。大規模なビデオ監視技術はワシントンDCやニューヨーク市のような大都市には必要かもしれないが、山岳地帯が広がるモンタナ州西部には必要ないだろう。モンタナ州ミズーラ市繁華街の監視カメラ映像を保存しておく費用は、町の主要交差点に警官をひとり配置するより高くつく。生体認証データマイニングの検索システムは、地域レベルではデータが少なすぎてほとんど意味をなさないが、共有集合データセットとしてアクセスできるようにすれば全米レベルでは大きな意味を持つ。

最適なビッグデータシステムの選択は警察活動の決断ではなく政治的な決断だ。ビッグデータシステムの性質上この事実が隠されてしまうことが多いが、警察資源をどこに集中させるかという選択は依然として政治的な決定である。一部の政治的決断は容易だ。地域社会で人々が撃たれて喜ぶ人間はいないため、暴力あるいは暴力的な人物を対象にすることは文句なしに政治的優先順位のトップだろう。しかしそれ以外の決定はやや難しくなる。多くの警察署長が管内監視システムや録画再生機能つき監視ドローンの性能に惹かれるかもしれない。何といっても、犯罪解決にタイムマシンを利用できれば捜査活動の多くを削減できる。ただし、常時監視は地域社会に受け入れられないかもしれない。[1] それ以外の選択はまさに難しい。警察の安全という観点に立つと、警官が容疑者宅の玄関をノックする前にリアルタイムで脅威を判定するビーウェアのような正確なシステムの価値が、データブローカーによるライフスタイル評価に基づいて警察に分類されたくない市民のプライバシーの懸念を上回ってしまう(2)。しかしながら、警察官の安全と地域社会のプライバシーの比較検討はきわめて困難だ。どちらをとっても犠牲が出る。ひとつの誤った推定から何の罪もない住宅所有者が銃で撃たれれば、予測型警告システムそのものが危うくなる。けれども、情報がない状態もまた緊急事態に出動する警官を危険にさらす可能性がある。

その理由から、リスク特定プロセスの一部には地域社会を参加させなければならない。ビッグデータ警察活動を選択する初期の段階で地域社会の意見を取り入れれば、こうした技術に関するブラックデータ問題の多くを最小限にとどめることができる。年に一度の監視サミットを提案するにあたってわたしが思い描くのは、警察が将来的な技術の購入を提案し、過去の利用について説明を行う正式な公開の会合である。そのような公開の監査ならびに評価プロセスなら、現行システムの範囲、情報源、費用を明確にして、市民の批判や懸念を議題にのせることができる。有色人種コミュニティは、そのような年に一度の説明の機会に人種的偏見に関する懸念を議題にあげて取り組むことができる。しかし、さらに重要なことに、地域社会の意見によってリスクの背景がいっそう明らかになる。警察がデータに導かれてリスクの高い特定の区画に焦点を合わせても、地域社会はむしろ学校やコミュニティセンターあるいは公園周辺で警察の存在を強めてほしいと考えるかもしれない。地域社会が、リスクを発生させる犯罪「多発地域」から子どもたちを遠ざけるという最終目標のためには、登校や放課後のスポーツ活動を促すほうがよいと気づくかもしれない。データが将来的に犯罪の起こる場所を正確に示しても、地域社会はその予測にいたった広範囲なリスク要因に対処することの重要性を見抜くかもしれない。

地域社会とともにリスクを特定すれば、現代のビッグデータシステムから生じるブラックデータ問題のいくつかが減少する。しかしながら、透明性、人種の偏見、そして人間以外による自動化への不安といった問題は、依然として当局側が拭い去る必要がある。いくつもの大きな疑問に取り組まなければならない。この技術は不均衡に有色人種だけに影響を与えるだろうか？　正しい人物をターゲットにするだろうか？　富裕層の地区にも実施するのか？　狙いどおりに機能しているかどうかをどうやって判定するのか？　失敗の責任はだれにあるのか？　別の方法よりも適しているのか？　費用は賄えるのか？　地域住民の前で次の新しい監視技術を説明する警察署長は、こうした基本的な質問に答えられたほうがよい。

その同じ警察署長は鏡を見て、もうふたつの難しい質問に答えられなければならない。ひとつめは、「自分がこの技術を選択するのはそれが実際に警察官と地域社会の役に立つからなのか、それともたんに『犯罪を減少させるために何をすべきか？』という答えのない（けれども避けることのできない）問題に対する都合のよい答えだからなのか？」この問いは人種の騒動や警察の緊張という重荷を背負っている都市ではよりいっそう明確にされなければならない。過去の不正や現在の緊張状態から心機一転出直そうとして、根底にある技術的な効果に納得することなくビッグデータという「流行りの解決策」に頼るのは近視眼的だ。

ふたつめは、「特定された社会あるいは環境リスクに対処するにあたって、警察は本当に最適な機関なのだろうか？」という問いである。警察の金庫に流れ込んでくる資金と技術を断り、犯罪パターンに関する実行可能な情報に背を向けるのかと思うと、技術の採用を拒否しづらくなるかもしれない。だが、特定可能なリスクの多くは警察の対策を必要としていない。ビッグデータ技術はリスクの予測に役立つだろうが、その構築に警察の手続きを通す必要も、警察が管理する必要もない。

このリスク特定に関する根本的な問いに答えることが、ビッグデータによる解決方法を擁護する第一歩である。どのような技術を採用しても、この最初の決断が設計、実施、説明、成功を左右する。

二 入力情報──システムに入力される情報は正当だと弁護できるか？（データの正確さ、方法論の健全さ）

対処すべきふたつめの大きな問いは、選択したビッグデータシステムの入力情報に関わるものである。予測型モデルであればそれは刑事司法データかもしれない。監視システムなら、カメラの設置場所や、自動警告を出させるためにフラグを立てる情報の選択になるだろう。検索システムにとっての入力情報は生体認証、逮捕歴など、統合データベースに送られる生データということになる。どのようなビッグデータシステムでも、正しい情報入力を徹底させることは正当性、正確性、有効性にとって重要だ。

本書では繰り返し起きているデータの偏り、データの誤り、データシステムの不完全性の問題を明らかにしてきた。そうした入力情報の問題はビッグデータシステムの正当性と信頼性を損なう恐れがある。悪いデータに基づくデータ駆動型システムは悪いシステムだ。質のよいシステムを作るためには、まさに基本的な次の問いに答えなければならない。すなわち、データを信用できるか、である。

その信用を築くには、どこからデータがくるのか、だれが集めているのか、だれが再確認しているのか、だれが訂正しているのかを警察幹部が知っていなければならない。犯罪データを集めている警察にとって、それはデータを学習、監査、浄化する体系を作り上げることを意味する。何百人もの異なる警官から一日に何千件ものばらばらな情報を集めるシステムには、それがどんなシステムであってもエラーが存在する。目標は、その誤った入力情報がシステム全体に害を与えないようにすることだ。これは管理者が直面するなかでもっとも重要な問題かもしれない。なぜなら入力情報が信用できないなら、出力情報に頼ることなどできないからだ。唯一の答えは、必ず存在するとわかっている誤りをチェックする仕組みを導入することである。今のところ、逮捕システム、犯罪組織データベース、そして多くの刑事司法データベースは心底から信用するにはあまりにも多くの誤りを抱え、あまりにも少ない訂正方法しか取られていない[3]。現時点では、正確さを保証する仕組みは存在しない。情報主導型システムは、情報分析者によるデータ評価に十分な投資を行わないまま、断片化されたデータを吸い上げている[4]。データ駆動型警察活動は先を急ぐあまり、すべて集めるという考え方が支配して、それに対応する「すべて確認する」制度が敷かれていない。すべてを確認するという考え方に沿った仕組みを作ることが新しいシステムの最優先課題だろう。警察署長はみな、監視サミットでこう答えられなければならない。「はい、わたしはデータを信用しています。そしてこれが、データが信用に値するといえる根拠となる、導入済みのコンプライアンス制度です」

それでもフォールス・ポジティヴの誤検知は発生する。フォールス・ポジティヴは、特定されるはずのない人が特定されてしまう予測だ。[5] データマイニング環境や人物型ヒートリストでは、予測や相関関係が間違っているためにそうしたフォールス・ポジティヴの誤検知が起きる。警察活動は完璧さを特徴とする仕事ではなく、警察活動にデータを追加したからといってその事実が突如として変わることもない。人間が不完全な情報に基づいて急いで判断を下せば過ちを犯す。その判断の上に築き上げられたビッグデータシステムもまた過ちを犯す。しかしながら、誤りをなくすことはできないのが事実であっても、誤りの比率を下げる取り組みができないわけではない。エラーの自然発生を受け入れ、エラーの減少と訂正を行う仕組みと安全機能を作り上げることが、信用を維持する唯一の方法である。

監視システムでは、入力情報の正確さを徹底させるにあたって設計の選択を巻き込まなければならない。ナンバープレートを読み間違える自動認識装置は警察の役には立たない。顔を読み間違える顔認識システムは捜査官の役に立たない。そして、手渡しの薬物取引ではなく握手で警告を発する自動監視システムはだれの役にも立たない。警察が情報をもとに活動できるよう、そうしたシステムは信用できるものでなければならない。そしてそれをきちんと行うためには警察幹部の関心が地域社会の関心に寄り添っていなければならない。なぜなら、そうしないと不必要な職務質問や、その結果として生じる衝突につながるからだ。けれども、正確さを伴うシステム設計を実現させるためには、だれかが正確性の価値を訴えなければならない。調査報告書に人種的偏見が含まれていたり、政府の監査でデータの誤りが見つかったり、過失が疑われる訴訟が起きたりする前に、初期の段階で、のちに生じる予見可能なデータ問題について地域社会が声を上げなければならない。

正確性以外にも、予測モデルそのものが健全で科学的に信頼できるものである必要がある。モデルはデータセット内に人種的偏見と構造的不平等が含まれる可能性を意識して設計されなければならない。モデルはデータの穴に対応し、結果を強調しすぎないよう注意しなければならない。そうした必要条件はどのようなビッグデータプロジェクトでもほとんど変わらない。データセットのほとんどが不完全な情報、偏見の可能性、そして複雑な現実社会の変数と関わっている。[6]人間が作ったデータシステムに内在する限界を弁護するよう求められる警察幹部は、予測分析で繰り返し発生する三つの問題に目を向けなければならない。それは（一）内的妥当性、（二）過度な一般化、（三）時間的な限界である。これらの問題はすべてのビッグデータシステムで繰り返し発生し、対処と訂正の技術的解決方法がすでに作られている。

「内的妥当性」とは、「ある方法が因果関係を正しく判断できる程度」を意味する。[7] ビッグデータはほぼ間違いなく、因果関係を判断するためのものではない。[8] 相関関係は特定できても、因果関係の理論は純粋なデータ処理からは生まれない。したがって、予測型警察活動戦略が犯罪を減少させるという事実は喜んでもよいが、それを犯罪減少の原因として売り込むべきではない。この限界は意味論だけのものではない。相関関係は注意を促す。どうしてそのような結果になったのかがわからないと、人はその相関関係が必ず続くよう注意して見守る。因果関係は技術を過度に売り込み、盲目的なデータ重視につながりかねない。予測型警察活動システムの弁護は、データに支えられた根拠に基づく弁護であり、データによって支えられたものでしかない。

「過度な一般化」は、ひとつの管区内の結果が必然的に別の異なる管区にも適用できるとみなしてしまうことである。[9] これはよくある間違いだ。予測型警察活動はロサンゼルスの不規則に広がる地域では機能しても、高層ビルの立ち並ぶマンハッタンではうまくいかないかもしれない。およそ一五〇メートル四方の四角はカンザス州ではちょうど農家一軒が含まれる大きさかもしれないが、ニューヨークのブロンクスでは一〇〇家族が入るかもしれない。対象を絞った抑止理論はニューオーリンズでは成功するかもしれないが、技術やその根底にある理論とはまったく関係のない問題が原因でシカゴでは成功しないかもしれない。警察活動が地域ごとに異なる活動であるのと同じように、適正技術もまた地域ごとに異なる。つまり、大都市で調査された研究がそれより規模の小さい町でも機能するかどうかをよく考えなければならないということである。むしろん機能する場合もあるだろうが、特定の技術を採用する前に、過度な一般化がないかどうかを問い、答えを出すことが必要だ。

モデルは予測を出すが、予測はモデルに設定された期間によってその正確さが変化する。期間を長く取れば、ほぼすべての予測が当たる。「あなたは死ぬ」という予測は正確だが、「いつ」という時期がきわめて重要な変数だ。警察が行動を起こすための情報という目的なら、期間は限られたものでなければならない。場所予測型警察活動モデルでは「近接反復」現象は時間とともに急速に低下することが明確に認められている[10]。場所型システムにとって時間に注意するということは、使用可能な予測を出すために継続して最新データを収集することを意味する。容疑者に基づく予測において時間に注意するということは、容疑者あるいは犯罪組織の構成員が年齢が上がって抜けたり、時とともに習慣を変えたりしていないかを認識することである。予測型モデルに時間的限界があるという認識は、どのようなビッグデータ警察活動戦略においても考慮されなければならない。

入力情報と方法論を弁護するためには、いかなるデータ駆動型システムにも限界があると知ることが必要だ。ブラックボックスのように中身の見えないシステムの力は、その箱に入っていく情報とその箱のなかで動いているシステムが説明され、審査されて初めて信用できるものになる。こうした必要条件には専門家の評価や助言が必要かもしれない。よって、監視サミットには技術と法律の専門家も参加すべきである。現在、そのような分析を提供するいくつかの法律技術コンサルタントと非営利団体が存在しており、それらのグループなら当該ビッグデータ技術が機能するかしないかについて、ここで求められているような客観的判断を提供できるだろう。さらに正式で独立した審査委員会を地域レベルで導入してもよい。

三　出力情報——システムから出力される情報が正当だと弁護できるか？（警察慣行と地域社会との関係への影響）

警察署長に——あるいは経営のトップならだれでも同じかもしれないが——一番の仕事は何か

と尋ねれば、全員が自分の仕事は「ヴィジョン」を与えることだと口を揃えるだろう(11)。ヴィジョンとは、達成すべき目標の優先順位、戦略、全般的な価値を定めることである。ビッグデータ技術もそのヴィジョンのひとつに含めることができるが、いくつかの盲点も生まれる。盲点を避けるためには、設計したシステム内でどのような成果をあげたいのかという質問をすることが重要だ。犯罪率、警察手続き、警察官の健康、警察官の教育、地域支援、住民の信頼、バランスのとれた予算のどれに関心があるのか、そしてもし「それらすべて」が答えなら、ときに対立するそれらの目標を支えるためにどのような方針を採用するのか。

ほとんどの大都市では犯罪率が優先順位の上位を占めることが多いため、データを利用して犯罪の減少を測定できることがビッグデータシステムの一番の魅力である。しかし、ビッグデータ警察活動は成功を計るものさしを歪めることがある。計測の容易な出力情報が、量化の難しいものを差し置いて選ばれてしまうのだ。犯罪率は具体的な数値で示される。地域社会の尊重はそうではない。逮捕は数えられ、犯罪者は順位づけでき、地区はラベルづけできる。しかし、それらの出力情報のいずれも、地域社会との警察の関わり方を示しているとは限らない。警察と市民のあいだの緊張が高まっているこの時代において、ビッグデータの出力情報は本来対処すべき根本的な信頼の問題を覆い隠してしまうかもしれない。警察幹部は、選択した計測方法が地域社会の問題を正確に反映しているかどうかをみずから問う必要がある。なぜなら、犯罪を減らす一方で法執行機関に対する信頼も失っているのだとしたら、それは結果的にたいした成功とはいえないからだ。

この予算削減の時代に限られた資源でやりくりすることは管理者にとって重要な責任のひとつとなっている[12]。ビッグデータ技術は時間管理と人員管理の効率を上げる。けれども、ビッグデータ警察活動は警察の仕事のやり方を歪めるかもしれない。予測された四角に頼ればパトロール方法が変わる。犯罪の減少に効果があるかどうかに関係なく、特定の区画に警察が積極的に目を向ければその区画の環境が変わるだろう。現場尋問カードは警察の市民との関わり方を変える[13]。頻繁に接触することが情報収集にとってよいのか悪いのかは別として、接触が繰り返されれば対象となる市民との関係が変わる。持続監視カメラは犯罪行為を捉えるが、その過程で一般市民も監視の対象にしてしまう。特定の地域と特定の人々に対して社会統制活動を促進するそのような結果は、富裕層の地区でその方法が取られなかった場合は特に、反発を生む。そのような負の感情は技術を採用した結果だと考える——そして認める——必要がある。警察幹部は定期的な公のフォーラムで技術の代償を認め、地域社会に対してその価値を弁護できなければならない。

ファーガソン警察署とボルティモア警察署に関する司法省の報告書に示されているように、ある種の警察活動戦略は人種差別的な結果を生む。経験的にも逸話としても、警察の活動体制が貧しい地域社会に対する人種差別を招いたことは記録に残っている[14]。ビッグデータ警察活動にも同様のリスクがあるため、ビッグデータシステムを採用する警察幹部は地域社会に対してどのような戦略についても人種的な影響を弁護できなければならない。警察幹部は人種的に不均衡な技術の適用を避けるための確実な手段、検証、戦略を指し示せなければならない。「監視の色」が黒のままではよいはずがない。

もし地域社会の信頼が優先的な結果であるなら、警察幹部はリスクのある警官を発見して支援するためのブルーデータシステムを採用する必要があるかもしれない。望む結果が地域社会と警察の関係改善や警察の違法行為に関わる裁判費用の削減であるなら、リスクのある警官を指導し直すことには意味がある。しかしながら、そうした労働者監視は警官の士気を下げ、健康を損ねるかもしれない。警官は勤務中の個人監視が増えることに非協力的な反応を示す可能性があり、幹部はおそらくさらなる労働環境の監視に抵抗する警察労働組合に対してそうした変化を弁護する必要があるだろう。少なくともシステムのレベルでは、全般的な警察活動パターンを見ている幹部はブルーデータの価値を理解し始めているが、個々の警官をターゲットにすることは難しい状態が続くだろう。ブルーデータシステムの採用は説明責任の文化を作り、それが最終的には地域社会との関係を改善することになるが、実施にあたっては地域社会と職業上の大きな圧力が必要だろう。

最後に、もし警察が犯罪を助長している根本的な環境リスクと取り組んで、警察官を公衆衛生担当官にしようと考えているなら、そのヴィジョンには大きな疑問が持ち上がる。ブライトデータはリスクを発見できるが、警察がそれらのリスク対策に適しているとは限らない。社会問題に必要なものは社会福祉による対策であって警察活動による対策ではないと考えると、警察は特定の責任から手を引く必要があるかもしれない。簡単にいえば、精神衛生危機が発生したとき、武器を手にした比較的経験の浅い警官を送り込むのは最善策ではないかもしれないということである。とりわけ、経験を積んだ社会福祉士も九一一番通報に対応できる場合はそうだろう[15]。ある報告書によれば、二年間で警察に撃たれた人の三分の一から半分は何らかの精神的な問題や障害があったというのだから、なぜ別の対策を試してみないのかと不思議に思って当然だ[16]。緊急事態に対応する人向けの精神病や精神障害の危機管理訓練に資金を投じることは、予見可能な暴力的衝突を緩和する方法のひとつだろう。その変化によって警察官の生活も改善するかもしれない。だれが撃たれるのかが変わるかもしれない。けれども、場合によっては、それは資金源を警察から別の方向へ移すことになる。警察幹部が定めるヴィジョンにもよるが、警察主導の対策から離れるというこの方法は、警察の予算と社会における役割に大きな影響を及ぼす可能性がある。

警察幹部は定期的に結果についての難しい質問に答えなければならない。それは「警察署長」の仕事のひとつだ。ここしばらくはおもに犯罪率の増減が成功を計るものさしだったが、ごく最近になって、人種の緊張が地域社会の信頼を覆したときに(犯罪率が低いにもかかわらず)警察署長が罷免されるようになってきている[17]。ビッグデータは結果を出すための新たな方法となりうる。けれども、それを成功させるためには、異なるタイプの結果それぞれを計量し、ビッグデータ警察活動のヴィジョンの一部として地域社会に対して堂々とその正当性を説明しなければならない。

四　検証――その技術を検証できるか?(説明責任、ある程度の透明性)

誤情報、偏見、歪みという本書で繰り返されているテーマ、そして体系的な入力と出力の問題はすべてひとつの解決策にたどり着く。すなわち検証だ。警察活動に用いられるビッグデータ技術には継続して検証そして再検証を重ねなければならない。

検証によって正確性が高まる。検証によって正当性が上がる。検証によって安全性を確保できる。けれども、さらに重要なことに、その技術が検証可能であるという事実は民主主義の行政にとって欠くことのできない説明の手段になる。政治的な説明責任は、法律や科学の説明責任を凌《しの》いで、強力な警察活動システムに対するもっとも重要な検査基準になるだろう。

実際問題として、従来の説明責任を問う形ではビッグデータ技術の発展を監督するには遅すぎる可能性がある。裁判所を通して警察の行いに異議を申し立てるという法的な説明責任の追及は、憲法上の脅威となる技術に対する措置としてよく知られている仕組みだ。しかし、訴訟には時間がかかり、技術は急速に変化する。アントワン・ジョーンズに対するＦＢＩの捜査は二〇〇四年に始まった。最高裁判所が捜査の合憲性を判断したのは二〇一二年だった[18]。八年は技術にとってはきわめて長い年月である。科学的な検証もまた時間がかかる。シカゴの戦略的対象者リスト一・〇の有効性を審査したランド研究所の調査は、警察がそのヒートリストの基準を拡大したために、実質的にはそれが発表される前に時代遅れになってしまった[19]。そのため、ランドの調査は事実上、すでに存在しないシステムへの批判となった。マスコミの見出しは戦略的対象者リストを失敗と報じたが、実際には最初のバージョンが失敗しただけだった。学者や科学者が旧式の予測システムを検証することにはそれなりの意義があるかもしれないが、実社会における説明責任としては、検証過程はいつも技術の進歩に追い越されてしまっている。予測モデルの多くは日々変化しており、そのような動くターゲットの検証は依然としてきわめて難しい。

政治的な説明責任では政治的な状況に焦点が置かれ、警察幹部は「警察の行動、失敗の可能性、法律違反について答える」ことが求められる。[20] 公表され、精査される、年に一度の公開フォーラムという形で政治的な説明責任が果たされれば、その急速に変わる状況を知るよい機会となるだろう。監視サミットでは、警察署長はビッグデータ警察活動システムをどのように検証するかという質問に答えなければならない。その答えは「システムがどのように機能するのか」や「機能するかどうか」や「なぜ機能するのか」とは異なる。そうした質問は重要だが、どのように検証するかという質問はさらに重要だ。警察署長はアルゴリズムの詳細やなぜそれが機能するかという犯罪学理論の説明には適任ではないかもしれないが、検証過程の説明はできるはずである。「検証する方法」が「機能の仕方」よりも安心感をもたらす、わかりやすい答えになる可能性もある。

しかしながら、検証に関する質問にはこれまで「どのように」あるいは「なぜ」が求められていた。人々は——おそらく不公平に——警察幹部に、システムが機能するかどうかの検証方法ではなく、検証されていないシステムが機能する理由を弁護させていた。後者の答えは知識に基づく推測である。前者の答えには独立した監査、測定基準、遵守基準に関する具体的な基準点があるかもしれない（また、あるべきだ）。警察官僚にその基準に見合っているかどうかを説明する責任を課せば、どのような新技術でもその利用が成功しているかどうかが明らかになるだろう。そしてその答えが専門家の調査に裏づけられていて、公開されており、さらに地域社会も参加していれば、すべての参加者がその新技術に対して大きな安心感を抱ける。

五　自主性——警察の技術利用はその影響が及ぶ人々の自主性を尊重しているか？

ビッグデータ警察活動の魅力は見たところ客観的で非人間的な判断に頼れることにある。危険は、当然のことながら、技術に導かれる探求に人間的な影響が含まれていることだ。データ駆動型かどうかに関係なく、警察活動は人間的であり、個々の正当性や自主性という根本的な問題と関わっている。結果として、いかなるデータ駆動型の予測型警察活動システムであっても、利用者は人間的な側面を知っておく必要がある。

人間が犯罪を犯す。人間が犯罪を捜査する。その行為はどちらもデータ点に変換することができるが、いずれもたんなるデータとして理解してしまうと、必ず分析で何か重要なことを見落とす。特にデータ駆動型警察活動は、個人、感情、果てはプロセスの象徴的な意味さえ無視して、個々の正当性や尊厳の原則を弱める恐れがある。

警察の行動に影響を与えるこのデータ依存は自主性の大切さを見落とす。バーバラ・アンダーウッドは予測と判決の文脈で次のように記している。「選別に予測基準を用いることには、正確性の見地からだけでなく、個人の自主性の尊重に関わるそれ以外の重要な社会的価値と対立するという見地からも説明が要求される。個人の行動を予測する試みは、その個人を自律した人間としてではなく予測できる物体に簡略化することのように見える」[21]。予測型警察活動という状況においては、逮捕の統計値に注目すると容疑者の人間性を軽視することになる。たとえば、警察が逮捕件数に基づいて成果を認められる、あるいは逮捕件数を伸ばすよう圧力をかけられると、生産性という測定基準の陰で人間性が二の次になる。あるいは体系的に見るなら、組織上の警察活動戦略が地域社会のニーズ、すなわち人と文化ではなく、数字、すなわち犯罪率とパターンを重視すれば、データ主導の重点事項が地域を支援する役割より優位に立ってしまう

そのうえ、自主性軽視のリスクは、予測される要素が容疑者の手に負えないものごとに関わるとさらに大きくなる。[22] 統計記録に基づく判定の多くの要素は、容疑者みずからの選択ではなく生まれつきの要因と関わっており、そして、当然のことながら、その選択でさえ環境の影響を受けている可能性がある。[23] 人物予測型の方法にはあらゆるリスク判定手法と同じく、差別になりかねない社会経済的な要因が含まれている。意図しない差別を避けるためには、そうした影響と計画的な修正手段をしっかりと認識することが優先されるべきだ。いい換えれば、差別的な影響を回避するために、選択される統計記録的手法には慎重を期す必要があり、隠れたあるいは目に見える偏見が予測モデルに入らないようにしなくてはならない。

最後に、法的な問題になるが、ビッグデータ警察活動は予測データセットにおいて、その焦点を個人から集団の疑い、あるいは場所に基づく疑いへと移している。容疑の一般化へのシフトはまた、固定観念による定型化と警察犯罪行為の責任を特定集団にまで広げる連座制を助長する。そしてそれは街頭での個別容疑の基準を歪め、憲法修正第四条の保護を弱めることになる。[24] 他者の行為が原因で特定地域が標的になったり、他者の行為が原因で特定集団が対象に指定されたりする可能性がある。たんに問題のある社会ネットワークと交友があるだけで対象に特定される恐れがある。兄弟が犯罪組織にいる少年をみな組織の仲間と仮定することはできないはずだ。犯罪

多発区画で生まれた少女がみな容疑者ではない。そうした一般化は特定の疑いにおける個人の性質を無視している。[25] 憲法修正第四条は個々の容疑を求めると同時に、連帯容疑や相互に関連する容疑では自由の侵害を正当化するには不十分であるべきだということを思い出させる役目も果たしている。予測によって特定の集団が将来犯罪に関わることが示唆されても、その集団のなかの多くの個人は犯罪との関わりを避けるのだから、そうした人々に一般化した容疑で汚名を着せてはならない。[26] どのような技術を選択するにしても、警察署は、自主性を重んじ、個別の容疑に専念するべく設計されたシステムを優先し続けなければならない。

＊＊＊

ブラックデータ警察活動こそが現実世界のビッグデータ警察活動である。本書で取り上げた問題点は、見かけは新しい技術でも古くから存在する警察活動の問題を反映している。アルゴリズムとデータ駆動型理論は新しい。そしてほとんどのイノベーション同様、現状を打破する。けれども、警察の慣行にも変化が必要だろう。ファーガソン事件後の警察の扱いに対する抗議運動はそこから始まったのではない。いらだち、憤り、激しい怒りの声は、歴史をさかのぼって、全米各地にその起源をたどることができる。ときに怒りの炎が燃え上がるからといって、燃えさしがいつも熱いわけではない。ビッグデータ警察活動はその過去を見て見ぬ振りをするために用いてはならない。技術的な可能性によって人間的な問題を回避できると信じることは空頼みである。

なぜなら、いかなる新技術でも体系的な社会問題を一掃してはくれないからだ。

けれども、ビッグデータ技術の流入は熟考する空間をもたらす。データ収集とともにより多くの情報、よりよい手段、犯罪と社会問題に関するより明確な全体像が手に入る。警察幹部は地図、図表、監視ビデオ記録でリスクを視覚化できる。警察幹部は暗闇のなかを以前より深く見通すことができる。

本書をもって、警察幹部ひとりひとりのデスクが整頓されて、熟考するスペースが生まれることを願う。そのスペースは、リスク、入力情報、出力情報、検証、自主性に対する思慮深い答えと弁護を促すためのものだ。次のビッグデータイノベーションに投資すべきかどうかを決断する時期を見きわめる機会は、法執行機関の未来を体系的に考える機会だと気づくためのスペースである。ビッグデータは未来の一部かもしれないが、それをいうならブルーデータやブライトデータもそうだろう。実際、次のデータ駆動型システム購入を公の監視サミットで弁護すると考える過程で、警察幹部がコンピュータ性能を強化するより地域の警察活動に投資しようと考えるようになるかもしれない。

これらの問いと答えは警察のためだけのものではない。民主主義の行政体制では、警察は地域社会のためにある。ビッグデータ警察活動の導入は、地域住民、刑事司法制度の擁護者、警察評論家に、法執行機関の未来を変える機会を与える。監視の設計思想には説明責任の設計思想も必要だ。

そして、ひとつの予測で本書を締めくくろう。ビッグデータ技術は警察のリスク判定能力を上げるが、適切な対策を明らかにするものではない。従来の予算体制と連邦の補助金は資源を法執行機関にあてがうため、どのビッグデータ技術を利用し、どのように実施するかという当初の決定は警察幹部が行うことになる。そのため、警察署長はビッグデータのレンズをブルーデータあるいはブライトデータにまで広げて視野に入れるかどうかの判断を求められるだろう。最終的には、警察署長がそうした決断の説明責任を負う（願わくば新たに正式なものとなった監視サミットで）。警察の決定に関与したい活動的な市民や議員は、システムの検証や市民の啓蒙のための民主的な説明責任のあり方を模索する必要がある。最後に、ビッグデータ警察活動の予想は、データにもとから備わっている暗闇にいかに光を当てるかに左右される。ブラック、ブルー、ブライト、それ以外の何であっても、ビッグデータは近い将来、警察活動を変える。そしてわたしたちはその先の道をしっかりと見きわめる必要がある。

Data: A Revolution That Will Transform How We Live, Work, and Think 61 (2013). (『ビッグデータの正体：情報の産業革命が世界のすべてを変える』[斎藤栄一郎訳。講談社。2013 年])
9.Melissa Hamilton, *Public Safety, Individual Liberty, and Suspect Science: Future Dangerousness Assessments and Sex Offender Laws*, 83 Temp. L. Rev. 697, 730 (2011).
10. Kate J. Bowers & Shane D. Johnson, *Who Commits Near Repeats? A Test of the Boost Explanation*, W. Criminol. Rev. (Nov. 2004), at 13.
11. 多くの警察署が実際に「ヴィジョン」を含む理念を掲げている。
12. 警察署の予算の限界については第 1 章で論じている。
13. 現場尋問カードについては第 5 章で論じている。
14. 司法省によるファーガソン警察署とボルティモア警察署の調査については第 2 章で論じている。
15. Libor Jany, *Minneapolis Police to Try Buddy System on Mental Health Calls*, Star Tribune (Sept. 6, 2016); Jaeah Lee, *What the Hell Happened to the Chicago Police's "Crisis Intervention" Training?*, Mother Jones (Jan. 15, 2016); Wesley Lowery et al., *Distraught People, Deadly Results: Officers Often Lack the Training to Approach the Mentally Unstable, Experts Say*, Wash. Post (June 30, 2015).
16. David M. Perry & Lawrence Carter-Long, *The Ruderman White Paper on Media Coverage of Law Enforcement Use of Force and Disability*, Ruderman Family Foundation (Mar. 2016), www.rudermanfoundation.org にて入手可。
17. Aamer Madhani, *Chicago Mayor Fires Police Chief amid Protests over Police Shooting*, USA Today (Dec. 1, 2015).
18. U.S. v. Jones, 132 S. Ct. 945 (2012).
19. Nissa Rhee, *Study Casts Doubt on Chicago Police's Secretive Heat List*, Chi. Mag. (Aug. 17, 2016).
20. Tal Z. Zarsky, *Transparent Predictions*, 2013 U. Ill. L. Rev. 1503, 1533–34 (2013).
21. Barbara D. Underwood, *Law and the Crystal Ball: Predicting Behavior with Statistical Inference and Individualized Judgment*, 88 Yale L.J. 1408, 1414 (1979).
22. 同上 at 1436.
23. 同上 at 1437–38.
24. United States v. Martinez-Fuerte, 428 U.S. 543, 560 (1976).
25. Christopher Slobogin, *Dangerousness and Expertise Redux*, 56 Emory L.J. 275, 289 (2006).
26. Albert R. Roberts & Kimberly Bender, *Overcoming Sisyphus: Effective Prediction of Mental Health Disorders and Recidivism among Delinquents*, 70:2 Fed. Probation 19, 19 (2006).

lion Violent Crimes per Year Went Unreported to Po lice from 2006 to 2010 (Aug. 9, 2012), www.bjs.gov にて入手可。
17. 同上
18. 同上
19. Solon Barocas & Andrew D. Selbst, *Big Data's Disp arate Impact*, 104 Calif. L. Rev. 671, 688 (2016).
20. Jeremy Kun, *Big Data Algorithms Can Discriminate, and It's Not Clear What to Do about It*, Conversation (Aug. 13, 2015), http://theconversation.com.
21. Andrew Guthrie Ferguson, *Predictive Policing and Reasonable Suspicion*, 62 Emory L.J. 259, 317 (2012).
22. Tod Newcombe, *What Predictive Policing Can, and Can't, Do to Prevent Crime*, Governing (Sept. 22, 2014), www.governing.com.
23. 同上
24. David J. Roberts & Meghann Casanova, Int'l Ass'n of Chiefs of Police, Automated License Plate Recogn ition Systems: Policy and Operational Guidance for Law Enforcement 9 (2012), www.ncjrs.gov にて入手可。
25. Josh Sanburn, *Storing Body Cam Data Is the Next Big Challenge for Police*, Time (Jan. 25, 2016).
26. Mike LaBella, *Massachusetts Police Turn to Software to Battle Crime*, Officer.com (Mar. 24, 2014).
27. Andrea Castillo, *ACLU Criticizes Fresno, Calif., PD for Social Media Surveillance System*, Government Tec hnology (Jan. 4, 2014), www.govtech.com.
28. Ryan Gallagher, *Meet the Machines That Steal Your Phone's Data*, Ars Technica (Sept. 25, 2013), http://ar stechnica.com.
29. News Release, LAPD Media Relations, Grand Ope ning of New Facility for Real-Time Analysis and Cr itical Response Division (Sept. 15, 2009), www.lap donline.org にて入手可 ; Chris Dolmetsch & Hen ry Goldman, *New York, Microsoft Unveil Join Crime-Tracking System*, Bloomberg (Aug. 8, 2012), www.blo omberg.com.
30. Elizabeth E. Joh, *Privacy Protests: Surveillance Evasi on and Fourth Amendment Suspicion*, 55 Ariz. L. Rev. 997, 1002 (2013).
31. 同上
32. Jimmy Stamp, *The Privacy Wars: Goggles That Block Facial Recognition Technology*, Smithsonian Mag. Blog (Feb. 6, 2013), http://blogs.smithsonianmag. com.
33. Nick Bilton, *Shields for Privacy in a Smartphone Wo rld*, N.Y. Times (June 24, 2012); *Drivers Try an Anti-Photo Finish*, Wash. Post (July 21, 2004), www.washi ngtonpost.com.
34. Tim Maly, *Anti-Drone Camouflage: What to Wear in Total Surveillance*, Wired (Jan. 17, 2013), www.wir ed.com.
35. Catherine New, *Domestic Drone Countermeasures, Oregon Company, to Sell Defense Systems Direct to Con sumers*, Huffington Post (Mar. 20, 2013), www.huffi ngtonpost.com.
36. Christine Clarridge, *Protesters Steal the Show at Seat tle Police Gathering to Explain Intended Use of Drones*, Seattle Times (Oct. 25, 2012).
37. Brian Wheeler, *Police Surveillance: The US City That Beat Big Brother*, BBC News Mag. (Sept. 29, 2016), www.bbc.com.
38. Kevin Rector & Luke Broadwater, *Secret Aerial Sur veillance by Baltimore Police Stirs Outrage*, L.A. Times (Aug. 25, 2016).
39. Monte Reel, *Secret Cameras Record Baltimore's Every Move from Above*, Bloom- berg Businessweek (Aug. 23, 2016).

終章

1. Jon Schuppe, *New Baltimore Aerial Surveillance Prog ram Raises Trust Issues*, NBC News (Aug. 29, 2016), www.nbcnews.com; Joseph Serna, *Keep the LAPD Drone-Free, Downtown Protesters Demand*, L.A. Tim es (Sept. 15, 2014); Manuel Valdes, *Seattle PD Gr ounds Drones after Protests*, PoliceOne.com (Feb. 8, 2013).
2. ビーウェア警告システムについては第５章で論じている。
3. Wayne A. Logan & Andrew G. Ferguson, *Policing Cr iminal Justice Data*, 101 Minn. L. Rev. 541, 541–42 (2016).
4. Andrew Guthrie Ferguson, *Predictive Prosecution*, 51 Wake Forest L. Rev. 705, 736 (2016).
5. Fred H. Cate, *Government Data Mining: The Need for a Legal Framework*, 43 Harv. C.R.-C.L. L. Rev. 435, 475 (2008).
6. Kate Crawford & Jason Schultz, *Big Data and Due Pr ocess: Toward a Framework to Redress Predictive Priva cy Harms*, 55 B.C. L. Rev. 93, 123 (2014).
7. 概論については John B. Meixner & Shari Seidm an Diamond, *The Hidden Daubert Factor: How Judg es Use Error Rates in Assessing Scientific Evidence*, 2014 Wis. L. Rev. 1063, 1131 (2014) を参照されたい。
8. Viktor Mayer-Schonberger & Kenneth Cukier, Big

Rights Division's Pat tern and Practice Police Reform Work: 1994–Present 3 (Jan. 2017).
116. Mary D. Fan, *Panopticism for Police: Structural Ref orm Bargaining and Police Regulation by Data-Driven Surveillance*, 87 Wash. L. Rev. 93, 115 (2012).
117. White House, Office of the Press Secretary, Fact Sh eet: White House Po lice Data Initiative Highlights New Commitments (Apr. 21, 2016), www.whiteho use.gov にて入手可。
118. 同上
119. 同上

第９章　ブライトデータ

1. Andrew Guthrie Ferguson, *The Big Data Jury*, 91 No tre Dame L. Rev. 935, 959 (2016).
2. 消費者ビッグデータについては第 1 章で論じている。
3. ビーウェア技術については第 5 章で論じている。
4. Robert D. Behn, The PerformanceStat Potential: A Leadership Strategy for Producing Results (2014).
5. 続く段落で示されている情報は Rafael Sa'adah, Assistant Chief, District of Columbia Fire and Emer gency Medical Services Department との会話に基づいている (Dec. 2016).
6. Rafael Sa'adah, Acting Deputy Fire Chief, District of Columbia Fire and Emergency Medical Services Department, & Jessica Bress, Policy Advisor at DC Department of Behavioral Health, Presentation, Fi nal Analysis of SBIRT Pilot Program 05/30/2015–08/02/2015 (Aug. 28, 2015) (著者の元に原稿あり).
7. 同上
8. 同上
9. Rafael Sa'adah, Acting Deputy Fire Chief, District of Columbia Fire and Emergency Medical Services De partment, Presentation, Impact of Synthetic Canna bi noid Use on the DC EMS System (Sept. 16, 2015) (著者の元に原稿あり).
10. ニューヨーク警察の管内警戒システムについては第 5 章で論じている。
11. シカゴ警察のヒートリストについては第 3 章で論じている。
12. ロサンゼルス警察のパランティア追跡ソフトウェアについては第 5 章で論じている。
13. 情報駆動型起訴については第 3 章で論じている。

第 10 章　データなし

1. 本章で取り上げている登場人物は、著者が知っている人間をもとに作り上げた架空の人物である。
2. Jonas Lerman, *Big Data and Its Exclusions*, 66 Stan. L. Rev. Online 55, 56 (2013).
3. Kate Crawford, *Think Again: Big Data*, FP (May 9, 2013), www.foreignpolicy.com.
4. Jonas Lerman, *Big Data and Its Exclusions*, 66 Stan. L. Rev. Online 55, 56 (2013).
5. Joseph W. Jerome, *Buying and Selling Privacy: Big Da ta's Different Burdens and Benefits*, 66 Stan. L. Rev. Online 47, 50 (2013).
6. 同上
7. William J. Stuntz, *The Distribution of Fourth Amend ment Privacy*, 67 Geo. Wash. L. Rev. 1265, 1270–72 (1999).
8. 概論については Bonnie S. Fisher et al., *Making Ca mpuses Safer for Students: The Clery Act as a Symbolic Legal Reform*, 32 Stetson L. Rev. 61, 63 (2002) を参照されたい ; Corey Rayburn Yung, *Concealing Cam pus Sexual Assault: An Empirical Examination*, 21 Psy chol. Pub. Pol'y & L. 1, 2 (2015).
9. Christopher Slobogin, *The Poverty Exception to the Fo urth Amendment*, 55 Fla. L. Rev. 391, 401 (2003).
10. Jonathan Oberman & Kendea Johnson, *Broken Wi ndows: Restoring Social Order or Damaging and Deple ting New York's Poor Communities of Color?*, 37 Cardo zo L. Rev. 931, 949 (2016).
11. Ronald F. Wright, *Fragmented Users of Crime Predict ions*, 52 Ariz. L. Rev. 91, 94 (2010).
12. Thomas E. Feucht & William J. Sabol, *Comment on a "Modest Proposal" for a Crime Prediction Market*, 52 Ariz. L. Rev. 81, 84 (2010).
13. Press Release, Bureau of Justice Statistics, U.S. Dep't of Justice, Office of Justice Programs, Nearly 3.4 Mil lion Violent Crimes per Year Went Unreported to Po lice from 2006 to 2010 (Aug. 9, 2012), www.bjs.gov にて入手可。
14. Camille Carey & Robert A. Solomon, *Impossible Choices: Balancing Safety and Security in Domestic Vi olence Representation*, 21 Clinical L. Rev. 201, 225 (2014); Jeannie Suk, *Criminal Law Comes Home*, 116 Yale L.J. 2, 15–16 (2006).
15. Myka Held & Juliana McLaughlin, *Rape & Sexual Assault*, 15 Geo. J. Gender & L. 155, 157 (2014).
16. Press Release, Bureau of Justice Statistics, U.S. Dep't of Justice, Office of Justice Programs, Nearly 3.4 Mil

rs, Justice Department Reaches Agreement with City of Newark, New Jersey, to Address Unconstitutional Policing in Newark Police Department (July 22, 2014), www.justice.gov にて入手可。

83. U.S. Dep't of Justice, Civil Rights Div., Investigation of the Albuquerque Police Department, Findings Letter 2–3 (2014), www.justice.gov にて入手可。

84. Utah v. Strieff, 136 S. Ct. 2056, 2059 (2016).

85. U.S. Dep't of Justice, Civil Rights Div., Investigation of the Ferguson Police Department 8 (2015), www.justice.gov にて入手可 .

86. Center for Policing Equity, *About Us*, http://policingequity.org (最終アクセス Feb. 15, 2017).

87. Phillip Atiba Goff et al., Center for Policing Equity, The Science of Justice: Race, Arrests, and the Police Use of Force 10 (July 2016), http://policingequity.org にて入手可 .

88. 同上 at 26.

89. Project on Law, Order, and Algorithms, Stanford University, www.knightfoundation.org (最終アクセス Feb. 15, 2017).

90. Edmund L. Andrews, *How Can We Improve the Criminal Justice System?*, Stanford Engineering Blog (Feb. 10, 2016), http://engineering.stanford.edu.

91. *The Counted: People Killed by Police in the U.S.*, Guardian (2016), www.theguardian.com.

92. Wesley Lowery, *How Many Police Shootings a Year? No One Knows*, Wash. Post (Sept. 8, 2014).

93. *Police Data: A Curated Collection of Links*, Marshall Project (2017), www.themarshallproject.org; Julia Angwin et al., *Machine Bias*, ProPublica (May 23, 2016), www.propublica.org; Rob Arthur, *We Now Have Algorithms to Predict Police Misconduct*, FiveThirtyEight (Mar. 9, 2016), http://fivethirtyeight.com.

94. Joshua Kopstein, *NYCLU's Stop & Frisk Watch App Lets You Rapidly Report Police Misconduct*, Verge (June 6, 2012), www.theverge.com を参照されたい。

95. Christopher Moraff, *Will New "Respect" Strategy Improve Police-Community Relations?*, Next City (Aug. 28, 2015), http://nextcity.org.

96. 同上

97. Atul Gawande, The Checklist Manifesto 49 (2009); James Reason, Human Error 1 (1990).

98. Pamela Metzger & Andrew Guthrie Ferguson, *Defending Data*, 88 S. Cal. L. Rev. 1057, 1082–89 (2015).

99. Atul Gawande, The Checklist Manifesto 49 (2009).

100. Steven H. Woolf et al., *A String of Mistakes: The Importance of Cascade Analysis in Describing, Counting, and Preventing Medical Errors*, 2:4 Ann. Fam. Med. 317 (2004).

101. 概論については Michael D. Ferguson & Sean Nelson, Aviation Safety: A Balanced Industry Approach (2014) を参照されたい ; John Davies, Alastair Ross, & Brendan Wallace, Safety Management: A Qualitative Systems Approach (2003); Error Reduction in Health Care: A Systems Approach to Improving Patient Safety (Patrice L. Spath ed., 2000).

102. Atul Gawande, The Checklist Manifesto 49 (2009).

103. James Doyle, Nat'l Inst. of Justice, NCJ 247141, Mending Justice: Sentinel Event Reviews 3–5 (2014), www.nij.gov.

104. 同上 at 9.

105. 同上 at 6.

106. 同上 at 12.

107. John Hollway, Quattrone Ctr. for Fair Admin. Just., A Systems Approach to Error Reduction in Criminal Justice 4 (Feb. 2014), http://scholarship.law.upenn.edu にて入手可。

108. Quattrone Ctr. for Fair Admin. Just., Using Root Cause Analysis to Instill a Culture of Self-Improvement: Program Replication Materials Innovations in Criminal Justice Summit III 1–3 (white paper, Apr. 20–21, 2015), www.law.upenn.edu にて入手可。

109. Ligon v. City of New York, No. 12 Civ. 2274, 2012 WL 3597066, at *36–39 (S.D.N.Y. Aug. 21, 2012).

110. 同上

111. Paul Butler, *Stop and Frisk and Torture-Lite: Police Terror of Minority Communities*, 12 Ohio St. J. Crim. L. 57, 64–66 (2014); David A. Harris, *Frisking Every Suspect: The Withering of* Terry, 28 U.C. Davis L. Rev. 1, 45–46 (1994).

112. Brandon Garrett, *Remedying Racial Profiling*, 33 Colum. Hum. Rts. L. Rev. 41, 118 (2001).

113. Kami Chavis Simmons, *The Politics of Policing: Ensuring Stakeholder Collaboration in the Federal Reform of Local Law Enforcement Agencies*, 98 J. Crim. L. & Criminol. 489, 490 (2008); Samuel Walker, *The New Paradigm of Police Accountability: The U.S. Justice Department "Pattern or Practice" Suits in Context*, 22 St. Louis U. Pub. L. Rev. 3, 8 (2003).

114. 42 U.S.C. § 14141 (1994).

115. U.S. Dep't of Justice, Civil Rights Div., The Civil

35. U.S. Dep't of Justice, Civil Rights Div., Investigat ion of the City of Chicago Police Department 111 (2017), www.justice.gov にて入手可。
36. Frank Pasquale, *The Other Big Brother*, Atlantic (Sept. 21, 2015).
37. U.S. Dep't of Justice, Civil Rights Div., Investigat ion of the City of Chicago Police Department 147 (2017), www.justice.gov にて入手可。
38. David J. Krajicek, *What's the Best Way to Weed Out Potential Killer Cops?*, AlterNet (May 16, 2016), www.alternet.org.
39. 消費者データマイニングは第1章のテーマである。
40. Floyd v. City of New York, 959 F. Supp. 2d 540, 558 (S.D.N.Y. 2013).
41. Jeffrey Bellin, *The Inverse Relationship between the Constitutionality and Effectiveness of New York City "Stop and Frisk,"* 94 B.U. L. Rev. 1495, 1514 (2014).
42. Sharad Goel et al., *Combatting Police Discrimination in the Age of Big Data*, New Crim. L. Rev. (forthcom ing 2017) (著者の元に草稿あり), http://5harad.com にて入手可。
43. 同上 at 6.
44. 同上
45. 同上 at 27.
46. 同上
47. 同上 at 29.
48. 同上 at 29–30; 概論については Sharad Goel, Jus tin M. Rao, & Ravi Shroff, *Precinct or Prejudice? Understanding Racial Disparities in New York City's Stop-and-Frisk Policy*, 10 Ann. App. Stats. 365 (2016) も参照されたい。
49. Ric Simmons, *Quantifying Criminal Procedure: How to Unlock the Potential of Big Data in Our Criminal Justice System*, 2016 Mich. St. L. Rev. 947, 999–1005 (2016).
50. Max Minzner, *Putting Probability Back into Probable Cause*, 87 Tex. L. Rev. 913, 920 (2009).
51. 同上
52. 同上 at 920–21.
53. Rebecca C. Hetey et al., *Data for Change: A Statistic al Analysis of Police Stops, Searches, Handcuffings, and Arrests in Oakland, Calif., 2013–2014*, Stanford SPA RQ (Social Psychological Answers to Real-World Qu estions) (June 23, 2016), https://sparq.stanford.edu にて入手可。
54. 同上 at 9.
55. 同上
56. 同上
57. 同上 at 27.
58. 同上 at 10.
59. 同上 at 90–97.
60. Jennifer Eberhardt, *Strategies for Change: Research Initiatives and Recommendations to Improve Police-Community Relations in Oakland, Calif.*, Stanford SP ARQ (Social Psychological Answers to Real-World Questions) (June 20, 2016), https://sparq.stanford.edu にて入手可。
61. 同上 at 12.
62. 同上 at 13.
63. 同上 at 14.
64. 同上 at 15.
65. Andrew Manuel Crespo, *Systemic Facts: Toward Inst itutional Awareness in Criminal Courts*, 129 Harv. L. Rev. 2049, 2052 (2016).
66. 同上 at 2069.
67. Jeffrey Fagan & Amanda Geller, *Following the Script: Narratives of Suspicion in* Terry *Stops in Street Policing*, 82 U. Chi. L. Rev. 51, 55 (2015).
68. Andrew Manuel Crespo, *Systemic Facts: Toward Inst itutional Awareness in Criminal Courts*, 129 Harv. L. Rev. 2049, 2075–76 (2016).
69. 同上 at 2076.
70. 同上
71. 同上 2078–80.
72. 同上 at 2079.
73. ニューヨーク市で利用可能な監視技術については第5章で論じている。
74. Paul Butler, *Stop and Frisk and Torture-Lite: Police Terror of Minority Communities*, 12 Ohio St. J. Crim. L. 57, 64–66 (2014).
75. Ray Rivera, Al Baker, & Janet Roberts, *A Few Bloc ks, 4 Years, 52,000 Police Stops*, N.Y. Times (July 11, 2010).
76. 同上
77. 同上
78. 同上
79. ニューヨーク・タイムズ紙が報じた時点ではまだ、ブラウンズヴィルで管内警戒システムは利用できなかった。
80. Eli B. Silverman, *With a Hunch and a Punch*, 4 J. L. Econ. & Pol'y 133, 145 (2007).
81. David Rudovsky & Lawrence Rosenthal, *The Consti tutionality of Stop-and-Frisk in New York City*, 162 U. Pa. L. Rev. Online 117, 123–24 (2013).
82. Press Release, Dep't of Justice, Office of Public Affai

the Case for Caution, 102 Mich. L. Rev. 801 (2004) を参照されたい。

第８章　ブルーデータ

1. Jon Swaine, *Eric Holder Calls Failure to Collect Reliable Data on Police Killings Unacceptable*, Guardian (Jan. 15, 2015).
2. Kimbriell Kelly, *Can Big Data Stop Bad Cops?*, Wash. Post (Aug. 21, 2016).
3. 同上
4. Death in Custody Reporting Act of 2013, Pub. L. No. 113–242, 128 Stat. 2860 (2014) (42 U.S.C. §13727 に成文化される予定).
5. Press Release, White House, Launching the Police Data Initiative (May 18, 2015), www.whitehouse.gov にて入手可。
6. 同上
7. Sari Horwitz & Mark Berman, *Justice Department Takes Steps to Create National Use-of-Force Database*, Wash. Post (Oct. 13, 2016).
8. 場所予測型技術は第４章のテーマである。
9. Bernard E. Harcourt & Tracey L. Meares, *Randomization and the Fourth Amendment*, 78 U. Chi. L. Rev. 809, 862 n.210 (2011).
10. Andrew Guthrie Ferguson, *Policing "Stop and Frisk" with "Stop and Track" Policing*, Huffington Post (Aug. 17, 2014), www.huffingtonpost.com.
11. Frank Pasquale, *The Other Big Brother*, Atlantic (Sept. 21, 2015).
12. Ben Horwitz, *Sneak Preview: NOPD Replacing Current Compstat Process with New, Interactive Open Data Website*, New Orleans Police Department (Aug. 10, 2016), www.nola.gov.
13. ACLU of Illinois, *Newly-Released Data Shows City Continues to Deny Equitable Police Services to South and West Side Neighborhoods* (Mar. 31, 2014), www.aclu-il. org.
14. Judi Komaki, *6 Ways Good Data Could Prevent Tragedies like Freddie Gray's Death*, Nation (May 23, 2016).
15. 人物予測型技術は第３章のテーマである。
16. David J. Krajicek, *What's the Best Way to Weed Out Potential Killer Cops?*, AlterNet (May 16, 2016), www.alternet.org.
17. Angela Caputo & Jeremy Gorner, *Small Group of Chicago Police Costs City Millions in Settlements*, Chi. Trib. (Jan. 30, 2016).
18. Rob Arthur, *How to Predict Bad Cops in Chicago*, FiveThirtyEight (Dec. 15, 2015), http://fivethirtyeight.com.
19. Rene Stutzman & Charles Minshew, *Focus on Force*, Orlando Sentinel (Nov. 6, 2015), http://interactive.orlandosentinel.com にて入手可。
20. Rayid Ghani, *Developing Predictive Early Interventions/Warning Systems to Prevent Adverse Interactions with Police*, Center for Data Science and Public Policy (Feb. 21, 2016), http://dsapp.uchicago.edu.
21. Jaeah Lee, *Can Data Predict Which Cops Are Most Likely to Misbehave in the Future?*, Mother Jones (May/June 2016).
22. Michael Gordon, *CMPD's Goal: To Predict Misconduct before It Can Happen*, Charlotte Observer (Feb. 26, 2016).
23. Jaeah Lee, *Can Data Predict Which Cops Are Most Likely to Misbehave in the Future?*, Mother Jones (May/June 2016).
24. Rayid Ghani, interview by Audie Cornish, *Can Big Data Help Head Off Police Misconduct?*, All Tech Considered (NPR radio broadcast, July 19, 2016), www.npr.org にて入手可。
25. Ted Gregory, *U of C Researchers Use Data to Predict Police Misconduct*, Chi. Trib. (Aug. 18, 2016).
26. Rob Arthur, *How to Predict Bad Cops in Chicago*, FiveThirtyEight (Dec. 15, 2015), http://fivethirtyeight.com.
27. Michael Gordon, *CMPD's Goal: To Predict Misconduct before It Can Happen*, Charlotte Observer (Feb. 26, 2016).
28. Jaeah Lee, *Can Data Predict Which Cops Are Most Likely to Misbehave in the Future?*, Mother Jones (May/June 2016).
29. Rayid Ghani, interview by Audie Cornish, *Can Big Data Help Head Off Police Misconduct?*, All Tech Considered (NPR radio broadcast, July 19, 2016), www.npr.org にて入手可。
30. 同上
31. Rob Arthur, *How to Predict Bad Cops in Chicago*, FiveThirtyEight (Dec. 15, 2015), http://fivethirtyeight.com.
32. 同上
33. U.S. Dep't of Justice, Civil Rights Div., Investigation of the City of Chicago Police Department 111 (2017), www.justice.gov にて入手可。
34. Jonah Newman, *Program That Flags Chicago Cops at Risk of Misconduct Misses Most Officers*, Chi. Reporter (Dec. 18, 2015), http://chicagoreporter.com.

mocratic Institutions, 21 Mich. J. Race & L. 315, 333 (2016); Karla Mari McKanders, *Sustaining Tiered Personhood: Jim Crow and Anti-Immigrant Laws*, 26 Harv. J. on Racial & Ethnic Just. 163, 190–207 (2010).

8. Justin S. Conroy, *"Show Me Your Papers": Race and Street Encounters*, 19 Nat'l Black L.J. 149, 151–61 (2007).

9. Christina Swarns, *"I Can't Breathe!": A Century Old Call for Justice*, 46 Seton Hall L. Rev. 1021, 1024–25 (2016); Andrew P. Cohen, *The Lynching of James Scales: How the FBI, the DOJ, and State Authorities "Whitewashed" Racial Violence in Blesdoe County, Tennessee*, 19 Tex. J. C.L. & C.R. 285, 287–88 (2014).

10. Clarence Page, *Forgotten Lessons of '60s Urban Riots*, Chi. Trib. (Aug. 27, 2014); Rick Perlstein, *From Watts to Ferguson*, In These Times (Sept. 22, 2014), http://inthesetimes.com.

11. Terry v. Ohio, 392 U.S. 1, 14 n.11 (1968) (Lawrence P. Tiffany et al., Detection of Crime: Stopping and Questioning, Search and Seizure, Encouragement and Entrapment 47–48 (1967) を引用).

12. Alvaro M. Bedoya, *The Color of Surveillance*, Slate (Jan. 18, 2016), www.slate.com.

13. James Forman Jr., *A Little Rebellion Now and Then Is a Good Thing*, 100 Mich. L. Rev. 1408, 1416 (2002); David Johnston & Don Van Natta Jr., *Ashcroft Weighs Easing F.B.I. Limits for Surveillance*, N.Y. Times (Dec. 1, 2001).

14. Alvaro M. Bedoya, *The Color of Surveillance*, Slate (Jan. 18, 2016), www.slate.com.

15. Alvaro Bedoya, Executive Director, Center on Privacy & Technology, Georgetown University Law Center, 著者宛ての電子メール (Aug. 12, 2016).

16. Paul Butler, Professor of Law, Georgetown University Law Center, 著者宛ての電子メール (Aug. 14, 2016).

17. U.S. Dep't of Justice, Civil Rights Div., Investigation of the Ferguson Police Department 72–73 (2015), www.justice.gov にて入手可。

18. 同上 at 2.

19. Michael Feldman et al., *Certifying and Removing Disparate Impact*, KDD '15: Proceedings of the 21st ACM SIGKDD International Conference on Knowledge Discovery and Data Mining 259 (2015).

20. Ifeoma Ajunwa et al., Hiring by Algorithm: Predicting and Preventing Disparate Impact (Feb. 28, 2016) (未発表原稿, 著者の元に原稿あり).

21. Michael Feldman et al., *Certifying and Removing Disparate Impact*, KDD '15: Proceedings of the 21st ACM SIGKDD International Conference on Knowledge Discovery and Data Mining 259 (2015).

22. Frank Pasquale, The Black Box Society: The Secret Algorithms That Control Money and Information (2015).

23. Andrew Guthrie Ferguson, *Predictive Policing and Reasonable Suspicion*, 62 Emory L.J. 259, 319 (2012).

24. Cathy O'Neil, Weapons of Math Destruction: How Big Data Increases Inequality and Threatens Democracy (2016).

25. Frank Pasquale, The Black Box Society: The Secret Algorithms That Control Money and Information (2015).

26. Mara Hvistendahl, *Can "Predictive Policing" Prevent Crime before It Happens?*, Science (Sept. 28, 2016); Ellen Huet, *Server and Protect: Predictive Policing Firm PredPol Promises to Map Crime before It Happens*, Forbes (Mar. 2, 2015).

27. Joshua A. Kroll et al., *Accountable Algorithms*, 165 U. Pa. L. Rev. 633 (2017).

28. Harry Surden, *Machine Learning and Law*, 89 Wash. L. Rev. 87, 89 (2014).

29. Joshua A. Kroll et al., *Accountable Algorithms*, 165 U. Pa. L. Rev. 633 (2017).

30. 同上

31. 同上

32. 同上

33. Stephen Rushin, *The Judicial Response to Mass Police Surveillance*, 2011 U. Ill. J. L. Tech. & Pol'y 281, 282.

34. Monu Bedi, *Social Networks, Government Surveillance, and the Fourth Amendment Mosaic Theory*, 94 B.U. L. Rev. 1809, 1841 (2014).

35. Andrew Guthrie Ferguson, *Big Data and Predictive Reasonable Suspicion*, 163 U. Pa. L. Rev. 327, 387–88 (2015).

36. Andrew Guthrie Ferguson, *Predictive Policing and Reasonable Suspicion*, 62 Emory L.J. 259 304–10 (2012).

37. Andrew Guthrie Ferguson & Damien Bernache, *The "High-Crime Area" Question: Requiring Verifiable and Quantifiable Evidence for Fourth Amendment Reasonable Suspicion Analysis*, 57 Am. U. L. Rev. 1587, 1588–90 (2008).

38. 概論については Orin S. Kerr, *The Fourth Amendment and New Technologies: Constitutional Myths and*

95. Frank Pasquale, Black Box Society: The Secret Algorithms That Control Money and Information 38 (2015).
96. Solon Barocas & Andrew D. Selbst, *Big Data's Disparate Impact*, 104 Calif. L. Rev. 671, 691 (2016).
97. 同上
98. 同上 at 675–76.
99. 同上 at 677–78.
100. 同上 at 680–84.
101. 同上 at 688–90.
102. 同上 at 691.
103. Jules Polonetsky, Omer Tene, & Joseph Jerome, *Beyond the Common Rule: Ethical Structures for Data Research in Non-Academic Settings*, 13 Colo. Tech. L.J. 333, 349 (2015).
104. Latanya Sweeney, *Discrimination in Online Ad Delivery*, 56 Comm. ACM 44 (2013).
105. Michael Brennan, *Can Computers Be Racist? Big Data, Inequality, and Discrimination*, Ford Foundation: Equals Change Blog (Nov. 18, 2015), www.fordfoundation.org.
106. Stacey Higginbotham, *Google's Sexist Algorithms Offer an Important Lesson in Diversity*, Fortune (July 8, 2015).
107. Jeremy Kun, *Big Data Algorithms Can Discriminate, and It's Not Clear What to Do about It*, Conversation (Aug. 13, 2015), http://theconversation.com.
108. Andrew Guthrie Ferguson, *Predictive Policing and Reasonable Suspicion*, 62 Emory L.J. 259, 286 (2012); Max Minzner, *Putting Probability Back into Probable Cause*, 87 Tex. L. Rev. 913, 958 (2009).
109. United States v. Grubbs, 547 U.S. 90, 95 (2006).
110. Illinois v. Gates, 462 U.S. 213, 238 (1983).
111. *Grubbs*, 547 U.S. at 95.
112. Erica Goldberg, *Getting Beyond Intuition in the Probable Cause Inquiry*, 17 Lewis & Clark L. Rev. 789, 790–91 (2013).
113. Maryland v. Pringle, 540 U.S. 366, 371 (2003).
114. *Gates*, 462 U.S. at 231.
115. Terry v. Ohio, 392 U.S. 1, 21–22 (1968).
116. Andrea Roth, *Safety in Numbers? Deciding When DNA Alone Is Enough to Convict*, 85 N.Y.U. L. Rev. 1130, 1134 (2010); David H. Kaye, *Rounding Up the Usual Suspects: A Legal and Logical Analysis of DNA Trawling Cases*, 87 N.C. L. Rev. 425, 439 (2009).
117. Arnold H. Loewy, *Rethinking Search and Seizure in a Post-911 World*, 80 Miss. L.J. 1507, 1518 (2011).
118. 同上
119. Maryland v. Pringle, 124 S. Ct. 795, 800 (2003) (Ybarra v. Illinois, 444 U.S. 85, 91 (1979) を例証している).
120. Tracey Maclin, *The* Pringle *Case's New Notion of Probable Cause: An Assault on* Di Re *and the Fourth Amendment*, 2004 Cato Sup. Ct. Rev. 395, 411.
121. Bernard E. Harcourt & Tracey L. Meares, *Randomization and the Fourth Amendment*, 78 U. Chi. L. Rev. 809, 813 (2011) を参照されたい。
122. Andrew E. Taslitz, *Stories of Fourth Amendment Disrespect: From Elian to the Internment*, 70 Fordham L. Rev. 2257, 2355 (2002).
123. Bernard E. Harcourt & Tracey L. Meares, *Randomization and the Fourth Amendment*, 78 U. Chi. L. Rev. 809, 813 (2011) を参照されたい。
124. Daniel J. Steinbock, *Data Matching, Data Mining, and Due Process*, 40 Ga. L. Rev. 1, 30 (2005).
125. Erin Murphy, *Databases, Doctrine & Constitutional Criminal Procedure*, 37 Fordham Urb. L.J. 803, 830 (2010).
126. Alene Tchekmedyian, *Police Push Back against Using Crime-Prediction Technology to Deploy Officers*, L.A. Times (Oct. 4, 2016).

第７章　ブラックデータ

1. Charles J. Ogletree Jr., The Presumption of Guilt: The Arrest of Henry Louis Gates Jr. and Race, Class, and Crime in America 129–241 (2010).
2. Upturn, Stuck in a Pattern: Early Evidence of "Predictive Policing" and Civil Rights 5 (Aug. 2016).
3. Solon Barocas & Andrew D. Selbst, *Big Data's Disparate Impact*, 104 Calif. L. Rev. 671, 721 (2016).
4. Christopher Moraff, *The Problem with Some of the Most Powerful Numbers in Modern Policing*, Next City (Dec. 15, 2014), http://nextcity.org.
5. Joshua D. Wright, *The Constitutional Failure of Gang Databases*, 2 Stan. J. C.R. & C.L. 115, 120–21 (2005).
6. Sandra Bass, *Policing Space, Policing Race: Social Control Imperatives and Police Discretionary Decisions*, 28 Soc. Just. 156, 156 (2001); David S. Cohen, *Official Oppression: A Historical Analysis of Low-Level Police Abuse and a Modern Attempt at Reform*, 28 Colum. Hum. Rts. L. Rev. 165, 180 (1996) も参照されたい。
7. Jonathan M. Smith, *Closing the Gap between What Is Lawful and What Is Right in Police Use of Force Jurisprudence by Making Police Departments More De*

55. 同上
56. Joseph Goldstein & J. David Goodman, *Seeking Clues to Gangs and Crime, Detectives Monitor Internet Rap Videos*, N.Y. Times (Jan. 7, 2014).
57. Nicole Santa Cruz, Kate Mather, & Javier Panzar, *#100days100nights: Gang Threats of Violence on Social Media Draw Fear*, L.A. Times (July 27, 2015).
58. Ben Austen, *Public Enemies: Social Media Is Fueling Gang Wars in Chicago*, Wired (Sept. 17, 2013).
59. 同上
60. 同上
61. Cheryl Corley, *When Social Media Fuels Gang Violence*, All Tech Considered (NPR radio broadcast, Oct. 7, 2015), www.npr.org にて入手可。
62. Russell Brandom, *Facebook, Twitter, and Instagram Surveillance Tool Was Used to Arrest Baltimore Protestors*, Verge (Oct. 11, 2016), www.theverge.com; Elizabeth Dwoskin, *Police Are Spending Millions of Dollars to Monitor the Social Media of Protesters and Suspects*, Wash. Post (Nov. 18, 2016).
63. Jan Ransom, *Boston Police Set to Buy Social Media Monitoring Software*, Bost. Globe (Nov. 26, 2016).
64. Liane Colonna, *A Taxonomy and Classification of Data Mining*, 16 SMU Sci. & Tech. L. Rev. 309, 314 (2013).
65. 概論については *Data Mining, Dog Sniffs, and the Fourth Amendment*, 128 Harv. L. Rev. 691, 693–94 (2014) を参照されたい ; Tal Z. Zarsky, *Governmental Data Mining and Its Alternatives*, 116 Penn St. L. Rev. 285, 287 (2011).
66. Erin Murphy, *The New Forensics: Criminal Justice, False Certainty, and the Second Generation of Scientific Evidence*, 95 Cal. L. Rev. 721, 728–30 (2007).
67. Laura K. Donohue, *Technological Leap, Statutory Gap, and Constitutional Abyss: Remote Biometric Identification Comes of Age*, 97 Minn. L. Rev. 407, 413 (2012).
68. Press Release, FBI, FBI Announces Full Operational Capability of the Next Generation Identification System (Sept. 15, 2014), www.i.gov にて入手可。
69. Michael L. Rich, *Machine Learning, Automated Suspicion Algorithms, and the Fourth Amendment*, 164 U. Pa. L. Rev. 871, 876 (2016).
70. Colleen McCue, *Connecting the Dots: Data Mining and Predictive Analytics in Law Enforcement and Intelligence Analysis*, Police Chief (May 2016), www.policechiefmagazine.org.
71. 同上
72. Tierney Sneed, *How Big Data Battles Human Trafficking*, U.S. News (Jan. 14, 2015).
73. 同上
74. Bernhard Warner, *Google Turns to Big Data to Unmask Human Traffickers*, Businessweek (Apr. 10, 2013).
75. Tierney Sneed, *How Big Data Battles Human Trafficking*, U.S. News (Jan. 14, 2015).
76. Elizabeth Nolan Brown, *Super Bowl "Sex Trafficking Stings" Net Hundreds of Prostitution Arrests*, Reason (Feb. 13, 2016).
77. Tierney Sneed, *How Big Data Battles Human Trafficking*, U.S. News (Jan. 14, 2015).
78. 同上
79. Joseph Goldstein, *Police Take on Family Violence to Avert Death*, N.Y. Times (July 25, 2013).
80. 同上
81. 同上
82. 同上
83. Jeffery Talbert et al., *Pseudoephedrine Sales and Seizures of Clandestine Methamphetamine Laboratories in Kentucky*, 308:15 JAMA 1524 (2012); Jon Bardin, *Kentucky Study Links Pseudoephedrine Sales, Meth Busts*, L.A. Times (Oct. 16, 2012).
84. Jon Bardin, *Kentucky Study Links Pseudoephedrine Sales, Meth Busts*, L.A. Times (Oct. 16, 2012).
85. Andrew Guthrie Ferguson, *Big Data Distortions: Exploring the Limits of the ABA LEATPR Standards*, 66 Okla. L. Rev. 831, 841 (2014).
86. David C. Vladeck, *Consumer Protection in an Era of Big Data Analytics*, 42 Ohio N.U. L. Rev. 493, 495 (2016).
87. Moritz Hardt, *How Big Data Is Unfair*, Medium (Sept. 26, 2014), http://medium. com.
88. PredPol, PredPol Predicts Gun Violence 3 (white paper, 2013), http://cortecs.org にて入手可、を参照されたい。
89. 同上
90. 同上
91. イリノイ州シカゴの広さはおよそ614平方キロメートルである。City of Chicago, *Facts & Statistics* (2017), https://www.cityofchicago.org.
92. Pedro Domingos, The Master Algorithm: How the Quest for the Ultimate Learning Machine Will Remake Our World (2015).
93. Matt McFarland, *Terrorist or Pedophile? This Start-Up Says It Can Out Secrets by Analyzing Faces*, Wash. Post (May 24, 2016).
94. 同上

Simulators Illegal, New American (Apr. 1, 2016), www.thenewamerican.com.
21. Devin Barrett, *Americans' Cellphones Targeted in Sec ret U.S. Spy Program*, Wall St. J. (Nov. 13, 2014).
22. Brad Heath, *Police Secretly Track Cellphones to Solve Routine Crimes*, USA Today (Aug. 24, 2015), www.us atoday.com.
23. 同上
24. 同上
25. Robert Patrick, *Controversial Secret Phone Track er Figured in Dropped St. Louis Case*, St. Louis Post-Dispatch (Apr. 19, 2015).
26. Justin Fenton, *Baltimore Police Used Secret Technolo gy to Track Cellphones in Thousands of Cases*, Balt. Sun (Apr. 9, 2015).
27. Brad Heath, *Police Secretly Track Cellphones to Solve Routine Crimes*, USA Today (Aug., 24, 2015).
28. Kim Zetter, *U.S. Marshals Seize Cops' Spying Records to Keep Them from the ACLU*, Wired (June 3, 2014).
29. Justin Fenton, *Judge Threatens Detective with Conte mpt for Declining to Reveal Cellphone Tracking Metho ds*, Balt. Sun (Nov. 17, 2014).
30. Committee on Oversight and Government Refo rm, U.S. House of Representatives, Law Enforcement Use of Cell-Site Simulation Technologies: Privacy Co ncerns and Recommendations 5 (Dec. 19, 2016).
31. Paula H. Kift & Helen Nissenbaum, *Metadata in Co ntext: An Ontological and Normative Analysis of the NS A's Bulk Telephony Metadata Collection Program*, 13 IS JLP __ (2017).
32. Decl. of Prof. Edward Felten at 30–37, Am. Civil Li berties Union v. Clapper, 959 F. Supp. 2d 724 (S.D. N.Y. 2013) (No. 13-cv-03994), www.aclu.org にて入手可。
33. 概論については Jeffrey Pomerantz, Metadata, 3–13 (2015) を参照されたい。
34. Paula H. Kift & Helen Nissenbaum, *Metadata in Context: An Ontological and Normative Analysis of the NSA's Bulk Telephony Metadata Collection Program*, 13 ISJLP __ (2017).
35. Dahlia Lithwick & Steve Vladeck, *Taking the "Meh" out of Metadata*, Slate (Nov. 22, 2013), www.slate.com.
36. Decl. of Prof. Edward Felten at 30–37, Am. Civil Li berties Union v. Clapper, 959 F. Supp. 2d 724 (S.D .N.Y. 2013) (No. 13-cv-03994), www.aclu.org にて入手可。
37. 同上 at 14.
38. 同上 at 16, 19
39. 同上 at 17–18.
40. Jonathan Mayer, Patrick Mutchler, & John C. Mitc hell, *Evaluating the Privacy Properties of Telephone Me tadata*, 113 PNAS 5536 (May 17, 2016).
41. 同上 at 5536.
42. 同上 at 5540.
43. 同上
44. Klayman v. Obama (*Klayman I*), 957 F. Supp. 2d 1, 41 (D.D.C. 2013); Am. Civil Liberties Union v. Cla pper, 959 F. Supp. 2d 724, 752 (S.D.N.Y. 2013).
45. Chris Conley, *Non-Content Is Not Non-Sensitive: Mo ving Beyond the Content/Non-Content Distinction*, 54 Santa Clara L. Rev. 821, 824–26 (2014).
46. *In re Directives Pursuant to Section 105B of Foreign In telligence Surveillance Act*, 551 F.3d 1004, 1006 (For eign Int. Surv. Ct. Rev. 2008); 概論については Pe ter Margulies, *Dynamic Surveillance: Evolving Proced ures in Metadata and Foreign Content Collection after Snowden*, 66 Hastings L.J. 1, 51–57 (2014) を参照されたい ; Laura K. Donohue, *Bulk Metadata Colle ction: Statutory and Constitutional Considerations*, 37 Harv. J. L. & Pub. Pol'y 757, 825 (2014).
47. Spencer Ackerman, *FBI Quietly Changes Its Privacy Rules for Accessing NSA Data on Americans*, Guardian (Mar. 10, 2016); John Shiffman & Kristina Cooke, *U.S. Directs Agents to Cover Up Program Used to Inves tigate Americans*, Reuters (Aug. 5, 2013).
48. Kenneth Lipp, *AT&T Is Spying on Americans for Pr ofit, New Documents Reveal*, Daily Beast (Oct. 25, 2016), www.thedailybeast.com.
49. Scott Shane & Colin Moynihan, *Drug Agents Use Vast Phone Trove, Eclipsing N.S.A.'s*, N.Y. Times (Sept. 1, 2013).
50. 同上
51. Dave Maass & Aaron Mackey, *Law Enforcement's Se cret "Super Search Engine" Amasses Trillions of Phone Records for Decades*, Electronic Frontier Foundation (Nov. 29, 2016), www.eff.org.
52. Aaron Cantú, *#Followed: How Police across the Coun try Are Employing Social Media Surveillance*, MuckRo ck (May 18, 2016), www.muckrock.com.
53. Matt Stroud, *#Gunfire: Can Twitter Really Help Cops Find Crime?*, Verge (Nov. 15, 2013), www.theverge.com.
54. John Knefel, *Activists Use Tech to Fuel Their Movem ents, and Cops Turn to Geofeedia to Aggregate the Data*, Inverse (Nov. 20, 2015), www.inverse.com.

66. 同上 at 27–30.

67. Clare Garvie, Alvaro Bedoya, & Jonathan Frankle, Georgetown Law Center on Technology & Privacy, The Perpetual Line-Up: Unregulated Police Facial Recognition in America (Oct. 18, 2016), www.perpetuallineup.org にて入手可。

68. 同上

69. 同上

70. Stephen Henderson, *Fourth Amendment Time Machines (and What They Might Say about Police Body Cameras)*, 18 U. Pa. J. Const. L. 933, 933 (2016).

71. Neil Richards, *The Dangers of Surveillance*, 126 Harv. L. Rev. 1934, 1953 (2013).

72. Andrew Guthrie Ferguson, *Personal Curtilage: Fourth Amendment Security in Public*, 55 Wm. & Mary L. Rev. 1283, 1287 (2014).

73. 概論については Christopher Slobogin, Privacy at Risk: The New Government Surveillance and the Fourth Amendment (2007) を参照されたい。

74. United States v. Jones, 132 S. Ct. 945 (2012).

75. 同上 at 948.

76. 同上

77. 同上 at 949.

78. 同上 at 956 (Sotomayor, J., 同意意見).

79. 同上

80. 同上 at 963–64 (Alito, J., 同意意見).

81. Brian Barrett, *New Surveillance System May Let Cops Use All of the Cameras*, Wired (May 19, 2016).

82. Clifford Atiyeh, *Screen-Plate Club: How License-Plate Scanning Compromises Your Privacy*, Car & Driver (Oct. 2014).

83. Sarah Brayne, Stratified Surveillance: Policing in the Age of Big Data 17 (2015) (著者の元に原稿あり).

84. 同上 at 55 (g. 3).

85. 同上 at 56 (g. 4).

86. Craig D. Uchida et al., Smart Policing Initiative, Los Angeles, California Smart Policing Initiative: Reducing Gun-Related Violence through Operation LASER 6 (Oct. 2012).

87. 同上 at 3, 10; Anthony A. Braga et al., Smart Policing Initiative, *SMART* Approaches to Reducing Gun Violence: Smart Policing Initiative Spotlight on Evidence-Based Strategies and Impacts (Mar. 2014).

88. Amy Feldman, *How Mark43's Scott Crouch, 25, Built Software to Help Police Departments Keep Cops on the Street*, Forbes (Oct. 19, 2016).

89. Terry v. Ohio, 392 U.S. 1, 8–9 (1968).

第６章　どのように捜査するのか

1. James B. Comey, Director, Federal Bureau of Investigation, Press Briefing on Orlando Mass Shooting, Update on Orlando Terrorism Investigation, FBI Headquarters (June 13, 2016), www.i.gov にて入手可。

2. Stephen E. Henderson, *Real-Time and Historic Location Surveillance after United States v. Jones: An Administrable, Mildly Mosaic Approach*, 103 J. Crim. L. & Criminol. 803, 804–05 (2013); Larry Hendricks, *18 Years in Prison for High Country Bandit*, Ariz. Daily Sun (June 6, 2012).

3. Press Release, FBI, Wanted: " The High Country Bandits" (Feb. 18, 2010), http://archives. i.gov にて入手可。

4. Nate Anderson, *How "Cell Tower Dumps" Caught the High Country Bandits—and Why It Matters*, Ars Technica (Aug. 29, 2013), http://arstechnica.com.

5. 同上

6. 同上

7. 同上

8. 同上

9. Evan Ratli , *Lifed*, Atavist ch. 5–9 (2011), https://magazine.atavist.com.

10. 同上

11. 同上

12. 同上

13. 同上

14. Stephanie K. Pell & Christopher Soghoian, *Your Secret Stingray's No Secret Anymore: The Vanishing Government Monopoly over Cell Phone Surveillance and Its Impact on National Security and Consumer Privacy*, 28 Harv. J. L. & Tech. 1, 36–38 (2014).

15. Brian L. Owsley, *The Fourth Amendment Implications of the Government's Use of Cell Tower Dumps in Its Electronic Surveillance*, 16 U. Pa. J. Const. L. 1, 3–6 (2013).

16. Brian L. Owsley, *Spies in the Skies: Dirtboxes and Airplane Electronic Surveillance*, 113 Mich. L. Rev. First Impressions 75, 76–78 (2015).

17. Casey Williams, *States Crack Down on Police "Stingray" Tech That Can Intercept Your Texts*, Huffington Post (Jan. 28, 2016), www.huffingtonpost.com.

18. Robert Patrick, *Secret Service Agent's Testimony Shines Light on Use of Shadowy Cellphone Tracker in St. Louis*, St. Louis Post-Dispatch (Sept. 6, 2016).

19. 同上

20. C. Michael Shaw, *Court: Warrantless Use of Cell Site*

30. Elizabeth E. Joh, *The New Surveillance Discretion: Automated Suspicion, Big Data, and Policing*, 10 Harv. L. & Pol'y Rev. 15, 15 (2016).
31. Karen Weise, *Will a Camera on Every Cop Make Everyone Safer? Taser Thinks So*, Bloomberg Businessweek (July 12, 2016).
32. Matt Stroud, *The Company That's Livestreaming Police Body Camera Footage Right Now*, Vice Motherboard (July 27, 2016), http://motherboard.vice.com.
33. Yaniv Taigman et al., *DeepFace: Closing the Gap to Human-Level Performance in Face Verification*, Facebook Research (June 24, 2014), http:// research.facebook.com にて入手可。
34. Monte Reel, *Secret Cameras Record Baltimore's Every Move from Above*, Bloom berg Businessweek (Aug. 23, 2016).
35. Craig Timberg, *New Surveillance Technology Can Track Everyone in an Area for Several Hours at a Time*, Wash. Post (Feb. 5, 2014).
36. Monte Reel, *Secret Cameras Record Baltimore's Every Move from Above*, Bloomberg Businessweek (Aug. 23, 2016).
37. Don Babwin, *Chicago Video Surveillance Gets Smarter*, ABC News (Sept. 27, 2007), http://abcnews.go.com; Cara Buckley, *Police Plan Web of Surveillance for Downtown*, N.Y. Times (July 9, 2007), Nate Berg, *Predicting Crime, LAPD-Style: Cutting-Edge Data-Driven Analysis Directs Los Angeles Patrol Officers to Likely Future Crime Scenes*, Guardian (June 25, 2014), www.theguardian.com.
38. Sarah Brayne, *Stratified Surveillance: Policing in the Age of Big Data* 9–13 (著者の元に草稿あり).
39. 同上
40. 同上 at 23–24.
41. Thom Patterson, *Data Surveillance Centers: Crime Fighters or "Spy Machines"?*, CNN (May 26, 2014), www.cnn.com にて入手可。
42. *LAPD Uses Big Data to Target Criminals*, Associated Press (Nov. 14, 2014).
43. 同上
44. Sarah Brayne, *Stratified Surveillance: Policing in the Age of Big Data* 26 (著者の元に草稿あり).
45. Chris Hackett & Michael Grosinger, *The Growth of Geofence Tools within the Mapping Technology Sphere*, pdvwireless (Dec. 15, 2014), www.pdvwireless.com.
46. Jenna McLaughlin, *L.A. Activists Want to Bring Surveillance Conversation Down to Earth*, Intercept (Apr. 6, 2016), http://theintercept.com を参照されたい。
47. Laura Moy, *Yet Another Way Baltimore Police Unfairly Target Black People*, Slate (Aug. 18, 2016), www.slate.com.
48. *In the Face of Danger: Facial Recognition and the Limits of Privacy Law*, 120 Harv. L. Rev. 1870, 1870–71 (2007).
49. Stacey Higginbotham, *Facial Recognition Freak Out: What the Technology Can and Can't Do*, Fortune (June 23, 2015).
50. P. Jonathon Phillips et al., *An Other-Race Effect for Face Recognition Algorithms*, 8 ACM Transactions on Applied Perception 14:1, 14:5 (2011).
51. Clare Garvie & Jonathan Frankle, *Facial-Recognition Software Might Have a Racial Bias Problem*, Atlantic (Apr. 7, 2016).
52. 同上
53. 同上
54. Eric Tucker, *Comey: FBI Used Aerial Surveillance Above Ferguson*, Associated Press (Oct. 15, 2015).
55. Ian Duncan, *New Details Released about High-Tech Gear FBI Used on Planes to Monitor Freddie Gray Unrest*, Balt. Sun (Oct. 30, 2015).
56. 同上
57. George Joseph, *Feds Regularly Monitored Black Lives Matter since Ferguson*, Intercept (July 24, 2015), http://theintercept.com.
58. Green v. City & Cty. of San Francisco, 751 F.3d 1039, 1044 (9th Cir. 2014).
59. 同上
60. 同上
61. United States v. Esquivel-Rios, 725 F.3d 1231, 1234 (10th Cir. 2013).
62. 同上
63. United States v. Esquivel-Rios, 39 F. Supp. 3d 1175, 1177 (D. Kan. 2014), 原判決維持 , 786 F.3d 1299 (10th Cir. 2015), 裁量上訴の申し立てを棄却 , 136 S. Ct. 280 (2015).
64. Florence v. Bd. of Chosen Freeholders, 132 S. Ct. 1510 (2012); Herring v. United States, 555 U.S. 135 (2009); Rothgery v. Gillespie Cty., 554 U.S. 191 (2008); Arizona v. Evans, 514 U.S. 1 (1995).
65. General Accounting Office, Face Recognition Technology: FBI Should Better Ensure Privacy and Accuracy, GAO-16–267, at 25 (report to the ranking member, Subcommittee on Privacy, Technology, and the Law, Committee on the Judiciary, U.S. Senate, May 2016).

rveillance Has Changed Policing—and Crime—in Los Angeles, N.Y. Times Mag. (Mar. 23, 2015).
87. Kat Mather & Richard Winton, *LAPD Uses Its Helicopters to Stop Crimes before They Start*, L.A. Times (Mar. 7, 2015); Geo Manaughmarch, *How Aerial Surveillance Has Changed Policing—and Crime—in Los Angeles*, N.Y. Times Mag. (Mar. 23, 2015).
88.Upturn, Stuck in a Pattern: Early Evidence of "Predictive Policing" and Civil Rights 3–5 (Aug. 2016).
89. Christopher Bruce, *Districting and Resource Allocation: A Question of Balance*, 1:4 Geography & Pub. Safety 1, 1 (2009).

第５章　いつ捜査するのか

1. Justin Jouvenal, *The New Way Police Are Surveilling You: Calculating Your Threat "Score,"* Wash. Post (Jan. 10, 2016); Brent Skorup, *Cops Scan Social Media to Help Assess Your "Threat Rating,"* Reuters (Dec. 12, 2014).
2. Justin Jouvenal, *The New Way Police Are Surveilling You: Calculating Your Threat "Score,"* Wash. Post (Jan. 10, 2016).
3. 同上
4. 同上
5. David Robinson, *Buyer Beware: A Hard Look at Police "Threat Scores,"* EqualFuture (Jan. 16, 2016), www.equalfuture.us. にて入手可。
6. 同上
7. Justin Jouvenal, *The New Way Police Are Surveilling You: Calculating Your Threat "Score,"* Wash. Post (Jan. 10, 2016).
8. Thomas H. Davenport, *How Big Data Is Helping the NYPD Solve Crimes Faster*, Fortune (July 17, 2016).
9. 同上
10. *Manhunt—Boston Bombers*, NOVA (June 7, 2013), www.youtube.com/watch?v=ozUHOHAAhzg にて抜粋を視聴可。
11. 同上
12. Tim Fleischer, *Officers Embrace New Smartphones as Crime Fighting Tools*, ABC7NY (Aug. 13, 2015), http://abc7ny.com.
13. Justin Jouvenal, *The New Way Police Are Surveilling You: Calculating Your Threat "Score,"* Wash. Post (Jan. 10, 2016).
14. Michael L. Rich, *Machine Learning, Automated Suspicion Algorithms, and the Fourth Amendment*, 164 U. Pa. L. Rev. 871, 880 (2016).
15. AOL Digital Justice, *Digisensory Technologies Avista Smart Sensors* (Sept. 14, 2012), www.youtube.com/watch?v=JamGobiS5wg にて視聴可；Associated Press, *NJ City Leading Way in Crime-Fighting Tech*, CBS News (June 19, 2010), www.cbsnews.com にて入手可。
16. Halley Bondy, *East Orange Installs Surveillance Cameras That Sense Criminal Activities, Alerts Police*, Star-Ledger (Newark) (Mar. 18, 2010), www.nj.com.
17. Ethan Watters, *ShotSpotter*, Wired (Apr. 2007), at 146–52; Colin Neagle, *How the Internet of Things Is Transforming Law Enforcement*, Network World (Nov. 3, 2014).
18. Tatiana Schlossbergmarch, *New York Police Begin Using ShotSpotter System to Detect Gunshots*, N.Y. Times (Mar. 16, 2015).
19. Linda Merola & Cynthia Lum, *Emerging Surveillance Technologies: Privacy and the Case of License Plate Recognition (LPR) Technology*, 96:3 Judicature 119–21 (2012).
20. Stephen Rushin, *The Judicial Response to Mass Police Surveillance*, 2011 U. Ill. J. L. Tech. & Pol'y 281, 285–86.
21. Margot E. Kaminski, *Regulating Real-World Surveillance*, 90 Wash. L. Rev. 1113, 1153 (2015).
22. Michael Martinez, *Policing Advocates Defend Use of High-Tech License Plate Readers*, CNN (July 18, 2013), www.cnn.com にて入手可。
23. Simone Wilson, *L.A. Sheriff's Creepy New Facial-Recognition Software Matches Surveillance Video with Mug Shot Database*, L.A. Wkly. (Jan. 27, 2012).
24. Clare Garvie & Jonathan Frankle, *Facial-Recognition Software Might Have a Racial Bias Problem*, Atlantic (Apr. 7, 2016).
25. General Accounting Office, Face Recognition Technology, FBI Should Better Ensure Privacy and Accuracy 10 (report to the Ranking Member, Subcommittee on Privacy, Technology, and the Law, Committee on the Judiciary, U.S. Senate, May 2016).
26. 同上 at 15–18.
27. Clare Garvie, Alvaro Bedoya, & Jonathan Frankle, Georgetown Law Center on Privacy & Tech., The Perpetual Line-Up: Unregulated Police Facial Recognition in America (Oct. 18, 2016), www.perpetuallineup.org にて入手可。
28. 同上 at 17.
29. Cyrus Farivar, *Meet Visual Labs, a Body Camera Startup That Doesn't Sell Body Cameras*, Ars Technica (Sept. 3, 2016), http://arstechnica.com.

M. Hureau, *Social Networks and the Risk of Gunshot Injury*, 89:6 J. Urb. Health 992 (2012).

59. 同上

60. Leslie Brokaw, *Predictive Policing: Working the Odds to Prevent Future Crimes*, MIT Sloan Management Rev. (Sept. 12, 2011), http://sloanreview.mit.edu にて入手可。

61. Laura M. Smith et al., *Adaption of an Ecological Territorial Model to Street Gang Spatial Patterns in Los Angeles*, 32:9 Discrete & Continuous Dynamical Sys. 3223 (2012); interview with George Mohler, Data Sci. Wkly. (日付不明) も参照されたい。www.datascienceweekly.org にて入手可。

62. Press Release, Bureau of Justice Statistics, U.S. Dep't of Justice, Office of Justice Programs, Nearly 3.4 Million Violent Crimes per Year Went Unreported to Police from 2006 to 2010 (Aug. 9, 2012), www.bjs.gov にて入手可。

63. David N. Kelly & Sharon L. McCarthy, *The Report of the Crime Reporting Review Committee to Commissioner Raymond W. Kelly Concerning CompStat Auditing*, NYPD Reports 5 (2013), www.nyc.gov にて入手可 ; Graham Rayman, *The NYPD Police Tapes: Inside Bed-Stuy's 81st Precinct*, Village Voice (May 5, 2010), at 12, 14, 15; Jeff Morganteen, *What the CompStat Audit Reveals about the NYPD*, N.Y. World (July 12, 2013).

64. Graham Rayman, *The NYPD Police Tapes: Inside Bed-Stuy's 81st Precinct*, Village Voice (May 5, 2010), at 12, 14, 15.

65. Jeff Morganteen, *What the CompStat Audit Reveals about the NYPD*, N.Y. World (July 12, 2013).

66. Amos Maki, *Crimes Lurk in Police Memos*, Com. Appeal (Memphis) (Jan. 25, 2012); Mike Matthews, *MPD Memos Predicted to Drastically Increase Crime Stats*, ABC24 (Jan. 25, 2012), www.abc24.com; Chip Mitchell, *Police Data Cast Doubt on Chicago-Style Stop and Frisk*, WBEZ News (May 4, 2016), www.wbez.org にて入手可。

67. Ezekiel Edwards, *Predictive Policing Software Is More Accurate at Predicting Policing than Predicting Crime*, Huffington Post (Aug. 31, 2016), www.huffingtonpost.com.

68. Ingrid Burrington, *What Amazon Taught the Cops*, Nation (May 27, 2015).

69. Sean Malinowski, Captain, LAPD, 著者宛ての電子メール (Feb. 9, 2012).

70. Ruth D. Peterson & Lauren J. Krivo, *Race, Residence, and Violent Crime: A Structure of Inequality*, 57 U. Kan. L. Rev. 903, 908 (2009).

71. Illinois v. Wardlow, 528 U.S. 119, 124 (2000).

72. Andrew Guthrie Ferguson, *Predictive Policing and Reasonable Suspicion*, 62 Emory L.J. 259, 312–13 (2012).

73. Tessa Stuart, *The Policemen's Secret Crystal Ball*, Santa Cruz Wkly. (Feb. 15, 2012), at 9.

74. Andrew Guthrie Ferguson & Damien Bernache, *The "High-Crime Area" Question: Requiring Verifiable and Quantifiable Evidence for Fourth Amendment Reasonable Suspicion Analysis*, 57 Am. U. L. Rev. 1587, 1627 (2008).

75. Andrew Guthrie Ferguson, *Predictive Policing and Reasonable Suspicion*, 62 Emory L.J. 259, 305–11 (2012).

76. *Stop LAPD Spying Coalition Visits the Regional Fusion Center*, Privacy SOS (Dec. 17, 2012), www.privacysos.org.

77. Hamid Kahn, Executive Director, Stop LAPD Spying Coalition, 著者宛ての電子メール (Aug. 18, 2016).

78. United States v. Montero-Camargo, 208 F.3d 1122, 1143 (9th Cir. 2000) (全裁判官出席) (Kozinski, J., 同意意見).

79. Darwin Bond-Graham & Ali Winston, *All Tomorrow's Crimes: The Future of Policing Looks a Lot like Good Branding*, S.F. Wkly. (Oct. 30, 2013), www.sfweekly.com.

80. 同上

81. Priscilla Hunt, Jessica Saunders, & John S. Hollywood, Rand Corp., Evaluation of the Shreveport Predictive Policing Experiment 12 (2014), www.rand.org にて入手可。

82. 同上 at 12–13.

83. Emily Thomas, *Why Oakland Police Turned Down Predictive Policing*, Vice Motherboard (Dec. 28, 2016), http://motherboard.vice.com.

84. 例として以下を参照されたい。Danielle Keats Citron, *Technological Due Process*, 85 Wash. U. L. Rev. 1249, 1271–72 (2008); Kenneth A. Bamberger, *Technologies of Compliance: Risk and Regulation in a Digital Age*, 88 Tex. L. Rev. 669, 711–12 (2010).

85. Joel Caplan & Les Kennedy, Risk Terrain Modeling: Crime Prediction and Risk Reduction 106 (2016).

86. Kat Mather & Richard Winton, *LAPD Uses Its Helicopters to Stop Crimes before They Start*, L.A. Times (Mar. 7, 2015); Geo Manaughmarch, *How Aerial Su*

B. Robinson, Crime Mapping and Spatial Aspects of Crime 154 (2d ed. 2009); Luc Anselin et al., *Spatial Analyses of Crime*, *in* 4 Criminal Justice 2000: Meas urement and Analysis of Crime and Justice 213, 215 (2000).

24. Vince Beiser, *Forecasting Felonies: Can Computers Pre dict Crimes of the Future?*, Pacific Standard (July/Aug. 2011), at 20, http://psmag.com; Joel Rubin, *Stoppi ng Crime before It Starts*, L.A. Times (Aug. 21, 2010); Christopher Beam, *Time Cops: Can Police Really Pre dict Crime before It Happens?*, Slate (Jan. 24, 2011), www.slate.com.

25. Aaron Mendelson, *Can LAPD Anticipate Crime with Predictive Policing?*, Calif. Rep. (Sept. 6, 2013), http://audio.californiareport.org.

26. David Talbot, *L.A. Cops Embrace Crime Predicting Algorithm*, MIT Tech. Rev. (July 2, 2012).

27. Lev Grossman et al., *The 50 Best Inventions of the Year*, Time(Nov.28,2011), at 55, 82.

28. Vince Beiser, *Forecasting Felonies: Can Computers Pre dict Crimes of the Future?*, Pacific Standard (July/Aug. 2011), at 20, http://psmag.com.

29. Tessa Stuart, *The Policemen's Secret Crystal Ball*, Santa Cruz Wkly. (Feb. 15, 2012), at 9.

30. Will Frampton, *With New Software, Norcross Poli ce Practice Predictive Policing*, CBS Atlanta (Aug. 19, 2013), www.cbsatlanta.com.

31. Erica Goode, *Sending the Police before There's a Cr ime*, N.Y. Times (Aug. 16, 2011); *Predictive Polici ng: Don't Even Think about It*, Economist (July 20, 2013), at 24, 26.

32. Upturn, Stuck in a Pattern: Early Evidence of "Pred ictive Policing" and Civil Rights 3–5 (Aug. 2016).

33. Tessa Stuart, *The Policemen's Secret Crystal Ball*, Santa Cruz Wkly. (Feb. 15, 2012), at 9.

34. Joel Caplan & Leslie Kennedy (eds.), Rutgers Cent er on Public Security, Risk Terrain Modeling Compe ndium Ch. 18 (2011).

35. わたしはジョエル・キャプラン、レスリー・ケネディ、エリック・ピザとともに、国立司法研究所の補助金を受けた調査「複数管区における試験的なリスク地形モデリング、ならびに場所型の環境リスクに基づくパトロール配備戦略の評価」において、限られた範囲で無報酬のコンサルタントを務めたことを述べておく。わたしが助力したのは金銭的な報酬を受けないひとにぎりの簡単な助言に限られており、RTM 技術の開発や研究調査にはいっさい関わっていない。

36. Leslie Kennedy, Joel Caplan, & Eric Piza, Results Ex ecutive Summary: A Multi-Jurisdictional Test of Risk Terrain Modeling and a Place-Based Evaluation of En vironmental Risk-Based Patrol Deployment Strategi es 4–6 (2015), www.rutgerscps.org にて入手可。

37. 同上

38. 同上

39. 同上 at 6–9.

40. 同上

41. 同上

42. 同上

43. 同上 at 10–11, 13–14, 17.

44. Jie Xu, Leslie W. Kennedy, & Joel M. Caplan, *Cri me Generators for Shootings in Urban Areas: A Test Us ing Conditional Locational Interdependence as an Exte nsion of Risk Terrain Modeling*, Rutgers Center on Pu blic Security Brief 1 (Oct. 2010).

45. この数字はプレドポルのウェブサイトで宣伝されているロサンゼルス警察署のマスコミ報道に基づいている。PredPol, Management Team, www.predpol.com (最終アクセス Feb. 15, 2017).

46. Ben Poston, *Crime in Los Angeles Rose in All Categor ies in 2015, LAPD Says*, L.A. Times (Dec. 30, 2015).

47. Zen Vuong, *Alhambra Police Chief Says Predictive Po licing Has Been Successful*, Pasadena Star-News (Feb. 11, 2014); Rosalio Ahumada, *Modesto Sees Double-Digit Drop in Property Crimes—Lowest in Three Years*, Modesto Bee (Nov. 11, 2014).

48. Mike Aldax, *Richmond Police Chief Says Department Plans to Discontinue "Predictive Policing" Software*, Ri chmond Standard (June 24, 2015).

49. G. O. Mohler et al., *Randomized Controlled Field Tri als of Predictive Policing*, 110 J. Am. Stat. Assoc. 1399 (2015).

50. 同上 at 1402.

51. 同上

52. 同上

53. 同上

54. Priscilla Hunt, Jessica Saunders, & John S. Hollywo od, Rand Corp., Evaluation of the Shreveport Predict ive Policing Experiment (2014), www.rand.org にて入手可。

55. 同上 at 4.

56. 同上 at 10.

57. 同上 at 33.

58. Andrew Papachristos, Anthony A. Braga, & David

MacDonald, *Prosecution Gets Smart*, City J. (Summer 2014), www.city-journal.org でも詳しく述べられている。(「2012 年、警察はイーストハーレムで、けんかの最中にバンダナを結んだ金属製の錠前を振り回して人々に突進していった犯罪組織主要構成員を逮捕した。被告人は過去に銃で撃たれたことも殺人を目撃したこともあったが、いずれの犯罪後も警察に協力しなかった。犯罪戦略部隊が攻撃者を注意深く追っていなければ、通常は暴行未遂になって何の進展も見られなかっただろう。代わりに検察は第 3 級武器不法所持——重罪——で男を起訴した」)。

第４章　どこを捜査するのか

1. Nate Berg, *Predicting Crime, LAPD-Style: Cutting-Edge Data-Driven Analysis Directs Los Angeles Patrol Officers to Likely Future Crime Scenes*, Guardian (June 25, 2014).
2. Guy Adams, *The Sci-Fi Solution to Real Crime*, Independent (London) (Jan. 11, 2012), at 32; Joel Rubin, *Stopping Crime before It Starts*, L.A. Times (Aug. 21, 2010).
3. Kalee Thompson, *The Santa Cruz Experiment*, Popular Sci. (Nov. 2011), at 38, 40.
4. Martin Kaste, *Can Software That Predicts Crime Pass Constitutional Muster?*, All Things Considered (NPR radio broadcast, July 26, 2013), www.npr.org にて入手可 ; Timothy B. Clark, *How Predictive Policing Is Using Algorithms to Deliver Crime-Reduction Results for Cities*, Gov. Exec. (Mar. 9, 2015); David Smiley, *Not Science Fiction: Miami Wants to Predict When and Where Crime Will Occur*, Miami Herald (Mar. 30, 2015).
5. Andrew Guthrie Ferguson, *Predictive Policing and Reasonable Suspicion*, 62 Emory L.J. 259, 265–69 (2012).
6. Juliana Reyes, *Philly Police Will Be First Big City Cops to Use Azavea's Crime Predicting Software*, Technically Media Inc. (Nov. 7, 2013), http://technical.ly.
7. HunchLab, Under the Hood (white paper, 2015) (著者の元に原稿あり).
8. Maurice Chammah, *Policing the Future*, Marshall Project (Feb. 3, 2016), www.themarshallproject.org.
9. 同上
10. 同上
11. 同上
12. 大学のウェブサイト http:// paleo.sscnet.ucla.edu に掲載されている P. Jeffrey Brantingham の出版物を参照されたい。
13. Sam Hoff, *Professor Helps Develop Predictive Policing by Using Trends to Predict, Prevent Crimes*, Daily Bruin (Apr. 26, 2013), http://dailybruin.com.
14. Leslie A. Gordon, *Predictive Policing May Help Bag Burglars—but It May Also Be a Constitutional Problem*, A.B.A. J. (Sept. 1, 2013), www.abajournal.com; Ronald Bailey, *Stopping Crime before It Starts*, Reason (July 10, 2012), http://reason.com.
15. G. O. Mohler et al., *Randomized Controlled Field Trials of Predictive Policing*, 110 J. Am. Statistical Assoc. 1399 (2015).
16. Joel Rubin, *Stopping Crime before It Starts*, L.A. Times (Aug. 21, 2010).
17. 例として以下を参照されたい。Spencer Chainey, Lisa Tompson, & Sebastian Uhlig, *The Utility of Hotspot Mapping for Predicting Spatial Patterns of Crime*, 21 Security J. 4, 5 (2008); Anthony A. Braga, David M. Hureau, & Andrew V. Papachristos, *The Relevance of Micro Places to Citywide Robbery Trends: A Longitudinal Analysis of Robbery Incidents at Street Corners and Block Faces in Boston*, 48 J. Res. Crime & Delinq. 7, 9 (2011).
18. Shane D. Johnson, Lucia Summers, & Ken Pease, *Offender as Forager? A Direct Test of the Boost Account of Victimization*, 25 J. Quant. Criminol. 181, 184 (2009).
19. Wim Bernasco, *Them Again? Same-Offender Involvement in Repeat and Near Repeat Burglaries*, 5 Eur. J. Criminol. 411, 412 (2008); Andrew Guthrie Ferguson, *Predictive Policing and Reasonable Suspicion*, 62 Emory L.J. 259, 274–76 (2012).
20. Shane D. Johnson, Lucia Summers, & Ken Pease, *Offender as Forager? A Direct Test of the Boost Account of Victimization*, 25 J. Quant. Criminol. 181, 184 (2009).
21. Shane D. Johnson et al., *Space-Time Patterns of Risk: A Cross National Assessment of Residential Burglary Victimization*, 23 J. Quant. Criminol. 201, 203–04 (2007).
22. 同上 at 204.
23. Spencer Chainey & Jerry Ratcliffe, GIS and Crime Mapping 8 (2005); Keith Harries, Nat'l Inst. of Justice, Mapping Crime: Principle and Practice 92–94 (1999) (『犯罪地図：原理と実践』[小出治、樋村恭一、遅野井貴子共訳。都市防犯研究センター。2003 年]) ; Derek J. Paulsen & Matthew

108. 同上
109. Anthony W. Flores, Christopher T. Lowenkamp, & Kristin Bechtel, *False Positives, False Negatives, and False Analyses: A Rejoinder to "Machine Bias": There's Software Used across the Country to Predict Future Cri minals. And It's Biased against Blacks* 2 (未発表論文, 2016).
110. 同上 at 10–12.
111. 同上 at 21–22.
112. Max Ehrenfreund, *The Machines That Could Rid Courtrooms of Racism*, Wash.
Post (Aug. 18, 2016).
113. Sonja B. Starr, *Evidence-Based Sentencing and the Scientific Rationalization of*
Discrimination, 66 Stan. L. Rev. 803, 806 (2014).
114. 同上
115. Andrew Guthrie Ferguson, *Big Data and Predic tive Reasonable Suspicion*, 163 U. Pa. L. Rev. 327, 398–400 (2015).
116. 概論については Wayne A. Logan & Andrew Gu thrie Ferguson, *Policing Criminal Justice Data*, 101 Minn. L. Rev. 541 (2016) を参照されたい。
117. U.S. Dep't of Justice, Office of the Attorney Gene ral, The Attorney General's Report on Criminal His tory Background Checks 3 (2006); U.S. Gov't Acco untability Office, Report to Congressional Requeste rs: Criminal History Records: Additional Actions Co uld Enhance the Completeness of Records Used for Employment-Related Background Checks 20 (Feb. 2015).
118. Herring v. United States, 555 U.S. 135, 155 (2009) (Ginsburg, J., 反対意見).
119. Amy Myrick, *Facing Your Criminal Record: Expung ement and the Collateral Problem of Wrongfully Repres ented Self*, 47 Law & Soc'y Rev. 73 (2013); Gary Fiel ds & John R. Emshwiller, *As Arrest Records Rise, Ame ricans Find Consequences Can Last a Lifetime*, Wall. St. J. (Aug. 18, 2014).
120. U.S. Const. Amend. V（「何人も、法の適正な過程によらずに、生命、自由または財産を奪われることはない」)。; U.S. Const. Amend. XIV, § 1（「いかなる州も、法の適正な過程によらずに、何人からもその生命、自由または財産を奪ってはならない」)。[訳注／訳文はアメリカンセンター JAPAN、https://americancenterjapan.com より引用]
121. Jennifer C. Daskal, *Pre-Crime Restraints: The Expl osion of Targeted, Noncustodial Prevention*, 99 Cornell L. Rev. 327, 344–45 (2014).
122. Margaret Hu, *Big Data Blacklisting*, 67 Fla. L. Rev. 1735, 1747–49 (2015).
123. Ramzi Kassem, *I Help Innocent People Get of Terror ism Watch Lists. As a Gun Control Tool, They're Useless*, Wash. Post (June 28, 2016).
124. Andrew Guthrie Ferguson, *Big Data and Predicti ve Reasonable Suspicion*, 163 U. Pa. L. Rev. 327, 327 (2015).
125. Terry v. Ohio, 392 U.S. 1, 21–22 (1968).
126. United States v. Sokolow, 490 U.S. 1, 7 (1989)
127. Illinois v. Gates, 462 U.S. 213, 238 (1983).
128. Andrew Guthrie Ferguson, *Big Data and Predictive Reasonable Suspicion*, 163 U. Pa. L. Rev. 327, 337–38 (2015).
129. *Terry*, 392 U.S. at 6–8.
130. 同上 at 8.
131. 同上 at 7.
132. 同上 at 8.
133. 同上 at 30.
134. Andrew Guthrie Ferguson, *Big Data and Predicti ve Reasonable Suspicion*, 163 U. Pa. L. Rev. 327, 376 (2015).
135. 同上
136. 同上 at 401.
137. 同上 at 389.
138. 同上
139. 同上 at 393–94.
140. Andrew Guthrie Ferguson, *Predictive Prosecution*, 51 Wake Forest L. Rev. 705, 722 (2016).
141. David O'Keefe, head of the Manhattan District At torney's Crime Strategies Unit, Aubrey Fox によるインタヴュー, Ctr. for Court Innovation (May 29, 2013), www.courtinnovation.org.
142. Madhumita Venkataramanan, *A Plague of Violence: Shootings Are Infectious and Spread like a Disease*, New Scientist (May, 18, 2014) (Gary Slutkin, professor at the University of Illinois にインタヴューしている).
143. Andrew Guthrie Ferguson, *Predictive Prosecution*, 51 Wake Forest L. Rev. 705, 726–27 (2016).
144. Micah Zenko, *Inside the CIA Red Cell*, Foreign Pol icy (Oct. 30, 2015).
145. 概論については Ellen S. Podgor, *The Ethics and Professionalism of Prosecutors in Discretionary Decisio ns*, 68 Fordham L. Rev. 1511 (2000) を参照されたい。
146. 同じような（あるいは同じ）話は Heather

Operation Ceasefire, 38 J. Res. Crime & Delinq. 195, 195–200 (2001); Andrew V. Papachristos & David S. Kirk, *Changing the Street Dynamic: Evaluating Chicag o's Group Violence Reduction Strategy*, 14 Criminol. & Pub. Pol'y 525, 533 (2015).
79. Andrew V. Papachristos, *Social Networks Can Help Predict Gun Violence*, Wash. Post (Dec. 19, 2013) (An drew V. Papachristos & Christopher Wildeman, *Net work Exposure and Homicide Victimization in an Afri can American Community*, 104:1 Am. J. Pub. Health 143 (2014) を例証している).
80. Andrew V. Papachristos, David M. Hureau, & Ant hony A. Braga, *The Corner and the Crew: The Influen ce of Geography and Social Networks on Gang Violence*, 78:3 Am. Soc. Rev. 417–47 (2013).
81. 同上 at 419–23.
82. Andrew V. Papachristos, Anthony A. Braga, & Dav id M. Hureau, *Social Networks and the Risk of Gunsh ot Injury*, 89:6 J. Urb. Health 992–1003 (2012).
83. Andrew V. Papachristos & David S. Kirk, *Changi ng the Street Dynamic: Evaluating Chicago's Group Vi olence Reduction Strategy*, 14 Criminol. & Pub. Pol'y 525, 533 (2015).
84. Matt Stroud, *Chicago's Predictive Policing Tool Just Fa iled a Major Test*, Verge (Aug. 19, 2016), www.theve rge.com.
85. Nate Silver, *Black Americans Are Killed at 12 Times the Rate of People in Other Developed Countries*, Five ThirtyEight (June 18, 2015), http://fivethirtyeight. com (「黒人アメリカ人は白人のほぼ8倍も殺人被害者になりやすい」)。
86. Kenneth B. Nunn, *Race, Crime and the Pool of Su rplus Criminality: Or Why the "War on Drugs" Was a "War on Blacks,"* 6 J. Gender, Race, & Just. 381, 391–412 (2002); David Rudovsky, *Law Enforcement by Ste reotypes and Serendipity: Racial Profiling and Stops and Searches without Cause*, 3 U. Pa. J. Const. L. 296, 311 (2001); Jeffrey Fagan & Garth Davies, *Street Stops and Broken Windows: Terry, Race, and Disorder in New York City*, 28 Fordham Urb. L.J. 457, 482 (2000).
87. Bryan Llenas, *Brave New World of "Predictive Polic ing" Raises Specter of High-Tech Racial Profiling*, Fox News Latino, Feb. 25, 2014, http://latino.foxnews. com.
88. ACLU, The War on Marijuana in Black and White 47 (2013), www.aclu.org にて入手可。
89. 同上 at 18.
90. 同上 at 18–20.
91. Vera Institute of Justice, Racial Disparity in Marijua na Policing in New Orleans 9–10 (July 2016), www. vera.org にて入手可。
92. The Sentencing Project, The Color of Justice: Racial and Ethnic Disparity in State Prisons 3 (2016) www. sentencingproject. org にて入手可。
93. Stephen M. Haas, Erica Turley, & Monika Sterling, Criminal Justice Statistical Analysis Center, West Vir ginia Traffic Stop Study: Final Report (2009), www.le gis.state.wv.us にて入手可 ; ACLU and Rights Wor king Group, The Persistence of Racial and Ethnic Pr ofiling in the United States 56 (Aug. 2009); Sylvia Moreno, *Race a Factor in Texas Stops: Study Finds Poli ce More Likely to Pull over Blacks, Latinos*, Wash. Post (Feb. 25, 2005); James Kimberly, *Minorities Stopped at Higher Rate in DuPage*, Chi. Trib. (April 29, 2006).
94. Leadership Conference on Civil and Human Righ ts, Restoring a National Consensus: The Need to End Racial Profiling in America 9–12 (2011), www.civilri ghts.org にて入手可。
95. Univ. of Minn. Inst. on Race & Poverty, Minnesota Statewide Racial Profiling Report 36 (2003), www1. umn.edu にて入手可。
96. W. Va. Division Just. & Community Services, West Virginia Traffic Stop Study: 2009 Final Report (2009), www.djcs.wv.gov にて入手可。
97. L. Song Richardson, *Police Efficiency and the Fourth Amendment*, 87 Ind. L.J. 1143, 1170 (2012); L. Song Richardson, *Arrest Efficiency and the Fourth Amendme nt*, 95 Minn. L. Rev. 2035, 2061–63 (2011).
98. L. Song Richardson, *Police Efficiency and the Fourth Amendment*, 87 Ind. L.J. 1143, 1170 (2012); L. Song Richardson, *Arrest Efficiency and the Fourth Amendme nt*, 95 Minn. L. Rev. 2035, 2061–63 (2011).
99. Chip Mitchell, *Police Data Cast Doubt on Chicago-Style Stop and Frisk*, WBEZ News (May 4, 2016), www.wbez.org にて入手可。
100. Calf. State Auditor, The CalGang Criminal Intelli gence System, Report 2015–130 3 (2016), www.voic eofsandiego.org にて入手可。
101. 同上
102. Julia Angwin et al., *Machine Bias*, ProPublica (May 23, 2016), www.propublica.org.
103. 同上
104. 同上
105. 同上
106. 同上
107. 同上

44. Andrew V. Papachristos, *Commentary: CPD's Crucial Choice: Treat Its List as Offenders or as Potential Victims?*, Chi. Trib. (July 29, 2016).
45. 同上 ; Monica Davey, *Chicago Police Try to Predict Who May Shoot or Be Shot*, N.Y. Times (May 23, 2016) も参照されたい。
46. Nissa Rhee, *Study Casts Doubt on Chicago Police's Secretive "Heat List,"* Chi. Mag. (Aug. 17, 2016).
47. Monica Davey, *Chicago Police Try to Predict Who May Shoot or Be Shot*, N.Y. Times (May 23, 2016).
48. Jeffrey Goldberg, *A Matter of Black Lives*, Atlantic (Sept. 2015).
49. Jason Sheuh, *New Orleans Cuts Murder Rate Using Data Analytics*, Govtech.com (Oct. 22, 2014); City of New Orleans, NOLA for Life: Comprehensive Murder Reduction Strategy, www.nolaforlife.org にて入手可。
50. Palantir, Philanthropy Engineering 2015 Annual Impact Report, www.palantir.com にて入手可。（市長の刑事司法連携室刑事司法政策顧問サラ・シャーマーの言葉を引用すると「2012 年以降、ミッチ・ランドリュー市長は、ニューオーリンズ市の殺人事件を減らそうと多大な資源と努力を投じ、市内すべての連携先ならびに関係者にも関与を求めてきた。パランティアの利用によって、市の情報分析者は殺人の被害者と容疑者に対するそれまでの先入観を問い直すことができた。分析は、暴力的な衝突を未然に防いで対策を施し、さらにリスクの高い人々を支援と結びつける市の能力を強化した」）。
51. Palantir, NOLA Murder Reduction: Technology to Power Data-Driven Public Health Strategies 1–5 (white paper, 2014); City of New Orleans, NOLA for Life: Comprehensive Murder Reduction Strategy 33, www.nolaforlife.org にて入手可。
52. Palantir, NOLA Murder Reduction: Technology to Power Data-Driven Public Health Strategies 5 (white paper, 2014).
53. 同上 at 1.
54. 同上 at 7.
55. 同上 at 8.
56. 同上 at 4.
57. 同上
58. City of New Orleans, NOLA for Life: Comprehensive Murder Reduction Strategy 2, www.nolaforlife.org にて入手可。
59. 同上
60. Palantir, NOLA Murder Reduction: Technology to Power Data-Driven Public Health Strategies 9 (white paper, 2014).
61. City of New Orleans, NOLA for Life: Comprehensive Murder Reduction Strategy 3, www.nolaforlife.org にて入手可。
62. Heather Mac Donald, *Prosecution Gets Smart*, City J. (Summer 2014), www.city-journal.org; John Eligon, *Top Prosecutor Creates a Unit on Crime Trends*, N.Y. Times (May 25, 2010), at A22.
63. Chip Brown, *The Data D.A.*, N.Y. Times Mag. (Dec. 7, 2014), at 22, 24–25.
64. New York District Attorney's Office, Intelligence-Driven Prosecution: An Implementation Guide 10 (symposium materials, 2015).
65. 同上 at 13.
66. 同上 at 8.
67. 同上 ; Heather Mac Donald, *Prosecution Gets Smart*, City J. (Summer 2014), www.city-journal.org.
68. New York District Attorney's Office, Intelligence-Driven Prosecution: An Implementation Guide 11, 16 (symposium materials, 2015).
69. Heather Mac Donald, *A Smarter Way to Prosecute*, L.A. Times (Aug. 10, 2014), at A24.
70. Chip Brown, *The Data D.A.*, N.Y. Times Mag. (Dec. 7, 2014), at 22, 24–25.
71. New York District Attorney's Office, Intelligence-Driven Prosecution: An Implementation Guide 2–3 (symposium materials, 2015).
72. Chip Brown, *The Data D.A.*, N.Y. Times Mag. (Dec. 7, 2014), at 22, 24–25.
73. James C. McKinley Jr., *In Unusual Collaboration, Police and Prosecutors Team Up to Reduce Crime*, N.Y. Times (June 5, 2014), at A25.
74. *To Stem Gun Crime, "Moneyball,"* St. Louis Post-Dispatch (June 28, 2015), at A20.
75. Heather Mac Donald, *Prosecution Gets Smart*, City J. (Summer 2014), www.city journal.org.
76. 同上
77. Heather Mac Donald, *First Came Data-Driven Policing. Now Comes Data-Driven Prosecutions*, L.A. Times (Aug. 8, 2014).
78. David M. Kennedy, Anne M. Diehl, & Anthony A. Braga, *Youth Violence in Boston: Gun Markets, Serious Youth Offenders, and a Use-Reduction Strategy*, 59 Law & Contemp. Probs. 147, 147–49, 156 (1996); Anthony A. Braga et al., *Problem-Oriented Policing, Deterrence, and Youth Violence: An Evaluation of Boston's*

2014), http://latino.foxnews.com.

3. Jeremy Gorner, *The Heat List*, Chi. Trib. (Aug. 21, 2013); Jack Smith IV, *"Minority Report" Is Real—and It's Really Reporting Minorities*, Mic (Nov. 9, 2015), http://mic.com.
4. Nissa Rhee, *Can Police Big Data Stop Chicago's Spike in Crime?*, Christian Sci. Monitor (June 2, 2016); Monica Davey, *Chicago Police Try to Predict Who May Shoot or Be Shot*, N.Y. Times (May 23, 2016).
5. Chi. Police Dep't, Custom Notifications in Chicago, Special Order S10–05 IV.B (Oct. 6, 2015) を参照されたい , http://directives.chicagopolice.org にて入手可。
6. Palantir, NOLA Murder Reduction: Technology to Power Data-Driven Public Health Strategies 7 (white paper, 2014).
7. Matt Stroud, *Should Los Angeles County Predict Which Children Will Become Criminals?*, Pacific Standard (Jan. 27, 2016), http://psmag.com; Maya Rao, *Rochester Hopes Predictive Policing Can Steer Juveniles Away from Crime*, Star-Tribune (Oct. 24, 2014).
8. Anthony A. Braga, *Pulling Levers: Focused Deterrence Strategies and the Prevention of Gun Homicide*, 36 J. Crim. Just. 332, 332–34 (2008).
9. Andrew V. Papachristos & David S. Kirk, *Changing the Street Dynamic: Evaluating Chicago's Group Violence Reduction Strategy*, 14 Criminol. & Pub. Pol'y 3, 9 (2015).
10. Anthony A. Braga et al., SMART Approaches to Reducing Gun Violence 12–13 (2014), www.smartpolicinginitiative.com にて入手可 .
11. 同上
12. 同上 at 18.
13. 同上 at 13.
14. 同上
15. K. J. Novak, A. M. Fox, & C. N. Carr, Kansas City's Smart Policing Initiative: From Foot Patrol to Focused Deterrence ii (Dec. 2015), www.smartpolicinginitiative.com にて入手可。
16. 同上 at ii, 9.
17. 同上 at ii.
18. 同上
19. John Eligon & Timothy Williams, *On Police Radar for Crimes They Might Commit*, N.Y. Times (Sept. 25, 2015).
20. 同上
21. 同上
22. 同上
23. 同上
24. Tony Rizzo, *Amid A Crackdown on Violent Criminals, Kansas City Homicides Sharply Decline*, Kansas City Star (Jan. 1, 2015).
25. Glen Rice & Tony Rizzo, *2015 Was Kansas City's Deadliest Year for Homicides since 2011*, Kansas City Star (Dec. 31, 2015).
26. Mark Guarnio, *Can Math Stop Murder?*, Christian Sci. Monitor (July 20, 2014).
27. Nissa Rhee, *Can Police Big Data Stop Chicago's Spike in Crime?*, Christian Sci. Monitor (June 2, 2016).
28. Editorial, *Who Will Kill or Be Killed in Violence-Plagued Chicago? The Algorithm Knows*, Chi. Trib. (May 10, 2016).
29. Andrew V. Papachristos, *Commentary: CPD's Crucial Choice: Treat Its List as Offenders or as Potential Victims?*, Chi. Trib. (July 29, 2016).
30. Chi. Police Dep't, Custom Notifications in Chicago, Special Order S10–05 III.C (Oct. 6, 2015), http://directives.chicagopolice.org にて入手可。
31. 同上
32. Chi. Police Dep't, Custom Notifications in Chicago, Special Order S10–05 IV.A, IV.D, V.C (Oct. 6, 2015), http://directives.chicagopolice. org にて入手可。
33. Jeremy Gorner, *The Heat List*, Chi. Trib. (Aug. 21, 2013).
34. Chi. Police Dep't, Custom Notifications in Chicago, Special Order S10–05 IV.D (Oct. 6, 2015), http://directives.chicagopolice.org にて入手可。
35. Jeremy Gorner, *The Heat List*, Chi. Trib. (Aug. 21, 2013).
36. 同上
37. Monica Davey, *Chicago Police Try to Predict Who May Shoot or Be Shot*, N.Y. Times (May 23, 2016).
38. 同上
39. Matt Stroud, *The Minority Report, Chicago's New Police Computer Predicts Crimes, but Is It Racist?* Verge (Feb. 19, 2014), www.theverge.com.
40. Monica Davey, *Chicago Has Its Deadliest Month in About Two Decades*, N.Y. Times (Sept. 1, 2016).
41. Jennifer Saunders, Priscilla Hunt, & John S. Hollywood, *Predictions Put into Practice: A Quasi-Experimental Evaluation of Chicago's Predictive Policing Pilot*, 12 J. Experimental Criminol. 347, 355–64 (2016).
42. 同上 at 363.
43. 同上 at 364.

1400 (2015).

57. Andrew Guthrie Ferguson, *Policing "Stop and Frisk" with "Stop and Track" Policing*, Huffington Post (Aug. 17, 2014), www.huffingtonpost.com.
58. Selwyn Robb, *New York's Police Allow Corruption, Mollen Panel Says*, N.Y. Times (Dec. 29, 1993).
59. 同上
60. William J. Bratton & Sean W. Malinowski, *Police Performance Management in Practice: Taking COMPSTAT to the Next Level*, 2:3 Policing 259, 262 (2008).
61. Tina Daunt, *Consent Decree Gets Federal Judge's OK*, L.A. Times (June 16, 2001); Rick Orlov, *LAPD Consent Decree Wins Council OK*, L.A. Daily News (Nov. 3, 2000); Consent Decree, United States v. Los Angeles, No. 00–11769 GAF (C.D. Cal. June 15, 2001), www.lapdonline.org にて入手可。
62. William J. Bratton & Sean W. Malinowski, *Police Performance Management in Practice: Taking COMPSTAT to the Next Level*, 2:3 Policing 259, 262 (2008).
63. 同上
64. Anna Sanders, *NYPD Going Mobile with 41,000 Tablets and Handheld Devices for Cops*, Silive.com (Oct. 23, 2014).
65. 例として以下を参照されたい。Tracey Meares, Andrew V. Papachristos, & Jeffrey Fagan, Project Safe Neighborhoods in Chicago, *Homicide and Gun Violence in Chicago: Evaluation and Summary of the Project Safe Neighborhoods Program* (Jan. 2009); Michael Sierra-Arevalo, *How Targeted Deterrence Helps Police Reduce Gun Deaths*, Scholars Strategy Network (June 3, 2013), http://thesocietypages.org; Tracey Meares, Andrew V. Papachristos, & Jeffrey Fagan, Attention Felons: Evaluating Project Safe Neighborhood in Chicago (Nov. 2005), www.law.uchicago.edu にて入手可。
66. David M. Kennedy, Anne M. Diehl, & Anthony A. Braga, *Youth Violence in Boston: Gun Markets, Serious Youth Offenders, and a Use-Reduction Strategy*, 59 Law & Contemp. Probs. 147 (Winter 1996); David M. Kennedy, *Pulling Levers: Chronic Offenders, High-Crime Settings, and a Theory of Prevention*, 31 Val. U. L. Rev. 449 (1997); Andrew V. Papachristos, Tracy L. Meares, & Jeffrey Fagan, *Why Do Criminals Obey the Law? The Influence of Legitimacy and Social Networks on Active Gun Offenders*, 102 J. Crim. L. & Criminol. 397, 436 (2012).
67. Paul J. Brantingham & Patricia L. Brantingham (eds.), Environmental Criminol. (1981); Luc Anselin et al., *Spatial Analyses of Crime*, *in* 4 Criminal Justice 2000: Measurement and Analysis of Crime and Justice 215 (2000); Ralph B. Taylor, *Crime and Small-Scale Places: What We Know, What We Can Prevent, and What Else We Need to Know*, Crime and Place: Plenary Papers of the 1997 Conference on Criminal Justice Research and Evaluation 2 (National Institute of Justice, 1998); Anthony A. Braga, *Pulling Levers: Focused Deterrence Strategies and Prevention of Gun Homicide*, 36:4 J. Crim. Just. 332–343 (2008); Daniel J. Steinbock, *Data Mining, Data Matching and Due Process*, 40 Ga. L. Rev. 1, 4 (2005).
68. こうした連携については第3章と第4章で論じている。
69. 例として以下を参照されたい。Kate J. Bowers & Shane D. Johnson, *Who Commits Near Repeats? A Test of the Boost Explanation*, 5 W. Criminol. Rev. 12, 21 (2004); Shane D. Johnson et al., *Space-Time Patterns of Risk: A Cross National Assessment of Residential Burglary Victimization*, 23 J. Quant. Criminol. 201, 203–04 (2007); Wim Bernasco, *Them Again? Same-Offender Involvement in Repeat and Near Repeat Burglaries*, 5 Eur. J. Criminol. 411, 412 (2008); Lawrence W. Sherman, Patrick R. Gartin, & Michael E. Buerger, *Hot Spots of Predatory Crime: Routine Activities and the Criminology of Place*, 27 Criminol. 27, 37 (1989).
70. David Alan Sklansky, The Persistent Pull of Police Professionalism 8–9 (2011); O. Ribaux et al., *Forensic Intelligence and Crime Analysis*, 2 L. Probability & Risk 47, 48 (2003).
71. Christopher Beam, *Time Cops: Can Police Really Predict Crime before It Happens?*, Slate (Jan. 24, 2011), www.slate.com.
72. National Institutes of Justice, Predictive Policing Research website, www.nij.gov を参照されたい。
73. 同上
74. 生体認証データベースの発展については第6章でさらに論じている。
75. Minority Report (DreamWorks 2002).（映画『マイノリティ・リポート』）

第３章　だれを捜査するのか

1. Robert L. Mitchell, *Predictive Policing Gets Personal*, Computerworld (Oct. 24, 2013).
2. Monica Davey, *Chicago Tactics Put Major Dent in Killing Trend*, N.Y. Times (June 11, 2013); Bryan Llenas, *The New World of "Predictive Policing" Belies Specter of High-Tech Racial Profiling*, Fox News Latino (Feb. 25,

2013); Daniels v. City of New York, 198 F.R.D. 409 (S.D.N.Y. 2001); Ligon v. City of New York, 736 F.3d 118, 129 (2d Cir. 2013), 一部無効 , 743 F.3d 362 (2d Cir. 2014) も参照されたい。

27. *Floyd*, 959 F. Supp. 2d at 562.
28. 同上 at 603.
29. 同上 at 573–76.
30. 同上
31. 同上
32. 同上
33. Chip Mitchell, *Police Data Cast Doubt on Chicago-Style Stop-and-Frisk*, WBEZ News (May 4, 2016), www.wbez.org にて入手可。
34. Center for Constitutional Rights, Stop and Frisk: The Human Impact 3–4 (July 2012).
35. 同上 at 17.
36. 同上 at 15.
37. Sarah Childress, *Fixing the Force*, Frontline (Dec. 14, 2016), www.pbs.org.
38. 同上
39. Kimbriell Kelly, Sarah Childress, & Steven Rich, *Forced Reforms, Mixed Results*, Wash. Post (Nov. 13, 2015).
40. David Rudovsky, *Litigating Civil Rights Cases to Ref orm Racially Biased Criminal Justice Practices*, 39 Col um. Hum. Rts. L. Rev. 97, 103 (2007); David A. Ha rris, *Across the Hudson: Taking the Stop and Frisk Deb ate beyond New York City*, 16 N.Y.U. J. Legis. & Pub. Pol'y 853, 871–72 (2013) (Settlement Agreement, Cl ass Certi cation, & Consent Decree, *Bailey v. City of Philadelphia*, No. 10–5952 (E.D. Pa. June 21, 2011) を例証している).
41. U.S. Dep't of Justice, Investigation into the Baltimo re City Police Department 21–121 (Aug. 10, 2016), www.justice.gov にて入手可。
42. 同上
43. Heather Mac Donald, *An Urgent Desire for More Policing*, Wash. Post: Volokh Conspiracy (July 22, 2016), www.washingtonpost.com.
44. Jelani Cobb, *Honoring the Police and Their Victims*, New Yorker (July 25, 2016); Jennifer Emily & Eliza beth Djinis, *Slayings of Baton Rouge Officers Compou nd Dallas' Grief but Don't Lessen City's Resolve*, Dallas Morning News (July 17, 2016); J. B. Wogan, *In Wake of Dallas and Baton Rouge, Police around U.S. Take Ex tra Safety Precautions*, Governing (July 19, 2016).
45. Simone Weichselbaum, *The "Chicago Model" of Poli cing Hasn't Saved Chicago*, Marshall Project (Apr. 19, 2016), www.themarshallproject.org.
46. *Chicago Experiences Most Violent Month in Nearly 20 Years*, All Things Considered (NPR radio broadcast, Aug. 31, 2016), www.npr.org にて入手可。
47. Simone Weichselbaum, *The "Chicago Model" of Poli cing Hasn't Saved Chicago*, Marshall Project (Apr. 19, 2016), www.themarshallproject.org.
48. 同上 ; Andrew Fan, *The Most Dangerous Neighbor hood, the Most Inexperienced Cops*, Marshall Project (Sept. 20, 2016), www.themarshallproject.org.
49. Jess Bidgood, *The Numbers behind Baltimore's Record Year in Homicides*, N.Y. Times (Jan. 15, 2016).
50. Justin Fenton & Justin George, *Violence Surges as Baltimore Police Officers Feel Hesitant*, Baltimore Sun (May 8, 2015).
51. 同上
52. John M. Violanti & Anne Gehrke, *Police Trauma En counters: Precursors of Compassion Fatigue*, 6:2 Int'l J. of Emergency Mental Health 75–80 (2004); Mélissa Martin, André Marchand, & Richard Boyer, *Traum atic Events in the Workplace: Impact of Psychopatholo gy and Healthcare Use of Police Officers*, 11:3 Int'l J. of Emergency Mental Health 165–76 (2009); Allen R. Kates, Copshock: Surviving Posttraumatic Stress Dis order (2nd ed. 2008).
53. Pamela Kulbarsh, *2015 Police Suicide Statistics*, Offi cer.com (Jan. 13, 2016).
54. Thomas R. O'Connor, *Intelligence-Led Policing and Transnational Justice*, 6 J. Inst. Just. & Int'l Stud. 233, 233 (2006) (Jerry H. Ratcliffe, *Intelligence-Led Poli cing*, Trends & Issues Crime & Crim. Just. 1 (Apr. 2003) を例証している); Nina Cope, *Intelligence Led Policing or Policing Led Intelligence?*, 44 Brit. J. Cr iminol. 188, 191 (2004); Olivier Ribaux et al., *Foren sic Intelligence and Crime Analysis*, 2 L. Probability & Risk 47, 48, 54 (2003).
55. James J. Willis, Stephen D. Mastrofski, & David Weisburd, *Making Sense of Compstat: A Theory-Based Analysis of Organizational Change in Three Police Dep artments*, 41 Law & Soc'y Rev. 147, 148 (2007); Jam es J. Willis, Stephen D. Mastrofski, & David Weisbu rd, Police Foundation, Compstat in Practice: An In-Depth Analysis of Three Cities (1999), www.policef oundation.org; Jack Maple, The Crime Fighter: How You can Make Your Community Crime-Free 93–96 (1999).
56. Stephen Rushin, *Structural Reform Litigation in Am erican Police Departments*, 99 Minn. L. Rev. 1343,

http://thehill.com.
100. Viktor Mayer-Schonberger & Kenneth Cukier, Big Data: A Revolution That Will Transform How We Live, Work, and Think 2 (2013)（『ビッグデータの正体：情報の産業革命が世界のすべてを変える』［斎藤栄一郎訳。講談社。2013 年］）; Kate Crawford & Jason Schultz, *Big Data and Due Process: Toward a Framework to Redress Predictive Privacy Harms*, 55 B.C. L. Rev. 93, 96 (2014); Neil M. Richards & Jonathan H. King, *Big Data Ethics*, 49 Wake Forest L. Rev. 393, 394 (2014).
101. Jonas Lerman, *Big Data and Its Exclusions*, 66 Stan. L. Rev. Online 55, 57 (2013); Exec. Office of the President, Big Data: Seizing Opportunities, Preserving Values 2 (2014), www.whitehouse.gov にて入手可。
102. Charles Duhigg, *How Companies Learn Your Secrets*, N.Y. Times Mag. (Feb. 16, 2012), www.nytimes.com.
103. 同上
104. Cathy O'Neil, Weapons of Math Destruction: How Big Data Increases Inequality and Threatens Democracy 98 (2016).
105. 第 2 章を参照されたい。
106. 同上

第２章　データは新たなブラックだ

1. David Black, *Predictive Policing Is Here Now, but at What Cost?*, Dallas Morning News (Feb. 26, 2016).
2. Andrew Guthrie Ferguson, *Crime Mapping and the Fourth Amendment: Redrawing High Crime Areas*, 63 Hastings L.J. 179, 223–25 (2011).
3. U.S. Dep't of Justice, Community Oriented Policing Services (COPS), The Impact of the Economic Downturn on Police Agencies 2–5 (2011), www.smartpolicinginitiative.com にて入手可 ; Police Executive Research Forum, Policing and the Economic Downturn: Striving for Efficiency Is the New Normal 1–3 (Feb. 2013).
4. 同上
5. 同上
6. Vera Institute, The Impact of Federal Budget Cuts from FY10–FY13 on State and Local Public Safety: Results from a Survey of Criminal Justice Practitioners 1–4 (2013), www.vera.org にて入手可。
7. 同上
8. Monica Davey & Julie Bosman, *Protests Flare after Ferguson Police Officer Is Not Indicted*, N.Y. Times (Nov. 24, 2014); Dana Ford, Greg Botelho, & Ben Brumfield, *Protests Erupt in Wake of Chokehold Death Decision*, CNN (Dec. 8, 2014), www.cnn.com.
9. *Reactions to the Shooting in Ferguson, Mo., Have Sharp Racial Divides*, N.Y. Times (Aug. 21, 2014); Yamiche Alcindor, Aamer Madhani, & Doug Stanglin, *Hundreds of Peaceful Protesters March in Ferguson*, USA Today (Aug. 19, 2014).
10. Roger Parlo , *Two Deaths: The Crucial Difference between Eric Garner's Case and Michael Brown's*, Fortune (Dec. 5, 2014); Shaila Dewan & Richard A. Oppel Jr., *In Tamir Rice Case, Many Errors by Cleveland Police, Then a Fatal One*, N.Y. Times (Jan. 22, 2015); Alan Blinder, *Walter Scott Shooting Seen as Opening for Civil Suits against North Charleston's Police Dept.*, N.Y. Times (Apr. 13, 2015).
11. Osagie K. Obasogie & Zachary Newman, *Black Lives Matter and Respectability Politics in Local News Accounts of Officer-Involved Civilian Deaths: An Early Empirical Assessment*, 2016 Wis. L. Rev. 541, 544.
12. *Ferguson Unrest: From Shooting to Nationwide Protests*, BBC News (Aug. 10, 2015), www.bbc.com.
13. Andrew E. Taslitz, *Stories of Fourth Amendment Disrespect: From Elian to the Internment*, 70 Fordham L. Rev. 2257, 2358–59 (2002); Andrew E. Taslitz, Reconstructing the Fourth Amendment: A History of Search and Seizure 1789–1868, 91–121 (2006).
14. James B. Comey, *Hard Truths: Law Enforcement and Race*, Remarks at George- town University (Feb. 12, 2105), www.i.gov にて入手可。
15. 同上
16. Statement by IACP president Terrence M. Cunningham on the law enforcement profession and historical injustices, 2016 IACP Annual Conference, San Diego (Oct. 17, 2016), www.iacp.org で入手可。
17. U.S. Dep't of Justice, Civil Rights Div., Investigation of the Ferguson Police Department 5–8 (2015), www.justice.gov にて入手可。
18. 同上 at 4.
19. 同上 at 5.
20. 同上 at 4.
21. 同上 at 72–73.
22. 同上 9–15.
23. 同上 at 2.
24. 同上 at 15–41, 88.
25. 同上 at 2.
26. Floyd v. City of New York, 959 F. Supp. 2d 540, 625 (S.D.N.Y. Aug. 12, 2013), 控訴棄却 (Sept. 25,

64. Wayne A. Logan, Knowledge as Power: Criminal Registration and Community Notification Laws in America 178–81 (2009).

65. 概論については Wayne A. Logan, *Database Infamia: Exit from the Sex Offender Registries*, 2015 Wis. L. Rev. 219 を参照されたい。

66. Christopher Slobogin, *Transactional Surveillance by the Government*, 75 Miss. L.J. 139, 145 (2005).

67. Danielle Keats Citron & Frank Pasquale, *Network Accountability for the Domestic Intelligence Apparatus*, 62 Hastings L.J. 1441, 1451 (2011).

68. Robert L. Mitchell, *It's Criminal: Why Data Sharing Lags among Law Enforcement Agencies*, Computer World (Oct. 24, 2013), www.computerworld.com.

69. N-DEx, Privacy Impact Assessment for the National Data Ex change (N-DEx) System (May 9, 2014 に承認), www.i.gov にて入手可。

70. 同上

71. Margaret Hu, *Biometric ID Cybersurveillance*, 88 Ind. L.J. 1475, 1478 (2013); Laura K. Donohue, *Technological Leap, Statutory Gap, and Constitutional Abyss: Remote Biometric Identification Comes of Age*, 97 Minn. L. Rev. 407, 435 (2012); Erin Murphy, *The New Forensics: Criminal Justice, False Certainty, and the Second Generation of Scientific Evidence*, 95 Cal. L. Rev. 721, 728 (2007).

72. FBI, CODIS NDIS Statistics (July 2016), www.i.gov.

73. U.S. Dep't of Justice, FBI, Criminal Information Services Division, Next Generation Identification Fact sheet (2016), www.i.gov にて入手可。

74. Andrew Guthrie Ferguson, *Big Data and Predictive Reasonable Suspicion*, 163 U. Pa. L. Rev. 327, 370 (2015); Elizabeth E. Joh, *Policing by Numbers: Big Data and the Fourth Amendment*, 89 Wash. L. Rev. 35, 42 (2014); Andrew Guthrie Ferguson, *Predictive Policing and Reasonable Suspicion*, 62 Emory L.J. 259, 266 (2012).

75. Alex Chohlas-Wood は現在ニューヨーク警察管理分析・企画部の分析担当部長である。

76. Laura Myers, Allen Parrish, & Alexis Williams, *Big Data and the Fourth Amendment: Reducing Overreliance on the Objectivity of Predictive Policing*, 8 Fed. Cts. L. Rev. 231, 234 (2015).

77. Charlie Beck & Colleen McCue, *Predictive Policing: What Can We Learn from Wal-Mart and Amazon about Fighting Crime in a Recession?*, Police Chief (Nov. 2009), www.policechiefmagazine.org.

78. 5 U.S.C. § 552a (1994).

79. Pub. L. No. 99–508, 100 Stat. 1848 (18 U.S.C. に修正として成文化されている); Communications Assistance for Law Enforcement Act, Pub. L. No. 103–414 (1994) at §207(2).

80. 18 U.S.C. §§ 2701–12.

81. 50 U.S.C. §§ 1801–13.

82. 44 U.S.C. §§ 3501–21.

83. 12 U.S.C. §§ 35.

84. 15 U.S.C. § 6801.

85. 12 U.S.C. §§ 1951–59 (2006)

86. 12 U.S.C. §§ 3401–22 (2006); 12 U.S.C. § 3407

87. 15 U.S.C. §1681.

88. 45 C.F.R. 164.512(f)(1)(ii); 45 C.F.R. 164.512(f)(2).

89. 42 U.S.C. §§ 2000 to 2000 -11 (2012).

90. 15 U.S.C. §§ 6501–06.

91. 20 U.S.C. § 1232g (2012).

92. 18 U.S.C. § 1039; *but see* 18 U.S.C. §§ 2703(c)(1)(B), 2703(d).

93. 18 U.S.C. § 2710 (1994).

94. Erin Murphy, *The Politics of Privacy in the Criminal Justice System: Information Disclosure, the Fourth Amendment, and Statutory Law Enforcement Exemptions*, 111 Mich. L. Rev. 485, 487 n.2 (2013).

95. Megha Rajagopalan, *Cellphone Companies Will Share Your Location Data—Just Not with You*, ProPublica (June 26, 2012), www.propublica.org.

96. Joshua L. Simmons, *Buying You: The Government's Use of Fourth-Parties to Launder Data about "The People,"* 2009 Colum. Bus. L. Rev. 950, 976; Jon D. Michaels, *All the President's Spies: Private-Public Intelligence Partnerships in the War on Terror*, 96 Cal. L. Rev. 901, 902 (2008).

97. Bob Sullivan, *Who's Buying Cell Phone Records Online? Cops*, MSNBC (June 20, 2006), www.msnbc.msn.com; Robert Block, *Requests for Corporate Data Multiply: Businesses Juggle Law-Enforcement Demands for Information about Customers, Suppliers*, Wall St. J. (May 20, 2006), at A4.

98. Megha Rajagopalan, *Cellphone Companies Will Share Your Location Data—Just Not with You*, ProPublica (June 26, 2012), www.propublica.org.

99. Matt Apuzzo, David E. Sanger, & Michael S. Schmidt, *Apple and Other Companies Tangle with U.S. over Data Access*, N.Y. Times (Sept. 7, 2015), www.nytimes.com; Cory Bennett, *Apple Couldn't Comply with Warrant Because of Encryption*, Hill (Sept. 8, 2015),

(Sept. 26, 2011), http://abcnews.go.com.
31. Jim Henry, *Drivers Accept Monitoring Devices to Earn Discounts on Auto Insurance*, Forbes (Sept. 30, 2012).
32. Troy Wolverton, *iSpy: Apple's iPhones Can Track Us ers' Movements*, San Jose Mercury News (Apr. 20, 2011); Hayley Tsukayama, *Alarm on Hill over iPhone Location Tracking*, Wash. Post (Apr. 22, 2011).
33. Danielle Keats Citron, *Spying Inc.*, 72 Wash. & Lee L. Rev. 1243, 1272 (2015).
34. Tony Bradley, *Study Finds Most Mobile Apps Put Your Security and Privacy at Risk*, PC World (Dec. 5, 2013), www.pcworld.com.
35. Chris Jay Hoofnagle, *Big Brother's Little Helpers: How ChoicePoint and Other Commercial Data Brok ers Collect and Package Your Data for Law Enforcem ent*, 29 N.C. J. Int'l L. & Com. Reg. 595, 595–96 (2004).
36. Fed. Trade Comm'n, Data Brokers: A Call for Tran sparency and Accountability 8 (May 2014).
37. Morgan Hochheiser, *The Truth behind Data Collecti on and Analysis*, 32 J. Mar- shall J. Info. Tech. & Priv acy L. 32, 33 (2015).
38. Eric Lichtblau, *F.B.I.'s Reach into Records Is Set to Grow*, N.Y. Times (Nov. 12, 2003); Josh Meyer & Greg Miller, *U.S. Secretly Tracks Global Bank Data*, L.A. Times (June 23, 2006).
39. Susanne Craig, *Getting to Know You*, N.Y. Times (Sept. 5, 2012); www.opentable.com も参照されたい。
40. Andrew Guthrie Ferguson, *The Internet of Things and the Fourth Amendment of Effects*, 104 Calif. L. Rev. 805, 806–07 (2016); Scott R. Peppet, *Regulating the Internet of Things: First Steps toward Managing Dis crimination, Privacy, Security, and Consent*, 93 Tex. L. Rev. 85, 93 (2014).
41. Tony Danova, *Morgan Stanley: 75 Billion Devices Will Be Connected to the Internet of Things by 2020*, Business Insider (Oct. 2, 2013).
42. Lois Beckett, *Everything We Know about What Data Brokers Know about You*, ProPublica (Sept. 13, 2013), www.propublica.org.
43. 例として Daniel J. Solove, *Access and Aggregation: Public Records, Privacy and the Constitution*, 86 Minn. L. Rev. 1137 (2002) を参照されたい。
44. Fed. Trade Comm'n, Data Brokers: A Call for Tran sparency and Accountability i–ii (May 2014), www. c.gov にて入手可。
45. 同上
46. Chris Jay Hoofnagle, *Big Brother's Little Helpers: How ChoicePoint and Other Commercial Data Brok ers Collect and Package Your Data for Law Enforcem ent*, 29 N.C. J. Int'l L. & Com. Reg. 595, 595–96 (2004).
47. Fed. Trade Comm'n, Data Brokers: A Call for Trans parency and Accountability 8 (May 2014).
48. Majority Staff of S. Comm. on Commerce, Sci., & Transp., Office of Oversight & Investigations, A Revi ew of the Data Broker Industry: Collection, Use, and Sale of Consumer Data for Marketing Purposes 5–8 (Dec. 18, 2013), www.commerce.senate.gov にて入手可 [以下 A Review of the Data Broker Industry].
49. 同上
50. 同上
51. Omer Tene & Jules Polonetsky, *A Theory of Creepy: Technology, Privacy, and Shifting Social Norms*, 16 Yale J. L. & Tech. 59, 66–68 (2013).
52. A Review of the Data Broker Industry at 14.
53. 同上 at 14–15.
54. Leo Mirani & Max Nisen, *The Nine Companies That Know More about You than Google or Facebook*, Quar tz (May 27, 2014), http://qz.com.
55. Fed. Trade Comm'n, Data Brokers: A Call for Trans parency and Accountability 20 (May 2014).
56. 同上 at 47.
57. 2 Leon Radzinowicz, A History of English Criminal Law 46–47 (1956).
58. Wayne A. Logan & Andrew G. Ferguson, *Policing Criminal Justice Data*, 101 Minn. L. Rev. 541, 554 (2016).
59. 28 C.F.R. §§ 25.2, 25.4 (2012); US Department of Justice, FBI, Criminal Justice Information Services Division, CJIS Annual Report 4 (2015).
60. US Department of Justice, FBI, Criminal Justice In formation Services Division, CJIS Annual Report 4 (2015).
61. Dara Lind, *Turning the No Fly List into the No Gun List Explained*, Vox (June 21, 2016), www.vox.com; Bart Jansen, *America's Terrorist Watchlist Explained*, USA Today (June 14, 2016).
62. K. Babe Howell, *Gang Policing: The Post Stop-and-Frisk Justification for Profile-Based Policing*, 5 U. Denv. Crim. L. Rev. 1, 15–16 (2015).
63. 概論については Wayne A. Logan, *Database Infa mia: Exit from the Sex Offender Registries*, 2015 Wis. L. Rev. 219 を参照されたい。

26. Office of the President, Big Data: A Report on Algorithmic Systems, Opportunity, and Civil Rights (May 2016), www.whitehouse.gov にて入手可。
27. Ezekiel Edwards, *Predictive Policing Software Is More Accurate at Predicting Policing than Predicting Crime*, Huffington Post (Aug. 31, 2016), www.huffingtonpost.com.

第１章　ビッグデータの監視の目

1. Sir Arthur Conan Doyle, Sherlock Holmes: The Hound of the Baskervilles 28 (ebook pub. 2016).(『シャーロック・ホームズ：バスカヴィル家の犬』)
2. Robert Epstein, *Google's Gotcha: The Surprising Way Google Can Track Everything You Do Online*, U.S. News and World Report (May 10, 2013); Charles Duhigg, *How Companies Learn Your Secrets*, N.Y. Times Mag. (Feb. 16, 2012).
3. James Manyika et al., McKinsey Global Institute, Big Data: The Next Frontier for Innovation, Competition, and Productivity 87 (June 2011).
4. Kevin Rector, *Car Data Draws Privacy Concerns*, Baltimore Sun (Aug. 3, 2014).
5. David Bollier, Aspen Inst., The Promise and Peril of Big Data 1–2 (2010).
6. Fed. Trade Comm'n, Data Brokers: A Call for Transparency and Accountability i–ii (May 2014), www.ftc.gov.
7. 同上
8. Julia Angwin, *The Web's New Gold Mine: Your Secrets*, Wall St. J. (July 31, 2010), at W1.
9. John Kelly, *Cellphone Data Spying: It's Not Just the NSA*, USA Today (Dec. 8, 2013); Nicolas P. Terry, *Protecting Patient Privacy in the Era of Big Data*, 81 UMKC L. Rev. 385, 391 (2012).
10. Julie E. Cohen, *What Is Privacy For?*, 126 Harv. L. Rev. 1904, 1920–21 (2013).
11. Exec. Office of the President, Big Data: Seizing Opportunities, Preserving Values 2 (2014), www.whitehouse.gov.
12. Jules J. Berman, Principles of Big Data: Preparing, Sharing, and Analyzing Complex Information 2 (2013).
13. Steve Lohr, *Amid the Flood, a Catchphrase Is Born*, N.Y. Times (Aug. 12, 2012).
14. Marcus Wohlson, *Amazon's Next Big Business Is Selling You*, Wired (Oct. 16, 2012).
15. Andrew McAfee & Erik Brynjolfsson, *Big Data: The Management Revolution*, Harv. Bus. Rev. (Oct. 2012), http://hbr.org.
16. Constance L. Hayes, *What Wal-Mart Knows about Customers' Habits*, N.Y. Times (Nov. 14, 2004).
17. Julia Angwin, Dragnet Nation: A Quest for Privacy, Security, and Freedom in a World of Relentless Surveillance 3 (2014).(『ドラグネット監視網社会：オンライン・プライバシーの守り方』[三浦和子訳。祥伝社。2015 年])
18. Herb Weisbaum, *Big Data Knows You're Pregnant (and That's Not All)*, CNBC (Apr. 9, 2014), www.cnbc.com.
19. Kenneth Cukier, *Data, Data Everywhere*, Economist (Feb. 25, 2010).
20. Caleb Garling, *Google Enters Homes with Purchase of Nest*, S.F. Chronicle (Jan. 14, 2014); http://nest.com も参照されたい。
21. Ron Nixon, *U.S. Postal Service Logging All Mail for Law Enforcement*, N.Y. Times (July 3, 2013).
22. United States Postal Service, *United States Postal Facts*, http://about.usps.com (Feb. 15, 2017 にアクセス)を参照されたい。
23. Lior Jacob Strahilevitz, *Reputation Nation: Law in an Era of Ubiquitous Personal Information*, 102 Nw. U. L. Rev. 1667, 1720 (2008); Christopher Slobogin, *Transactional Surveillance by the Government*, 75 Miss. L.J. 139, 145 (2005).
24. Omer Tene & Jules Polonetsky, *To Track or "Do Not Track": Advancing Transparency and Individual Control in Online Behavioral Advertising*, 13 Minn. J. L. Sci. & Tech. 281, 282 (2012); Larry Port, *Disconnect from Tech*, 29:6 Legal Mgmt. 46, 49–50 (Nov./Dec. 2010).
25. Andrew William Bagley, *Don't Be Evil: The Fourth Amendment in the Age of Google, National Security and Digital Papers and Effects*, 21 Alb. L.J. Sci. & Tech. 153, 163 (2011).
26. Alexandra Alter, *Your E-Book Is Reading You*, Wall St. J. (July 19, 2012).
27. Thomas P. Crocker, *Ubiquitous Privacy*, 66 Okla. L. Rev. 791, 798 (2014).
28. Rodolfo Ramirez, Kelly King, & Lori Ding, *Location! Location! Location! Data Technologies and the Fourth Amendment*, 30:4 Crim. Just. 19 (2016).
29. United States v. Jones, 132 S. Ct. 945, 963 (2012) (Alito, J., 同意意見).
30. Ned Potter, *Privacy Battles: OnStar Says GM Can Record Car's Use, Even If You Cancel Service*, ABC News

原 注

序章

1. Darwin Bond & Ali Winston, *Forget the NSA, the LAPD Spies on Millions of Innocent Folks*, LA Wkly. (Feb. 27, 2014).「データ」という言葉は「データム」の複数形だが、本書では一般的な使用方法にしたがって単数形の名詞として「データ」を用いる。
2. Will Federman, *Murder in Los Angeles: Big Data and the Decline of Homicide*, Neon Tommy: Annenberg Digital News (Dec. 18, 2013).
3. Palantir, *Palantir at the Los Angeles Police Departme nt* (promotional video, 2013), www.youtube.com/watch?v=aJ-u7yDwC6g にて視聴可。
4. 同上
5. Jane Bambauer, *Is Data Speech?*, 66 Stan. L. Rev. 57, 59 n.3 (2014) を参照されたい。
6. Palantir, *Palantir Mobile Prototype for Law Enforceme nt* (promotional video, 2010), www.youtube.com/watch?v=aRDW_A8eG8g にて視聴可。
7. 同上
8. Kalee Thompson, *The Santa Cruz Experiment: Can a City's Crime Be Predicted and Prevented?*, Pop. Sci. (Nov. 1, 2011).
9. Andrew Guthrie Ferguson, *Predictive Policing and Reasonable Suspicion*, 62 Emory L.J. 259, 265–69 (2012).
10. Clare Garvie & Jonathan Frankle, *Facial Recognition Software Might Have a Racial Bias Problem*, Atlantic (Apr. 7, 2016), www.theatlantic.com.
11. Cheryl Corley, *When Social Media Fuels Gang Viole nce*, All Tech Considered (NPR radio broadcast, Oct. 7, 2015), www.npr.org にて入手可。
12. Tal Z. Zarsky, *Governmental Data Mining and Its Al ternatives*, 116 Penn St. L. Rev. 285, 287 (2011).
13. Steve Lohr, *Amid the Flood, a Catchphrase Is Born*, N.Y. Times (Aug. 12, 2012).
14. Viktor Mayer-Schonberger & Kenneth Cukier, Big Data: A Revolution That Will Transform How We Live, Work, and Think 2 (2013) (『ビッグデータの正体：情報の産業革命が世界のすべてを変える』[斎藤栄一郎訳。講談社。2013年]); Jules J. Berman, Principles of Big Data: Preparing, Sharing, and Analyzing Complex Information 3–4 (2013).
15. ここでの「ビッグデータ」は、拡大するデータセットと大量のデジタル情報を簡略化した用語として用いられている。ビッグデータの定義はさまざまであり、本書で用いられている広範囲な定義には異論もあるだろう。しかし、この言葉は、不正確であっても、大きいから巨大、そして膨大へと拡大するデータ収集を表すキーワードである。法執行機関の文脈におけるビッグデータ警察活動の概念は、予測分析、大量監視、データマイニング、その他のデジタルトラッキング能力など、多くの新しいテクノロジーを含んでいる。
16. これは第 1 章のテーマである。
17. Joshua L. Simmons, *Buying You: The Government's Use of Fourth-Parties to Launder Data about "The Peop le,"* 2009 Colum. Bus. L. Rev. 950, 951.
18. Richard Lardner, *Your New Facebook "Friend" May Be the FBI*, NBC News (Mar. 16, 2010), www.nbcnews.com.
19. U.S. Dep't of Justice, Fusion Center Guidelines: Developing and Sharing Information and Intelligence in a New Era 2 (2006), www.it.ojp.gov にて入手可。
20. Ellen Huet, *Server and Protect: Predictive Policing Firm PredPol Promises to Map Crime Before It Happe ns*, Forbes (Mar. 2, 2015).
21. Jeremy Gorner, *Chicago Police Use "Heat List" as Str ategy to Prevent Violence*, Chi. Trib. (Aug. 21, 2013).
22. Andrew Guthrie Ferguson, *Predictive Prosecution*, 51 Wake Forest L. Rev. 705, 724 (2016).
23. Erin Murphy, *Databases, Doctrine, & Constitutional Criminal Procedure*, 37 Fordham Urb. L.J. 803, 830 (2010).
24. これは第 7 章のテーマである。
25. これは第 2 章のテーマである。

【写真】
NASA images /Shutterstock
RHIMAGE /Shutterstock

【著者】
アンドリュー・ガスリー・ファーガソン（Andrew Guthrie Ferguson）
予測型警察活動、ビッグデータを利用した監視、合衆国憲法修正第 4 条の専門家として全米で名を知られている。ディストリクト・オヴ・コロンビア大学デヴィッド・A・クラーク法科大学院で刑法、刑事訴訟、証拠について指導。発言がマスコミで取り上げられることも多く、論文はいくつもの一流の法科大学学術雑誌で発表されている。著書に Why Jury Duty Matters: A Citizen's Guide to Constitutional Action など。

【訳者】
大槻敦子　（おおつき・あつこ）
慶應義塾大学卒。訳書に『ヒトの起源を探して　言語能力と認知能力が現生人類を誕生させた』『人間 VS テクノロジー　人は先端科学の暴走を止められるのか』『世界伝説歴史地図』『ネイビー・シールズ　最強の狙撃手』『傭兵　狼たちの戦場』『図説狙撃手大全』『ヒトラーのスパイたち』『史上最強の勇士たち　フランス外人部隊』などがある。

The Rise of Big Data Policing
by Andrew Ferguson

監視大国《かんしたいこく》アメリカ

●

2018年2月28日　第1刷

著者…………アンドリュー・ガスリー・ファーガソン

訳者…………大槻敦子《おおつきあつこ》

装幀…………岡孝治

発行者…………成瀬雅人
発行所…………株式会社原書房

〒160-0022 東京都新宿区新宿 1-25-13
電話・代表 03（3354）0685
http://www.harashobo.co.jp
振替・00150-6-151594

印刷…………新灯印刷株式会社
製本…………東京美術紙工協業組合

ISBN978-4-562-05483-1, Printed in Japan